U0485801

北京大学首都发展研究院研究成果

首都发展报告2017

创新驱动产业转型升级与布局优化

李国平　席强敏　王婧媛　等◎著

科学出版社

北京

内 容 简 介

如何利用科技创新加快构建北京“高精尖”经济结构，是北京落实“四个中心”战略定位进程中亟待破解的重要命题。本书通过系统研究创新驱动产业转型升级与布局优化的理论基础与国际经验，从产业和空间两个维度分析北京市产业发展的现状与趋势，构建了创新驱动北京市产业转型升级与布局优化的架构，并提出相应的对策，从而为新时期北京产业转型升级与布局调整提供决策支持。

本书可供区域经济、城市管理、城市规划、产业规划等相关领域的专业人员、研究人员、管理人员参阅，也可为政府部门制订政策提供参考。

图书在版编目（CIP）数据

首都发展报告 2017：创新驱动产业转型升级与布局优化 / 李国平等著. —北京：科学出版社，2017.11

ISBN 978-7-03-054815-3

Ⅰ. ①首… Ⅱ. ①李… Ⅲ. ①区域经济发展-研究报告-北京-2017②社会发展-研究报告-北京-2017 Ⅳ. ①F127.1

中国版本图书馆 CIP 数据核字（2017）第 248233 号

责任编辑：石 卉 乔艳茹 / 责任校对：何艳萍

责任印制：李 彤 / 封面设计：铭轩堂

编辑部电话：010-64035853

E-mail: houjunlin@mail.sciencep.com

科 学 出 版 社 出版

北京东黄城根北街 16 号

邮政编码：100717

http://www.sciencep.com

北京凌奇印刷有限责任公司 印刷

科学出版社发行 各地新华书店经销

*

2017 年 11 月第 一 版 开本：720×1000 B5

2023 年 4 月第二次印刷 印张：15 3/8

字数：260 000

定价：84.00 元

（如有印装质量问题，我社负责调换）

前　言

目前，北京市正处于实施京津冀协同发展战略、落实城市战略定位及建设国家一流的和谐宜居之都的关键时期。一方面，北京市作为政治中心、文化中心、国际交往中心和科技创新中心的城市战略定位得到进一步明确，包括远郊区在内的整个北京市围绕“四个中心”战略定位正在加速推进产业转型升级与布局优化。另一方面，作为国际大都市的北京还有重要的城市经济功能，与国际大都市经济发展的差距仍然较大，需要进一步大力发展经济，以实现北京建设国际一流和谐宜居之都的长远目标。但考虑到人口、资源、环境的压力，北京市的产业发展必须转变发展方式，按照高端化、服务化、集聚化、融合化、低碳化的发展理念，探索依靠创新驱动的产业发展路径，构建符合“四个中心”战略定位的经济结构。因此，科技创新势必在落实首都功能定位、构建“高精尖”经济结构中发挥更大的作用。如何利用科技创新加快构建北京“高精尖”经济结构，是北京市落实“四个中心”战略定位进程中亟待破解的重要命题。

在此背景下，北京市哲学社会科学规划办公室委托北京大学首都发展研究院开展“创新驱动北京产业升级与空间格局优化研究”（北京市社会科学基金重点项目，项目负责人为李国平，项目编号为 16YJA003）研究工作，最终形成本书。本书是深入研究首都发展系列报告的第二部，比《首都发展报告 2015》（科学出版社，2015 年）更加突出专题性，聚焦于创新驱动北京市产业发展的理论、实证和对策研究。本书通过分析总结创新驱动产业转型升级与布局优化的相关理论与国内外先进经验，分别从产业和空间两个维度分析北京市产业发展和布局的现状与趋势，构建了创新驱动北京市产业转型升级与布局优化的架构，对于如何从产业关键环节、优化空间分布等方面入手提出详细的对策建议，从而为新时期北京产业转型升级与布局调整提供决策支持。

本书的第一章和第二章是创新驱动产业转型升级与布局优化的理论基础和案例借鉴部分。第一章首先界定了科技创新、产业转型升级、产业空间布局等核心概念，然后在把握超大城市产业转型升级和布局优化一般规律的基础上，结合创新理论，深入研究了创新驱动产业转型升级和布局优化的作用机制。第二章系统梳理了纽约、东京、伦敦、特拉维夫、首尔、上海、深圳等国内外大都市在产业发展过程中通过科技创新推动产业转型升级和布局优化的发展模式与成效，并总结了可供北京市借鉴的成功经验。

第三章到第七章是本书实证和对策研究的核心章节，其中第三章和第四章从产业发展维度探讨北京市创新驱动产业转型升级的现状、趋势及架构设计，第五章到第七章则是从空间布局维度探讨了北京市创新驱动产业布局优化的现状特征、趋势及架构设计。第三章分别对北京市三大产业发展现状、趋势和面临的突出问题进行了总结，并结合产业发展趋势和要求，提出了“高精尖”产业的概念内涵，通过定量分析确定了“高精尖”产业的行业范畴，并对北京市“高精尖”产业各个链环的发展现状进行了梳理；第四章围绕强化科技创新链与产业链的高效衔接，明确了科技创新链中的发现、发明及发展三个主要环节的具体任务，构建了科技创新支撑北京“高精尖”经济结构的架构设计和重点方向；第五章从经济、人口、开发强度、科技、公共服务、生态环境等维度全方面地分析和评价了北京市功能布局现状；第六章则聚焦产业布局，分别从区级尺度和街道乡镇尺度展现了北京市产业发展的总体和分产业空间结构，并重点分析了“高精尖”产业的空间布局现状与变化趋势；第七章在明确新时期北京功能分区调整方向的基础上，围绕打造多中心、网络化的产业空间结构，从创新要素集聚打造科学城、创新驱动现代服务业发展、创新成果转化推动制造业发展及基于创新产业链的跨区域产业合作四个方面构建了创新驱动产业布局优化的总体架构和重点方向。

第八章是总结全书研究成果的章节。在前七章的基础上，总结了创新驱动北京产业转型升级与布局优化的特征与问题，并明确提出新形势下，北京应强化创新主体的科技创新能力，推动科技成果产业化；贯通三大科技创新环节，进一步融合创新链与产业链；加速形成全球科技创新资源汇集地，增强高新技术产业的全球影响力；构建基于创新链的产业分工体系，促进形成多中心、网络化产业格局；与津冀形成跨区域创新产业链，促进京津冀产业协同发展。

本书作者均来自北京大学首都发展研究院。该院多年来致力于研究北京发展过程中的基础性、长期性、前瞻性和战略性问题，是北京城市发展研究的重要“智库”。本书是北京大学首都发展研究院众多北京相关研究成果中的一个代表。本书前言由李国平执笔；第一章由罗心然、何邦振执笔；第二章由朱昱玮、杨艺执笔；第三章由王婧媛、刘翊、侯韵执笔；第四章由李国平、王婧媛、张杰斐执笔；第五章由宋昌耀、袁薇薇、何邦振执笔；第六章由闫梅、宋昌耀、吴爱芝执笔；第七章由席强敏、宋昌耀、袁薇薇执笔；第八章由李国平、席强敏、吴爱芝执笔；大事记部分由杨艺执笔。另外，蔡满堂、李平原、张清正、刘浩、孙瑜康、武暾辉、刘禹君、苏永宁、孙禹、朱婷、吕卓远、元浩然也参与了部分研究或数据处理工作。本书由李国平、席强敏、王婧媛统稿。

本书在编写过程中得到了北京市哲学社会科学规划办公室、北京市社会科学界联合会、北京市科学技术委员会、北京市发展和改革委员会等单位或机构的大力支持。为完成本书的研究和写作工作，研究课题组先后多次到北京市各部门和各区进行调查研究，在此，对在调查研究过程中给予协助的相关机构、企业和个人表示衷心的感谢。另外，本书的出版得到了科学出版社责任编辑石卉女士的帮助，特此致谢。

本书力图反映北京市产业发展和空间布局的最新状况与发展趋势，并提出创新驱动北京市产业转型升级和布局优化的架构与对策，以期对政府决策产生积极作用和重要影响。但限于理论水平与实践经验，书中难免存在不足之处，望广大读者批评指正。

李国平

2017年6月

目　　录

第一章 创新驱动产业转型升级与布局优化的理论基础

习近平于2014年2月和2017年2月两次考察北京，明确提出要坚持和强化北京作为全国政治中心、文化中心、国际交往中心、科技创新中心的战略定位，其中科技创新中心首次被列入北京城市功能定位，是新形势下党中央根据北京现有科技创新资源禀赋优势赋予的战略定位，为新时期科技北京的建设和发展指明了方向，对建设创新型国家具有重要的引领意义。北京作为超大城市已经步入后工业化发达经济阶段，创新已成为城市发展的核心驱动力。只有保持城市持续创新能力，才能使城市保持良好的发展势头。同时，创新也是解决北京城市发展所面临的各种问题的根本之道，通过创新驱动可以促进北京市产业转型升级和布局优化。本章将在把握城市产业转型升级和布局优化一般规律的基础上，结合创新理论，深入分析创新驱动产业转型升级和布局优化的理论机制。

第一节　创新驱动产业转型升级的理论基础

创新，是引进、学习和创造新知识、新技术、新制度和新模式的过程，从而推动经济社会发展。人类社会从传统农业时代进入工业时代，再进入信息时代，这个过程中每一步都首先是依靠科学技术的重大突破得以驱动的。特别是在当前，科学技术已成为全球政治、经济、文化、社会和生态等各方面发展的重要动力，而科技进步的动力源泉是科技创新，科技创新是创新的重要表现形式。本书所述的创新主要是指科技创新，同时也包括制度创新、管理创新和服务创新等多个方面。

一、创新与产业转型升级的概念内涵

（一）创新的概念

创新的概念很早就被提出，但首次系统化研究其与经济增长的关系是从Schumpeter（1912）开始的。他认为，创新就是要“建立一种新的生产函数”，即把一种从来没有过的关于生产要素和生产条件的新组合引入生产体系中；作为资本主义灵魂的企业家的职能就是引进“生产要素的重新组合”，实现创新；创新是资本主义经济增长的源泉，而非资本或劳动力。

从微观企业视角抽象到一般意义上，创新是指人类通过创造产生在一定范围内尚不存在的新事物或新观念，以及由此引发的其他创造性活动。这主要包括科技创新，还包括服务创新、制度创新和管理创新等多个方面。一般情况下，创新在社会发展进步的各个方面都发挥着重要的推动作用。同时，创新的作用和地位也会随着经济与社会的发展变得越来越关键。

李琳（2013）把创新的职能总结为，创新主体通过发明和创造把革新性的变化引入经济社会领域，进而促进经济社会的长期快速增长。综合性是创新的特征之一，创新的内容与学习有关，其研究领域中很多方法体现了学科交叉性，同时创新具有随着时空变化而变化的多样性特征。

（二）科技创新的概念

科技，包含科学和技术两个方面。从二者关系来看，科学是发现，是技术的理论基础；技术是发明，是对科学的实际应用。科学，是人类关于自然界、人类社会和人的思维的知识体系，是研究整个世界现象和规律的方法论，是知识创新的基础和前提，科学研究揭示自然界和人类社会中的各种现象、事物的性质和规律，获得新知识；技术，则主要强调运用科学原理和实践经验，发明或改造新工艺、新工具和新方法等，从而提高生产效率。单纯的技术创新，是指生产过程中新技术、新工艺和新的生产方式的创新，是为了开发新型产品、提高产品质量、提供完善的服务。技术创新的理论基础是知识创新，同时，技术创新又为知识创新创造了物质基础。

科技创新包括知识创新和技术创新两个方面。它既包括利用科学知识及方法和科学研究发现来推动技术进步的创新，又包括利用技术突破和新发明转化为生产力而促成的其他创新。

（三）产业转型升级的概念

人类社会从传统农业时代进入工业时代以来，发展模式、经济形态和生活方式都发生着日新月异的变化，与自然资源和环境承载力之间的矛盾也越来越突出。因此，产业转型升级成为破解发展难题、实现经济质量提升的重要途径。产业转型升级包括产业转型和产业升级两个方面。

1. 产业转型

广义的产业转型，指在体制转型、流程转型和组织转型的基础上，发挥产业的内生竞争优势，使产业的发展轨迹与产业环境保持一致性和相容性，从而形成可持续的竞争优势。狭义的产业转型，指跨产业转型，即从原来的经营领域进入新的经营领域，以适应外界环境，提高竞争力（蒋昭侠，2005）。魏后凯（2003）和孙玉娟等（2007）把要素投入成本驱动下各经济区域间的产业转移、扩张造成的结果，即发达地区淘汰落后产能和欠发达区域的产业结构调整，也视为产业转型。

2. 产业升级

产业升级，指产业结构的高级化。随着经济的发展与科技的进步，产业结构由低级到高级、由简单到复杂的演化过程也不断推进。

高秀艳（2004）提出了四个方面的观测指标：三次产业结构，劳动、资本、技术和知识密集型产业间的演变，产品加工水平层次，产品附加值高低等。焦继文和李东菊（2005）阐释的产业结构升级包括以下方面：①动力是技术结构升级，即低层、中层与高层技术的相对比例由前向后不断提高；②基础是人力资源结构升级，即脑力劳动者相对于体力劳动者的比例不断增大；

③实现形式是产品结构升级和主导产业结构升级，即产品结构由制造初级产品的产业占优势，逐渐向制造中间产品、最终产品的产业占优势演进，区域主导产业结构由第一产业占优势向第二、第三产业占优势演进，由劳动密集型产业占优势逐渐向资本密集型、知识密集型产业占优势演进。

总结起来，产业转型升级主要包括以下几个方面：①区域产业结构由以第一产业为主，向以第二产业为主发展，或由以第二产业为主，向以第三产业为主发展；②同一产业内部从低技术水平、低加工层次、低附加值状态向高技术水平、高加工层次、高附加值状态发展；③产业驱动要素由劳动密集型向资本密集型转化，由资本驱动型向知识、技术和管理等创新要素驱动型转化。

二、创新驱动产业转型升级的理论机制

（一）创新驱动经济增长的相关理论

Schumpeter（1912）首次将创新与经济增长相关联进行研究，他把创新分为五种类型：①引入新产品；②使用新技术；③开辟新市场；④控制新的原料供应源；⑤形成新的组织。其中，科技创新是主要内容。企业家通过从这些方面引入创新，重新组合生产函数，实现利润增加，推动社会经济增长。创新成为经济增长的源泉，而非资本或劳动力。

Schumpeter之后的学者直到20世纪50年代以后，才重新认识到科技创新对经济增长的作用。其中经典的基础理论模型主要是经济增长理论模型中的索罗模型（Solow，1957）和罗默模型（Romer，1986）。Solow（1957）把科技进步作为外生变量从生产函数中分离出来，推导得出总产出是由劳动投入、资本投入和技术进步三大方面组成的。产出中不被生产要素增加所解释的那一部分增长就是科技进步。科技进步对于促进经济结构转型，提升经济运行效率具有非常重要的影响。Romer（1986）引用马歇尔的外部经济性建立了内生经济增长模型，提出了正向的外部经济技术效应来源于资本要素的积累，而资本要素中的资本并不一定是固定资产等有形资本，也可以是知识、技术创新等无形资本的理论。为了促进经济增长和转型发展，政府应当向研究开发和创新类活动提供补贴，科技创新应该作为地区经济结构高级化增长的核心驱动力。

除上述两种理论模型之外，还有实证研究从科技投入促进技术进步，进而提高生产力水平、带动经济增长的角度展开分析，其中利用生产函数模型探究研究与开发（R&D，简称研发）经费与经济生产率增长关系的研究比较常见。

Lichtenberg（1992）对 R&D 投入及固定资本投资和人力资本投资对劳动生产率的影响进行了实证分析，研究得出：私人 R&D 投入对生产率的提高有着显著作用，政府投资的科研资本的边际社会净产值要远低于私人投资的科研资本，而 R&D 投入的回报率是设备设施投入回报率的 7 倍左右。Coe 和 Helpman（1995）通过对 22 个样本国家的数据进行研究得出：R&D 投入能够影响一个国家的全要素生产率。van Pottelsberghe 和 Guellec（2001）在经济合作与发展组织（OECD）的工作报告中研究探讨了不同类型的 R&D 对全要素生产率增长的长期影响，研究得出：每增加 1%的企业 R&D 投入，该地区的经济生产率就会增长 0.13%；公共研发每增加 1%，该地区经济生产率就会增长 0.17%。由此可见，加大 R&D 投入对刺激经济增长有着比较明显的作用。

除了上述国外学者的研究，国内学者也有实证研究详细讨论了科技创新与地区经济增长的关系。殷林森等（2007）通过构建灰色关联模型，得出科技经费投入、科技活动人员投入对产业经济增长有显著作用，科技投入类型和效率对不同产业的影响也有所不同。姜庆华和米传民（2006）和李小建等（2006）以灰色关联度为工具，实证得出科技投入能明显推动经济增长。姜庆华等的研究指出，人的因素在诸多指标中对经济增长的影响更为显著。而李小建认为 R&D 经费投入对经济增长有着更为重要的促进作用。陈永清（2011）研究得出科技投入不同导致产业经济增长的程度不同，同时，不同产业的经济增长也会受到不同科技投入的影响。

（二）创新驱动产业转型升级机制分析

在上述分析的基础上，我们尝试分析创新驱动产业转型升级相关机制。创新主要包括科技创新，还包括管理创新、制度创新和服务创新等方面。创新驱动产业转型升级主要体现在两个层次：一是驱动区域产业结构迭代升级。第一产业、第二产业和第三产业的劳动生产率、产品丰富程度、技术含量和满足消费者需求层次总体上是逐级递增的，区域产业结构发展的趋势就是向工业化、服务化方向升级。二是驱动产业内部转型升级。产业发展到一定程度时，生产和资源环境、资本和劳动、产品与市场等领域的矛盾逐步显现，只能依靠科技创新、管理创新、制度创新和服务创新来解决。

1. 创新驱动区域产业结构向工业化、服务化方向升级

区域产业结构由第一产业占主导地位向第二产业、第三产业占主导地位升级，从根本上依靠的是科学技术的进步和服务理念的革新，体现为科技创新、管理创新、制度创新及服务创新驱动下的工业化、服务化进程（图 1-1）。因此，创新水平决定了产业结构层次，创新是产业结构升级的根本动力。具体而言，创新驱动即通过技术工艺引入、管理模式变革、制度设计改进和服务水平优化等，促进劳动生产效率提升和产业间要素流动，替代和改造传统农业和手工业，推动产业结构向工业化、服务化方向升级。

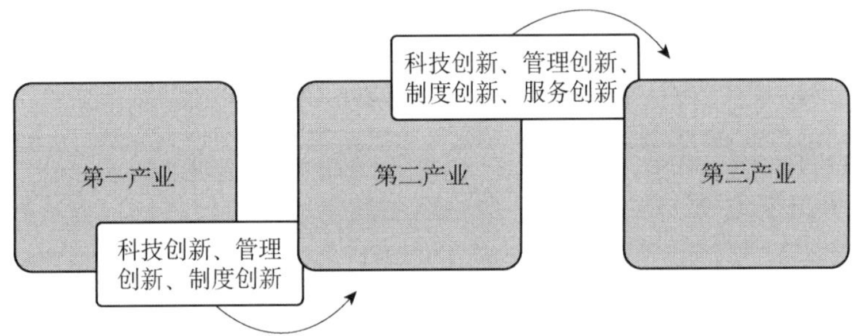

图 1-1 创新驱动产业结构向工业化、服务化方向转型升级

区域产业结构迭代升级的目的是使各经济要素在产业间优化配置，并不简单地意味着使服务业在整个产业结构中所占的比例不断攀升。三次产业间的产业关联性和产业协调能力是重要的观察指标，产业间联系的形式、深度和经济效率反映生产的专业化和社会化状况，也增加了经济活动的复杂性和生产与消费过程的黏合度。

2. 创新驱动第二产业由资源密集型、劳动密集型加工业向资本密集型、技术密集型制造业转型升级

创新是同一产业结构内部由低级向高级演化的重要驱动力。就第二产业而言，传统初级制造业主要以低技术水平、低加工层次、低附加值和简单产业链条的资源密集型、劳动密集型加工生产为主，依靠创新驱动进一步转型升级为高技术水平、深加工层次、高附加值和复杂产业链条的资本密集型、

技术密集型制造生产。从前三次工业革命的历史和正在进行的“工业 4.0”浪潮来看，随着自然资源状况、劳动力结构、市场需求层次和信息传播方式的调整，原有生产模式无法持续，通过融资能力提升、技术设备升级、组织管理改进和营销模式变革等方式，第二产业驱动要素整体呈阶梯状升级，技术之外的其他要素节约化，生产资本化、技术化、自动化，朝着高技术、深加工、高附加值、长链条、定制化方向发展（图 1-2）。

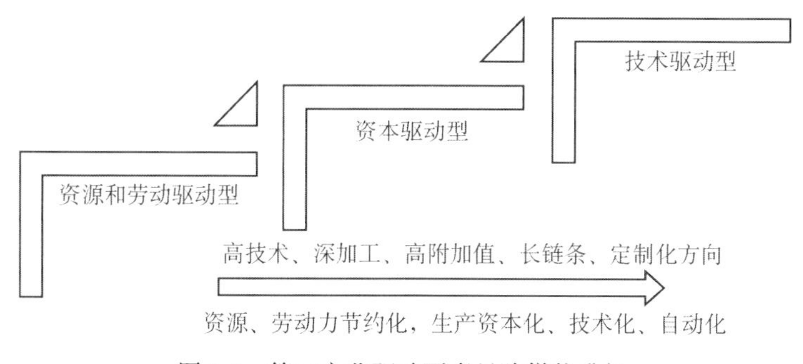

图 1-2　第二产业驱动要素呈阶梯状升级

“工业 4.0”时代背景下，技术创新的竞争已经从以局部创新为中心扩散到全球范围，这既是企业间的竞争，又是国家间的竞争。从某种意义上说，国家间的竞争将完全成为创新能力的比拼，前沿技术和顶尖人才将成为各国最重要的发展资源。从制造业的智能化趋势来看，某一项技术创新将对整条产业链甚至整个社会生产和消费领域产生颠覆性影响。一般的技术创新能引导资本流向，形成巨大的经济和社会效益，有的甚至还会影响国家军事和安全战略。

3. 创新驱动第三产业由传统服务业向知识密集型服务业转型升级

就第三产业而言，传统服务业主要为劳动密集型和一些低技术水平服务供给，随着经济社会发展，专业化、高技术水平和高信息化程度的服务业需求层次越来越迫切和重要，其中的驱动力同样依靠创新。发达经济体和越来越多的高速增长的发展中经济体正在经历结构转型，从而引发就业行业结构的重大变迁，形成服务业专业化（Dasgupta and Singh，2005）。从工业化、城市化阶段后期开始，第三产业逐渐成为区域产业支柱，经济增长新动力基本来自服务业，传统服务业将被知识密集型服务业所改造和替代（图 1-3）。

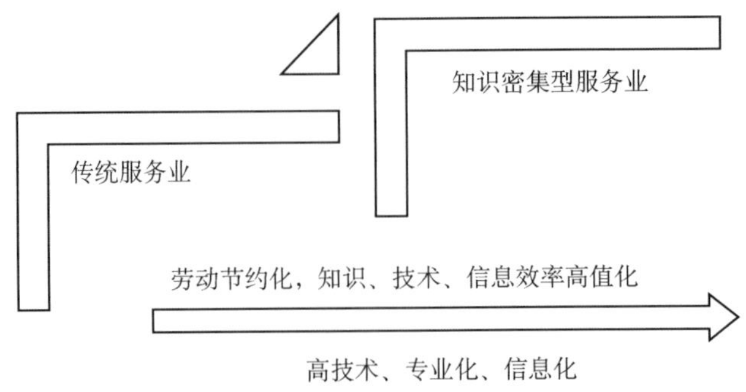

图 1-3 第三产业向高技术、专业化、信息化转型升级

知识密集型服务业以高知识和专业化人才、高技术和信息化设备为依托，提供种类丰富、层次高端的市场服务，主要包括金融、法律、会计、咨询、软件和通信技术等。随着信息网络技术和基础设施的发展，知识密集型服务业迅速兴起，其种类朝专业化、精细化方向仍在继续发展。知识密集型服务业具有很强的知识溢出效应和产业带动效应，常与现代制造业特别是智能制造业优势互补，组合联动发展，对产业发展优化和整个经济提质升级都有很大作用。部分传统行业借着“互联网+”等信息服务业的东风，升级到新的组织形式、新的行业业态，来打造新经济。

第二节 创新驱动产业布局优化的理论基础

一、产业布局概念及演化规律

（一）产业布局概念

产业布局，是指产业各部门、各要素、各环节在空间上的组合与分布。通俗地说，就是一定地域范围内各产业部门的空间投影（田海宽，2009；沈丽珍等，2009）。城市经济的发展，不仅取决于经济要素的总量，也取决于各经济要素的构成和空间布局。产业空间布局是城市经济发展特征的空间反映，它表现为各产业部门为选择最佳区位而在空间上流动、转移或重新组合的配置与再配置的过程，是城市产业结构组织是否合理的重要标志。合理的产业空间布局是城市发展的助推器和调节器，可以促进城市经济的协调、快速、持续发展；不合理的产业空间布局往往会制约、阻碍城市经济的发展。

（二）产业布局的演化规律

产业布局是一个不断动态变化的过程，在分析经济地理学的相关理论和总结国际化大都市产业演进规律的基础上，本小节从中心区产业演化、郊区产业演化，以及多中心、网络化三个层面来揭示产业布局演化的一般规律。

1. 中心区产业演化

作为核心地带的城市中心区，是城市经济发展的核心地区，城市中心区产业结构的优化和升级引领着整个城市产业演化的方向与进程（姚胜安和未江涛，2010）。随着工业化进程的不断推进，城市中心区的职能高度集中，产业和要素不断向中心区聚集。但是规模的过度扩张使得中心区的核心优势逐渐消失，随之出现的交通拥堵、环境污染、住房拥挤、人口过多等城市病问题不断困扰着中心区的可持续发展。因此，对城市中心区产业结构进行调整优化是必然的。

城市中心区产业结构调整与城市土地利用结构密切相关，根据阿隆索地租模型，土地级差收益的客观存在，必然会引发各类空间经济要素的向心集聚。按市场供求均衡的原理，城市中心区的地价就会上升，从而产生排异现象，将附加值低的产业依次向集聚体外围排斥，依靠市场调节力量促进产业结构的调整优化和合理布局。因此，城市中心区产业空间的更新，就是传统的服务业和工业集聚空间被新产业空间替代的过程。产业优化调整的方向是发展占地面积小、高附加值的产业，如发展现代化的金融商务空间、商业空间、文化创意产业空间、教育研发空间、博览会展空间、商贸物流空间、旅游休闲空间等新产业空间形态（杨德进，2012）。

2. 郊区产业演化

产业郊区化是在城市增长和空间扩张过程中，都市区内部产业转移和空间分布变动的一般性趋势，其本质是产业活动在都市区范围内由城市中心向郊区扩散并重新分布（李国平等，2016a）。产业郊区化可以由企业数量、就业人口和产业产值的空间变化及变动来表征。

西方发达国家城市郊区化的发展历程显示，郊区化过程中产业份额分散化具有一定的阶段性行业特征。首先开始郊区化的产业部门是制造业。由于郊区土地价格较低，对于需要占用大片土地的制造业部门来说，向郊区转移有助于降低成本。同时，随着人口的郊区化，劳动密集型的制造业部门向郊区转移也会使其更加接近所需的技术工人。制造业郊区化的动力不仅在于降低成本和接近劳动力，更重要的是技术进步带来的生产组织变革，如生产的标准化和生产环节的垂直分离，以及现代运输技术的发展都促进了制造业向郊区的扩散（祝俊明，1995）。随后开始郊区化的产业部门是商业和零售业。商业和零售业的郊区化可以认为是人口居住郊区化的直接结果。随着人口居住的郊区化，商场、超市、购物中心等需要更加接近消费者，因此开始向郊区扩散，而商业和零售业的郊区化为服务业在郊区的集聚创造了初期的集聚区位效应（祝俊明，1995）。此后，随着城市中心区越来越拥挤，地价不断上涨，一些不需要集中在城市中心区的办公活动，开始逐步向郊区转移，随之而来的主要是由办公业的郊区化推动的新一波郊区化浪潮。20 世纪 90 年代以来，随着西方发达国家城市郊区化的不断发展，更为高级的产业功能和部门，如原本只集中在城市中心区的金融、商务服务等高端商务功能也开始向郊区化发展（Stanback，1991；冯健，2005）。

3. 多中心、网络化

在全球化、信息化和网络化的新时代背景下，城市产业空间布局逐渐由“单中心”扩张模式向“多中心、网络化”发展模式转变。多中心、网络化发展模式是一个以有形和虚拟的网络为支撑，具有多中心、多节点的城市空间结构。城市空间的多中心化，通过中心城市职能向外疏散，避免单中心集聚所导致的集聚不经济带来的效率损失，并通过再集中、网络化获取整合效应，实现城市的可持续发展和竞争力的提升（李国平和孙铁山，2013）。

多中心、网络化的空间结构具有其结构优势，它既能实现城市的规模经济效益，又能解决单中心集聚所导致的大城市病问题（李国平和孙铁山，2013）。多个中心之间的相互整合有利于形成和发掘彼此间的互补性，通过专业化分工发挥不同区位的比较优势和竞争优势，同时中心之间的互动也有利于创新，从而促进经济增长。另外，多中心、网络化的空间结构可以有效地避免人口和经济活动在单一中心的过度集聚及由此造成的城市蔓延问题，如城市恶性扩张对城市绿化带、农田、湿地等的侵蚀，以及生态环境的恶化等问题，从而有助于保护区域既有的生态格局，形成良好的人地关系。

二、创新驱动产业布局优化的理论机制

（一）产业布局由一般要素驱动向创新驱动转变

经济活动都是建立在一定的要素投入基础上的，要素投入的变化可能会直接导致经济活动的区位变化。在经济学生产理论中，自然投入（包括土地、原材料、能源等）、劳动力和资本作为生产的最基本要素，统称为生产的三要素。此外，随着现代经济活动对技术和知识依赖程度的提高，技术与知识已经成为影响经济活动区位选择的一个重要因素（李小建等，2006）。由此看来，产业空间布局正在由一般要素驱动逐渐向以技术与知识为主的创新驱动转化。一般要素驱动型经济增长方式最终会由于物质资本边际收益的递减而不能持续，而创新驱动不仅可以通过激发创新能力来拉动经济增长，实现经济发展方式的转型升级，还可能由于各地区创新能力的不同而影响到经济发展的速度与后劲，进而对地区间的经济发展差距产生影响。

创新驱动阶段不仅是国家经济现代化的重要阶段，也是经济现代化的主要标志（邓智团，2014）。技术创新是一个城市经济现代化的核心动力，这一阶段的产业类型以技术密集型产业为主，具体表现为研发业在一定区域的集中，成为城市创新的空间地标。基于国内外的实践经验，城市创新空间通常可以划分为中心城区的中央智力区、近郊的完备城市功能的科学园和远郊的科学城（邓智团，2014）。城市产业结构发展到以创新产业为主导的阶段，将会对城市产业空间布局提出新的要求和挑战，城市产业需要与城市空间功能提升、空间结构优化、空间组织模式最优过程产生协同和耦合，这样才能促进创新产业和创新城市健康、可持续发展。

（二）创新驱动中心区产业空间布局

城市产业结构高级化的过程，也是产业空间更替的过程，即新产业空间产生与旧产业空间更新的过程（杨德进，2012）。根据阿隆索地租模型，在级差地租的影响下，根据地均产值和产品附加值的高低，决定不同产业的合理布局。占地面积小、地均产值高、产品附加值高的现代服务业应该继续留在中心区；而占地面积大、地均产值低、产品附加值低的传统制造业应该实施外迁。现代服务业将逐步替代传统的制造业，成为城市经济发展的主要动力和创新源泉，这种取代不仅是产值和就业结构的变化，更是一种生产方式的

更新换代和城市空间的重新整合。

城市中心区产业向高端化发展，需要进一步提升高技术产业与现代服务业在总体产业中的地位与作用，用创新改造传统产业，提升传统产业的技术含量，促进产业向产业链的高端发展，促进企业向价值链的高端集中。随着工业生产部分撤离市区，并郊区化和分散化，城市用地和空间被腾让，中央商务区（CBD）、创意产业园区、科技园区等新产业空间发展起来，以现代服务业为主的新产业空间在建筑风貌、建筑高度、建筑密度、容积率等方面发生变化，以紧凑型的繁华地段来展示城市的新魅力。同时，高技术产业的发展将会为现代服务业，尤其是为生产性服务业提供较大的市场需求，从而带动生产性服务业的迅速发展。因此，未来城市中心在促进高技术产业高端化发展的同时，应着力发展包括科技服务、金融业、信息服务业及高端商务服务业在内的生产性服务业，提升服务业的品质和专业性。

（三）创新驱动郊区产业空间布局

随着产业郊区化的发展，郊区产业构成变得更加专业化，郊区出现新的产业中心，且集聚规模不断扩大。在产业郊区化的过程中，建设了大量的郊区开发区和工业园区，其中，创新驱动下的高科技产业园是郊区产业建设的重点内容。高科技产业园能够促进科技创新资源快速、高效地汇聚，同时提供全面、现代的科技服务，加速形成科技服务业态。围绕高科技产业园建设和科技产业发展需求，应大力发展科技金融服务，培育新型科研机构，发展科技中介服务机构，加快产业集聚，大力提升科技服务业的协同创新能力，建设技术咨询、成果转移、知识产权服务、科技成果信息发布等公共服务平台，完善科技成果研发服务体系。目前，高科技产业园的空间布局模式主要分为以下两类。

1）单中心圈层模式。一般规模较小的高科技产业园多呈现出单中心圈层模式的空间结构，以商业和公共服务设施为中心，周边围绕布局研究、教育和生产组团，居住区则穿插布局在其中。例如，筑波科学城的空间布局模式是以公共服务功能为中心，研究组团、教育组团和居住组团环绕布局的结构，外围郊区布局生产区。同时，城市以一条主干道为中轴线，串联起主要的大学、中心区和研究机构，居住区、公园、学校、商业中心等沿轴线布置，并配置宜人、安全的居住空间。周边的生态绿地和郊区一方面保护了生态环境；另一方面为生产组团和新项目预留了发展空间。

2）分散多组团模式。规模较大、产业较为丰富、功能较多的高科技产业园往往呈现出分散多组团的空间结构。例如，与筑波科学城的集中式布局不同，日本的关西科学城采用了分散多组团式的发展模式。关西科学城的中心由 12 个文化与科研区组成，包括科研设施、文化与科研交流中心、公共设施、住宅区及其他一些建筑。之所以采取分散多组团式的发展模式，主要是为了保护周围的自然环境，同时与已有的城镇相匹配。这 12 个文化与科研区由便捷的交通和畅通的信息网络相连接。21 世纪初，韩国政府在大德科学城的基础上进行了拓展，形成了大德技术谷、大德产业区、国防机构区域和大德北部绿带区，这些统称为大德研究开发特区。

（四）创新驱动多中心、网络化产业空间结构形成

在多中心、网络化的产业空间布局的形成过程中，需要促进创新链与产业链的融合，增加中心城区与外围地区及各次中心之间的产业互动。一方面，服务业仍高度集中在中心城区，可以充分利用中心城区高等院校、科研院所、企业总部高度集聚的智力资源，来提升中心城区原创性、源头性的创新能力，同时能积极发展金融服务业、科技服务业、信息服务业等高级生产性服务业为中心城区科技创新提供服务支撑；另一方面，制造业的不断郊区化，可以充分利用外围地区的交通物流优势、土地资源优势，在外围地区打造一批具有创新能力的次中心，强化其成果转化、交易、生产等职能，从而打造科技创新发展的多中心、网络化发展格局。

在科学技术对产业的支撑和带动作用下，实现创新研发、生产制造与成果转化等链条的有机互动，构建中心城区与外围地区资源共享，产业上下游高效衔接、互利共赢的空间格局，进一步集聚和高效利用科技创新资源，拓展技术发展深度，打造高技术产业链，逐步形成多中心、网络化的产业空间结构。

第二章 创新驱动产业转型升级与布局优化的案例借鉴

众多发达城市的发展案例显示，科技创新应成为城市产业发展的核心动力。北京作为首都，是我国创新资源最为富集的区域，如何利用好丰富的科技创新资源，为北京产业结构转型升级和布局优化服务，显得尤为重要。本章将系统梳理国内外大都市在产业发展过程中通过科技创新推动产业转型升级和布局优化的发展模式与成效，为北京市产业发展和布局优化提供经验借鉴。

第一节 创新驱动产业转型升级的案例分析

在全球化时代，创新已成为提升国家竞争力的关键因素，东京、伦敦、纽约等国际化大都市在经济发展过程中都非常重视科技创新在地区经济结构向高端化转型过程中所发挥的提升效应。本节通过对国内外大都市中科技创新对地区经济结构转型升级的作用的经验借鉴，总结出创新对产业转型升级的驱动作用。

一、纽约

纽约是美国乃至全世界最优秀创新人才的聚集地之一，它依托良好的创新环境和浓厚的大学学术氛围，为初创企业找到适合自身的发展模式提供了便利，正逐渐成为美国的科技创新创业中心。

（一）发育成熟的科技创新生态系统

纽约拥有至少 12 个“孵化器”、299 个科技产业组织，涵盖金融、时尚、媒体、出版、广告等各类产业，已形成良性的产业互助系统和科技圈生态环境，为初创公司提供了一个良好的发展空间。除公立大学外，纽约的科研机构多以私营企业的形式存在，激烈的市场竞争激励其科研活动紧随市场供求的变化而变化，外来的竞争压力加快了纽约数以百计的科技企业将研究成果转化为现实生产力。相对于伦敦等其他国际大都市，纽约的生态系统更加多元，初创公司社群迅速壮大，大型媒体、时尚与金融业者集中，资本和人才要素高度集聚。纽约已成为初创公司，尤其是消费型行业、电子商务、广告、媒体及时尚等领域的公司重要的孵化孕育基地。

（二）金融机构与风险投资的融资支持

纽约凭借其强大的科技实力与资本市场，发展形成了多种融资方式并存的科技创新金融支撑体系。除了纽约证券交易所、纳斯达克市场、全国性的场外交易市场和私募股票交易市场外，纽约还建立了比较完善的间接融资风险分担体系，全美前 500 家大型公司中约 30%的研发总部均与纽约有密切的金融服务联系。

（三）关键技术领域严格限制外资

美国 2007 年通过的《外国投资与国家安全法案》规定，外国资本可以像美国本国资本一样自由地进入投资领域，但对于通信、交通运输、金融及国防工业等关键领域，其投资比例、投资期限、股份转让、资本金、利润与合法收益均有严格限制。尽管纽约是国际上经济最开放的城市之一，但它对特定国家的投资也有一定的限制。

二、东京

东京是日本的政治中心和经济中枢。它吸收世界先进的科学技术，进行自主创新转化，形成了多元且完整的创新链，从而在较短时间内实现了快速的经济增长。

（一）小微企业是创新的重要载体

东京的科技创新主要表现在小微企业的自由竞争和创新。《东京都统计年鉴 2015》显示，2014 年日本的科研企业以小微企业为主，占 83.99%。注册资金 1000 万～3000 万日元的科研企业占 38.7%，300 万～500 万日元的占到了 28.85%（表 2-1）。

表 2-1 2014 年日本各类科研企业数量

企业注册资本/日元	企业数/个	各类企业占比/%
小于 300 万	1831	9.18
300 万～500 万	6043	30.30
500 万～1000 万	1614	8.09
1000 万～3000 万	8101	40.61
3000 万～5000 万	751	3.77
5000 万～1 亿	709	3.55
1 亿～3 亿	396	1.99
3 亿～10 亿	220	1.10
10 亿～50 亿	128	0.64
50 亿以上	153	0.77

资料来源：《东京都统计年鉴 2015》

（二）科技企业呈现出市场化运作的特征

从研发费用的投入看，东京科技企业研发经费主要来自委托机构，2010 年这一比例已达 78.74%，而科技企业承担的研发费用仅占 17.56%，这凸显了东京科技企业市场化运作的特征：大多数研发机构以独立企业形式向社会提供智力产品，而不是隶属于某个企业，仅进行相对单一的研发。

（三）本土企业是城市经济的主体

东京在加速经济发展过程中，采取“先保护育成，再开放竞争”的基本策略，注重扶持和保护国际竞争力弱的本国产业，对影响到本土科技的外商投资进行严格管制，对外商投资范围和出资也有明确的规定。

根据各产业的国际竞争力强弱，日本将本国产业划分为三类。第一类自由化产业，是指与外国企业相比，日本相关企业在技术、资金、设备、材料等方面差距很小的产业，外国投资者在这类企业中可拥有100%的股份。第二类自由化产业，是指尽管具有相当的国际竞争力，但与外国企业相比，日本相关企业在资本、技术、设备、资源、综合竞争能力等方面仍有一定差距的产业，外国投资者在这类企业中只能占有50%以下的股份。第三类非自由化产业，主要针对农林水产业、皮革及其制品、石油业、矿业等影响国家经济安全和能源的关键性行业。日本政府对这类行业规定出资比例上限，从而控制外资对这类产业的介入。

三、伦敦

伦敦是英国的政治、经济、文化中心，也是世界著名的商业金融中心。欧洲500强企业中，超过100家企业总部在伦敦，其创新能力首屈一指。

（一）专项规划指导创新产业发展

为了继续保持在全球范围内的科技创新优势，伦敦在“伦敦创新知识转移战略”（London Innovation Knowledge Transfer Strategy）、“伦敦创新框架”（London Innovation Framework）的基础上，又颁布了《伦敦创新战略与行动纲要2003—2006》（The London Innovation Strategy and Action Plan 2003—2006）（下称《纲要》）。《纲要》提出了伦敦建设创新城市的远景、战略和具体举措。伦敦经济发展局主席Honor Chapman表示：《纲要》是要把各个创新主体联合起来支持创新，以此作为推动经济增长的主要动力，创新是经济发展的心脏，它是充分利用积聚在伦敦的各种潜能的关键。

（二）重点推进东伦敦科技城建设

东伦敦科技城是位于伦敦东区的集科技、数字和创意等企业于一体的科技枢纽。政府不仅投入了4亿英镑来支持科技城的发展，还制定优惠政策，确保把新建筑中的一部分空间用作孵化区。思科、英特尔、亚马逊、Twitter、高通、Facebook、谷歌等大型公司先后入驻，巴克莱银行等金融机构也开始展开针对创业企业的特殊融资服务。2011 年后，超过 1600 家公司进驻科技城，在科技城的带动下，2011～2014 年伦敦的科技企业数量增加了 76%，从 2011 年的近 5 万家增长到 2014 年的 8.8 万家，仅东伦敦地区就已集聚 3200 家创业公司，创造了 5 万多个就业岗位。

四、特拉维夫

特拉维夫是世界上创业公司和科技创新人才及企业分布密度最高的地区，拥有超过 700 家创业公司，上千名世界级软件工程师和上百家跨国公司。2010 年，特拉维夫确立了自己的全球城市名片——创新长夜之城，此后特拉维夫在已有的创新土壤之上，向着“世界级创新城市”的目标不断前进。

（一）注重创新人才队伍的培育

以色列坚持人才强国战略，大力发展高等教育，通过投入大量科研经费及扶持各个领域的“高精尖”科研项目等措施，培养了一大批高端科研人才，每 10 万名工作人员中就有 135 个科学家，该比例居世界之首。以色列公民除了接受学校教育外，还需在高中毕业之后参军，接受一定年限的军队教育。在服兵役期间，士兵将接受全方位的军事训练和高科技教育，部队也注重创新能力的培养，会给予士兵足够的自由创新空间，鼓励其进行创新、创造。此外，特拉维夫的年轻人还可获得专门的创业教育培训，特拉维夫市政府针对有创业想法的年轻人，提供近乎免费的基础创业咨询服务。

（二）发挥创投引导基金的作用

当前知识经济的发展模式是“创新+创业+创业投资”，资金是决定创新活动能否最终实现的关键因素。创新创业的高风险性使其很难获得传统银行贷款，而特拉维夫的创投基金来源主要有两类：风险投资公司和政府创投基金。

由于特拉维夫在经济贸易及科技创新等方面的优势，大多数国际银行和风险投资公司都将总部设在特拉维夫。风险投资公司能够在本地的众多创新创业项目中选择最具发展潜力的项目以规避高投资风险，而创新创业项目也可方便快捷地向风险投资公司寻求资金支持，充足的资金有助于加速创新实现过程。

特拉维夫市政府也为创业人员提供必要的资金支持。例如，Tnufa Program是专门用于扶持萌芽期创业的种子基金。该基金会对有潜力的创业项目发放一定的资金，并协助个人发明者或新生的创业公司进行项目技术和商业潜力的评估、申请专利、起草商业计划、发展初期业务等。此外，特拉维夫还有其他政府创立的创投基金。为扶持当地的新型软件开发产业，初创软件企业可向特拉维夫市政府申请最高66%的税收减免。

（三）建设良好的创新创业服务平台

为打造其“全球创新型城市”的名片，特拉维夫建立了全面的创新创业服务体系。特拉维夫创办了一家官方运营的创业者服务网站（Tel Aviv Nonstop City），不仅为创业者提供创业所需的各类信息，也为当地创业者和投资者之间搭建起信息交流平台。政府创建了多处众创空间（co-working places），进一步集聚了创新人才，如图书馆创业社区可为互联网或信息科技初创企业提供众创空间，同时，众创空间定期组织社区交流，为年轻的技术人才提供完备的创业基础设施。

五、上海

上海市作为全国改革开放的排头兵、创新发展的先行者，在创新驱动产业转型升级方面已积累了丰富的经验，其科技创新能力和产业技术水平均位居全国前列。

（一）加快建设创新人才高地

上海市充分发挥户籍政策在人才引进中的激励作用，对创新创业人才给予政策倾斜，落实居住证积分、居住证转常住户口、直接落户等人才引进政策，加快建设创新人才高地。对于获得一定规模风险投资的创业人才及其核心团队，在上海管理运营的风险投资资金达到一定规模且取得经过市场检验的显著业绩的创业投资管理运营人才及其核心团队，市场价值达到一定水平的企业科技和技能人才，取得显著经营业绩的企业家人才，以及在上海市取得经过市场检验的具有显著业绩的创新创业中介服务人才及其核心团队，予以直接入户引进。

（二）营造良好的创新创业环境

上海市探索建立了中国（上海）自由贸易试验区（简称上海自贸区）、张江国家自主创新示范区两个改革平台，营造了良好的创新创业环境，充分发挥了“双自联动”优势，设立了张江科技银行等金融机构，开展针对科技型中小企业的金融服务创新，支持高层次人才创新创业。此外，建立了上海自贸区海外人才离岸创新创业基地，形成了多层次的离岸创业服务支持系统，为海外人才营造了开放、便利的创业营商环境。

（三）制定配套政策和相关法规

上海市加大了对海外高层次人才，尤其是外籍专家的引进力度，以人才政策突破和体制机制创新为重点，通过完善科技成果转化制度、科研人员股权激励制度、科研人才双向激励制度等相关配套政策，充分发挥上海驻海外联络处的作用和网络优势。同时，积极推进用人制度的市场化改革，推动人才流动、人才评价，依据市场规则、按照市场价格参与市场竞争，从而实现效益和效率最大化。

六、深圳

深圳是中国改革开放设立的第一个经济特区，它在自身发展历程中非常重视创新在地区经济结构向高端化转型过程中发挥的提升效应，形成了自主开发与引进技术并重的混合型科技创新模式，产学研一体化程度较高。深圳积极完善科技风险投资体系，促进科技与金融的互动融合，注重培育民营高科技企业，涌现出了一批极具创新精神的企业，如华为、中兴、比亚迪、招商银行、腾讯、朗科、金蝶等，享有“设计之都”“创客之城”等美誉。

（一）强化政府的企业服务职能

深圳市政府较早地实现了治理理念的转变，从行政管理思维转向服务性思维，以建立服务型政府为目标。政府不是局限于出台产业规划等行政举措，而是注重强化其企业服务职能，使企业成为真正的市场主体和创新载体。例如，对于华为这样的龙头企业，深圳市政府设立专门小组，实行“一对一”式的辅导，及时帮助其解决发展过程中的土地、资金、人才、技术等困难。

对于中小企业，政府则出台“一对多”式扶持政策，每个领导“承包”若干家企业，帮助企业解决发展难题。

（二）营造宽松的市场环境

深圳市政府在研发、申请项目等方面大力支持创新创业者，但不干预创新创业者的具体操作，给予创新创业者更宽松、自由的环境，使每家企业都能直面竞争激烈的市场环境，依靠自身的能力，自由地生存发展。为大力营造创新创业的社会氛围，深圳市努力打造全球创客的理想乐园，举办了中国（深圳）创新创业大赛、中美青年创客大赛、创客市集等系列活动。通过营造企业主导的氛围，使深圳的中小企业、草根经济充满了活力和创造力。

（三）加快国有资产从竞争性领域退出

2004 年深圳市人民政府国有资产监督管理委员会正式设立，开始分门别类地全面推进国有资产重组：对于优质的国有上市公司，通过市场融资使其继续做大做强；对于一般的国有企业，通过引进战略投资者，对其进行整合重组优化；对于缺乏竞争力的国有企业，加快变现、转让，实现国有资产有序退出；对于业绩很差的公司，甚至实行“零价格转让”。深圳市的这些积极举措使其国有股比重不断降低，国有资产在竞争性领域加快退出，为民营经济的发展创造了充分的空间，由此推动了一大批创新型民营企业的崛起。

第二节　创新驱动产业转型升级案例的启示

从上述案例中可以发现，纽约、东京、伦敦等国际化大都市在创新驱动产业转型升级方面具有丰富的经验，这对于我国充分发挥科技创新在地区经济结构向高端化转型过程中的提升效应具有宝贵的借鉴意义。

一、培育本土创新企业

培育本土创新企业，带动创新科技发展。创新龙头企业对科技创新活动具有带动作用，是城市创新产业孵化的加速器。但龙头企业也是依赖于大量中小企业的存在而形成的，因此，在培育本土创新龙头企业的同时，也要给小微企业创造良好的发展环境，充分发挥市场竞争机制的作用，让小微企业能够在自由竞争的市场中蓬勃发展，培养创新人才和精英团队，为经济发展注入新动力。

二、营造良好的创新生态环境

优化产业发展环境，营造创新生态系统。为了加快创新生态体系建设，政府应当改革政府管理模式，搭建平台，留住人才，实现向服务型政府的转型。注重完善企业创新的市场环境和政策环境，通过多种途径，营造良好的科技创新氛围，培育科技创新的“土壤”，为企业成长和产业发展创造公平、有序的生态环境。积极倡导创客文化等文化认同，加强知识产权保护，推动资金、人才等要素的集聚和融合，打造开放、良好的科技创新环境。

三、创新推动传统产业转型升级

加快运用新兴技术改造传统优势产业。一方面，运用新的技术、工艺和装备改造原有产业，积极开发虚拟、智能制造等信息技术，带动传统产业向高新技术产业转型，促进原有生产部门的产品结构升级，提高传统产业的技术水平。另一方面，运用新技术改造传统产业的管理模式，以工业化和信息化为支撑，以实体经济为导向，以增强产业技术创新能力为主线，促进企业的管理体制转型，完善传统产业的管理结构。

四、健全创新驱动体制机制

健全创新驱动体制机制，强化创新成果市场导向。要推动企业创新从注重“面向政府要资金”向注重“面向市场要效益”转变，从单纯注重技术研发向注重整个创新链条（包括技术研发、中试、生产、市场营销等）的运作转变，从注重单个创新成果向注重提升持续创新能力转变，切实提高创新的成功率。倡导“专利不等于创新”的观念，引导企业更多地从市场开拓需求出发创造和运用知识产权，整合资源，推动全产业链协同发展。

第三节　创新驱动产业布局优化的案例分析

在城市空间布局形成和优化的过程中，创新起到了至关重要的作用。在城市发展的一般过程中，各类产业首先在城市核心区集聚。随着城市核心区的人口超过其承载力，制造业等产业开始向外围和周边城市迁移，城市核心区成为创新资源集聚的区域。同时，为缓解“大城市病”，各大都市区均选择以建设新城的方式扩大城市发展区域，优化空间结构。新城内部创新要素的率先发展会带动其他产业的集聚，加速城市产业空间布局的优化。

一、东京

（一）东京城市功能体系——耦合型网络体系

日本东京大都市圈，从狭义上讲，包括东京、神奈川、千叶和埼玉一都三县，相当于东京 50 千米圈，即通常所说的东京都市圈；从广义上讲，它还包括群马、枥木、茨城和山梨四县，共一都七县，相当于东京 100～150 千米圈，整个圈域面积为 36 888 平方千米，占日本国土总面积的 9.8%。

东京作为东亚地区的世界级城市，其城市功能包含金融、科技研发、先进制造、国际港口、商务贸易等多个方面，形成了耦合型网络体系。但是，从空间布局看，它更加符合圈层的特征：金融中心位于东京城市的中心；传统制造业分布在离市中心 50 千米左右的圈层以外；50 千米以内的圈层分布着科技研发、教育、服务等职能单位；国际化的港口（横滨港）与港区条件相关，位于离市中心 50 千米左右的地区（图 2-1）。

（二）将产业疏解至周边的业务核都市，形成圈层式结构

东京为了缓解中心城区严重的大城市病，逐步将过密的非首都功能向周边的业务核都市疏解。业务核都市是分担中心地区部分业务功能的城市，与都心的距离一般在 10～55 千米，是周围地区的经济中枢城市（图 2-2）。

东京都的 20 个业务核都市，主要容纳可以转移的首都功能，中心区过于

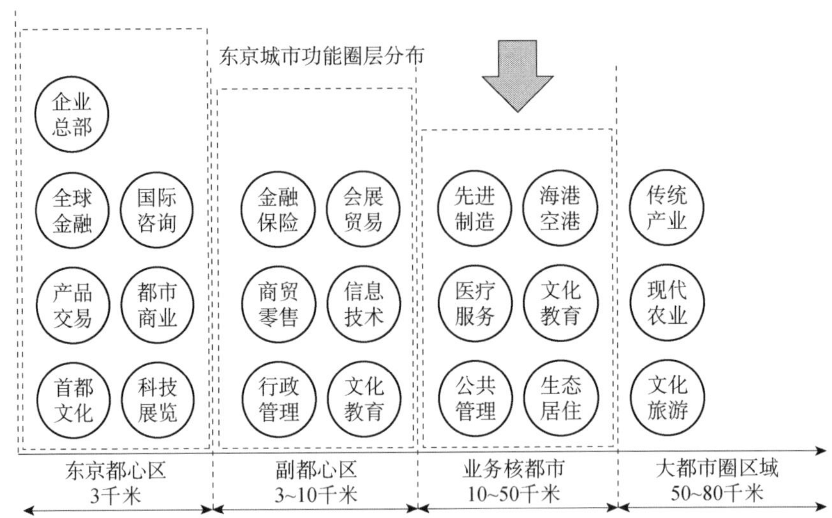

图 2-1　东京都市圈功能圈层分布

图 2-2　东京都市圈业务核都市分布图

密集的教育、医疗、公共管理等公共服务，以及总公司的部分功能。它承载不一定要在中心区布局的部分居住、文化、旅游、科研、会展功能，或依托特定海港、空港的区位而承担国际交往、临港工业等功能，是服务东京圈、全国乃至世界市场的必要节点。一方面，它分担了都心、副都心的居住、行政管理、文化教育、医疗服务等功能，承接了大量的城市功能；另一方面，业务核都市环境相对优越且宜居宜业，没有城市中心区的交通拥堵、空气污染，能够吸引一些企业集聚于此，成为特色鲜明、分工明确的产业集中地。

如图 2-3 所示，从时空顺序来看，20 世纪 60 年代，东京首先转移的功能包括科教职能和工业、港口职能，其中科教职能向多摩地区转移，而工业和港口职能向千叶和神奈川地区转移。这一时期，功能转移的空间尺度主要在东京都 50 千米范围内。到 20 世纪 80 年代，科研职能进一步向外转移，主要转移到茨城地区，且功能转移的空间尺度大大增加，达到距东京都 100 千米左右。进入 21 世纪，与过去转移制造、港口、教育、科研职能的趋势不同，一些政治、行政、金融、商业和文化方面的机构开始从都心三区向周边地区扩散，政府职能开始向埼玉地区转移，商务服务业、文化产业等向新宿、涩谷、文京等区扩散，东京都区部、市町村商业服务业也有了较大发展。东京都市圈产业转移的频次更高，转移的产业以服务业为主，呈现出高端服务业优化布局、低端服务业全面转移的特点，批发零售、金融保险、房地产业和其他服务业产值的比重分别由 18.0%、10.3%、10.3%、24.8%（1990 年）上升为 21.1%、13.1%、13.6%、30.0%（2008 年），而制造业的比重则持续下降。在实施战略上，由于担心严格限制中心区的发展会妨碍东京固有的活力，因而主要采用引导策略（如财政金融方面的优惠和补助），而非实行严格的限制措施。

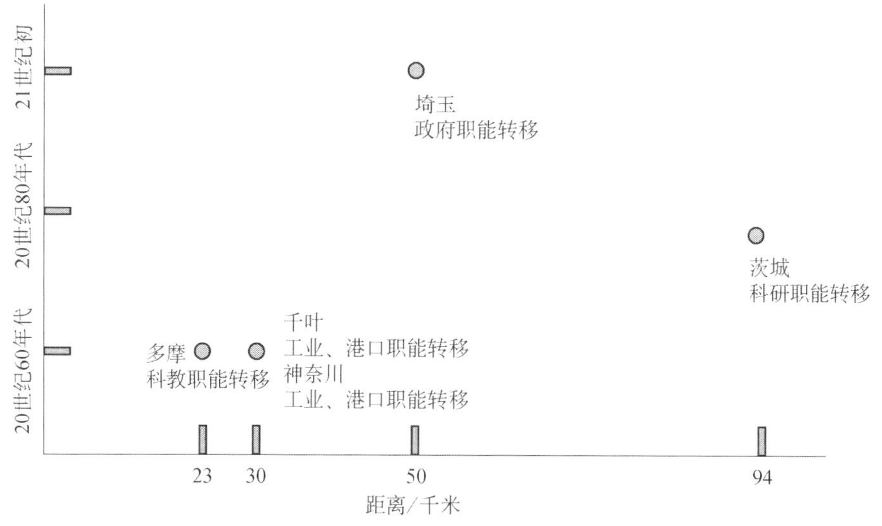

图 2-3 东京都市圈功能转移的时空顺序

具体而言，从服务业各部门功能的空间分布来看，核心区（都心三区和副都心区）主要承担信息服务业、金融保险业、科技服务业、房地产业和租赁业等生产性服务功能，其中信息服务和金融保险功能在核心区的服务功能中的主导地位非常显著；核心区周边其他区部和近郊区（市部）则主要承担医疗服务、教育两个重要的公共服务功能，其他区部还承担了连接核心区和外围地区的运输和邮政功能；外围三县的服务功能则主要是除生产性服务功能以外的满足居民日常需求的公共服务和生活服务功能。

（三）日本筑波科学城发展经验

在日本东京都市圈发展的过程中，外围区域发挥着很重要的作用。其中，以创新要素集聚而著称的筑波科学城在带动大东京周边地区产业升级和空间优化布局中起到了不可或缺的作用。

1. 政府驱动筑波科学城发展

日本筑波科学城位于东京东北约 60 千米的筑波山下，占地面积 284 平方千米，东临日本第二大湖霞浦湖，距成田国际机场 40 千米。这里地势较平坦，水源充足，绿化带宽广，自然环境优美，而且交通发达，有完善的公路和铁路网。

筑波科学城 1968 年开始动工，目的是“创造适宜研究和教育的环境”和“缓解东京人口压力”。同时，筑波科学城旨在推动科学和技术发展，成为建立在全国研究机构和筑波大学基础上的领先的研究和高等教育中心，其建设资金全部由政府承担。

因为交通不便，一开始许多大学和研究机构并不愿意离开繁华的都市搬到新城，所以在很长一段时间内这个城市都处于半休眠状态，被人誉为“自杀的城市”。1985 年的国际科学技术博览会为筑波的发展注入了真正意义上的活力。通过这次博览会，人们开始认同这个新兴的城市，“科学城、居住环境城、独立城”的概念开始深入人心，筑波也慢慢成为日本的科研重地。2004 年，历时十年的筑波快线全线贯通，带动了筑波的第三轮发展，筑波终于成为一个拥有 20 万人口的中等城市。

2. 研究学园为筑波科学城核心，带动区域内其他产业的发展和布局

筑波科学城由研究学园和周边配套地区两部分组成。其中，研究学园为

筑波科学城的核心区域，园区面积 27 平方千米，内建有国家级的研究和教育机构，此外还配套有部分住宅区，以及商场、百货等商业设施。研究学园外的其他区域为周边配套区域，面积为 257 平方千米，其开发模式为据点开发模式。与中国不同的是，日本的土地产业为私有制，城市建设用地产权属于个人，政府和企业开发需要从个人手中购买，因此在空间分布上，周边配套区域呈现出不规则和不连续的状态。

研究学园内部以国家实验室为主，兼顾生活形态。其中部为服务和商业中心，北部为文教、科研区；南部为理工研究区，其中电子技术综合研究所是全国研究开发电子技术的最大基地；西北部为建筑研究区；西南部为生物、农业研究区。筑波已基本发展成为以研究教育区为核心功能，兼备都市区（服务配套区）与住宅区（配套居住区）的新城。

周边地区主要以散布的工业用地为主。其中较为著名的有筑波北部工业用地与东光台研究用地。以筑波北部工业用地为例，它占地 128 公顷，是茨城县的主要高技术工业区之一，以风景优美著称，拥有筑波山下的一大片“平原森林”地带，吸引了许多大企业来此选址建厂，包括微电子工业、新材料工业和生物工程等尖端技术工业的各大公司。

二、伦敦

（一）伦敦城市结构中各功能节点之间的联系层级弱化，逐步趋于网络化

伦敦的行政区划分为伦敦城和 32 个市区，伦敦城外的 12 个市区称为内伦敦，其他 20 个市区称为外伦敦。伦敦城、内伦敦、外伦敦构成大伦敦市。大伦敦市又可分为伦敦城、西伦敦、东伦敦、南区和港口。目前，伦敦已经成为世界级城市，逐渐形成了包含行政、金融、教育、科技、制造、旅游等的复合型城市功能体系，各类功能在空间上的分布发生了较为突出的变化（图 2-4）。

面向国际层面的金融、教育、科技研发、港口等功能已经跳开原有的内伦敦核心区，更多地分布在外围地区，形成了目前的专业化、国际化的功能中心。一些原本因为土地竞租而外迁至城区边缘的面向市民的生活服务职能，逐步在伦敦市的中心扩大了比例。各个功能节点之间的联系层级弱化，逐步趋于网络化。

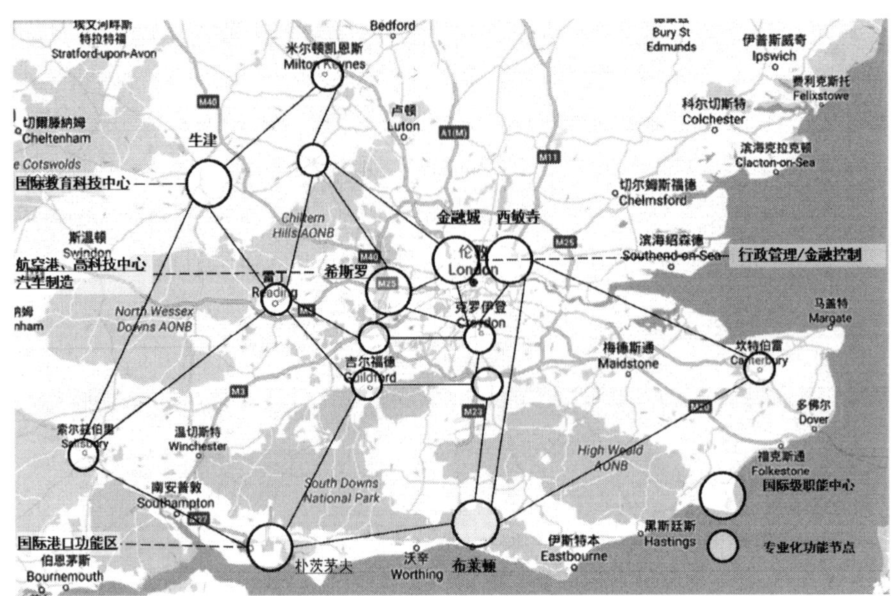

图 2-4 伦敦大都市区的功能布局特征

（二）东伦敦科技城建设带动产业空间布局优化

1. 规划和政府财政支出促进新的科技枢纽的出现

2000 年大伦敦政府重新成立后，伦敦先后出台四部伦敦规划（2004 年、2008 年、2011 年、2016 年），明确了伦敦成为欧洲主导城市和世界城市的发展定位，并贯彻增长、公平和可持续三个基本原则。与之前几轮规划一直强调疏解不同，2004 年以来的伦敦规划强调增长，它主要考虑以下几个方面：一是作为世界级城市，大伦敦的发展对英国全国发展的带动作用很大，要保持其世界级城市的地位，限制其增长是行不通的；二是这种增长主要是市场驱动及人口自然发展等因素作用的结果，很难通过规划等行政力量予以有效干预；三是要解决城市贫困人口问题和城市两极分化问题，只能通过经济发展来解决。《大伦敦空间发展战略》明确了空间发展的优先权，在过去 50 年发展过程中未能获益的伦敦市中心地区，特别是东伦敦大片占据优越地理位置的地区，需要在未来的发展中被优先考虑和支持。

以伦敦东部靠近老金融城的 Shoreditch 区为例，Shoreditch 和英格兰央行所在的老金融城仅一街之隔，虽然地理位置非常优越，但过去一直以“贫穷而性感”著称。由于低收入人口集聚和区域配套设施不足，加上之前规划上的不重视，Shoreditch 在过去一直属于伦敦市中心的“价值洼地”。2000 年以来，随着伦敦市政府重新开始开发市中心核心区，Shoreditch 的区位优势马上就显现了出来。伦敦市政府直接把东伦敦科技城（East London Tech City）定在了 Shoreditch，而不是像以前那样规划到卫星城，不但投入 4 亿英镑支持科技城的发展，还制定优惠政策确保把新建筑中的一部分空间用作科技孵化区。

2. 科技创新的集聚效应引领城市旧城区再生

为进一步促进伦敦创新科技产业的发展，2010 年伦敦市政府颁布“迷你硅谷计划”，东伦敦科技城应运而生，政府希望将东伦敦建设成为英国乃至欧洲的高科技创新中心。为了促进东伦敦科技城的发展，伦敦市政府先后出资 4 亿英镑，为科技城内的企业提供优惠政策。思科、英特尔、亚马逊、Twitter、高通、Facebook、谷歌等大型公司开始进驻，巴克莱银行等金融机构也再次开展针对创业企业的特殊融资服务。仅 2011 年，就有 200 多家科技企业将总部设于科技城。亚马逊欧洲总部大楼于 2017 年底竣工后马上就能给 Shoreditch 新增 5000 个工作岗位，Shoreditch 里的 Silicon Roundabout 已经成了科技公司和初创企业的大本营。东伦敦科技城已然成为当之无愧的欧洲成长最快的科技枢纽之一。

企业不断入驻给 Shoreditch 这个区域带来了久违的活力，越来越多的伦敦金融城和科技城上班族和高管开始在这里定居和工作，金融、科技和创意产业人才的集聚效应开始显现。Shoreditch 甚至成长为英国金融科技中心。Shoreditch 作为伦敦最早一批接受重建改造的核心区，摇身一变成了伦敦金融城附近的科技城，整个区域焕然一新，甚至由此产生了 Shoreditchification 这一新词（指伦敦市中心其他区域也正在发生和 Shoreditch 一样的变化）。

三、纽约

（一）纽约大都市圈城市格局

纽约大都市圈拥有纽约、波士顿、费城、巴尔的摩和华盛顿 5 座大城市，以及 40 个 10 万人以上的中小城市。其人口总量占美国总人口的 20%，制造业产值占全美的 30%以上，被视为美国经济的中心。从纽约城市功能体系的内涵上看，其主要包括金融控制中枢、科教研发、综合型工业、旅游等。而从功能体系的空间分布上看，仅有国际级金融控制中枢位于纽约市中心的曼哈顿岛；国际教育科研基地位于距离纽约 100 千米左右的纽黑文；国家级科技实验中心位于离中心 80 千米左右的布鲁克黑文；由于历史原因，国家级综合型工业中心主要沿海岸线布局；而旅游业则显示出不规则的飞地型布局（图 2-5）。

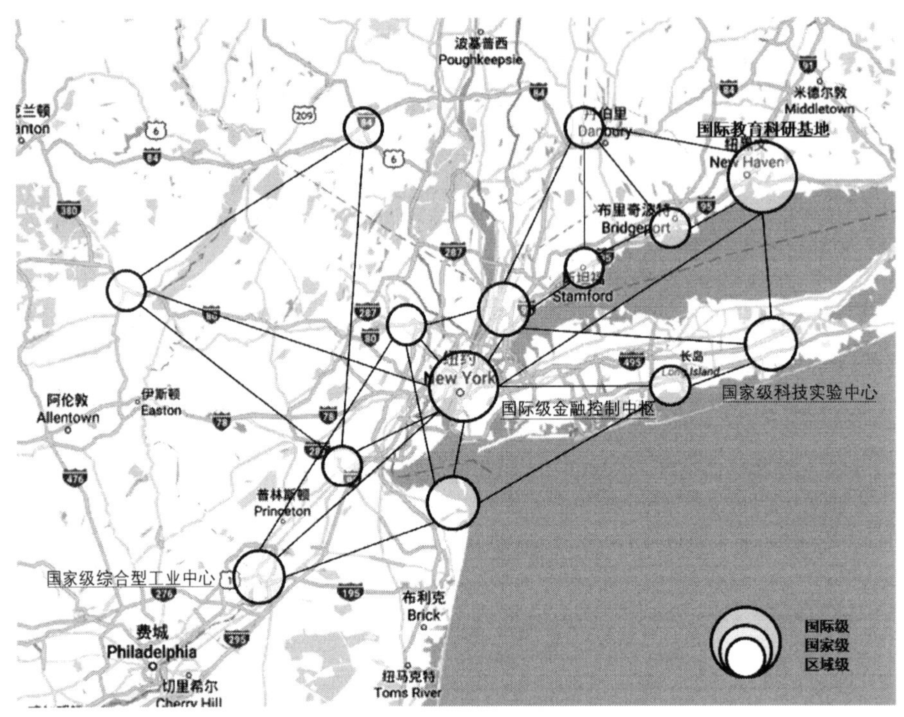

图 2-5 纽约大都市圈的功能布局特征

（二）大学园建设带动纽约市科技企业集聚

2008 年的国际金融危机使纽约的经济发展受到重创。自纽约完成第二产业向第三产业的转型以来，金融一直为其发展的重心。但金融危机使纽约的经济发展受到影响，纽约需要更多的创新和科技人才来促进经济的发展。而反观美国西部，硅谷在 20 世纪 90 年代已经进入“科技经济”的发展阶段。

纽约通过引入科技创新和工程领域的高校促进其创新产业的发展。为完成“东部硅谷”的建设，纽约开展了应用科学园项目，即引入世界领先的工程学院建设大学科学园。最终，康奈尔大学工程学院和与其合作的以色列工程学院落户到罗斯福岛。为促进工程学院的建设，康奈尔大学投资约 20 亿美元，并于 2013 年开始开展研究生课程。为促进纽约应用科学园的发展，纽约市经济发展局出资 5%，即 1 亿美元，这也是美国第一个有政府参与的大学科学园。除大学外，众多创新科技领域的龙头企业也参与到纽约“东部硅谷”的建设之中。微软、谷歌等企业纷纷入驻，为应用科学园提供资金、人才和技术等方面的支持。同时，依托发达的金融业，纽约涌现出了大批科技和金融融合的数字新创企业，并带动了传统核心商务区曼哈顿的发展。截至 2012 年 4 月，数字新创企业已超过 1000 家，主要集中在曼哈顿地区。其中，获得天使投资、风险投资或其他外部融资的数字新创企业约有 486 家。纽约的应用科学园和康奈尔校区成功完成了产学融合，纽约正成为科技人才培养和科技创新企业发展的热土。

四、首尔

（一）中心城区非首都功能疏解

首尔的城市功能疏解先后经历了首都自身疏解和首都圈整体疏解两次疏解。20 世纪 60～70 年代，韩国首都圈的规模膨胀仅限于首尔市范围，因此这一时期疏解战略的作用对象为首尔市自身，分散政策中的迁移目标区在首尔市外围的京畿道地区。到了 80 年代，随着首尔城市化步入成熟阶段，人口容纳能力降低，首尔与周围地区间的通达性提高，因此规模膨胀扩散到周边地区，韩国政府对首尔市和外围发展区做出更加一体化的安排，即对首都圈进行整体规划，并将分散政策的迁移目标区转向首都圈外的地方。

在机构外迁方面，1964 年韩国政府出台《首尔都市区限制人口增长的特别措施》，其中涉及行政机构的外迁、工业和高等教育机构设施建设和扩张的限制等。1969 年的非中心化政策进一步强化了这一控制原则，包括一系列控制首尔市增长的措施，如污染产业及与分区规则相冲突的工厂的外迁、大学的建设和扩张限制、地方学生转学到首尔的限制、公共行政部门的外迁等。1982 年的《首都圈整备规划法》和 1994 年的《首都圈整备规划修订法》，对首尔都市圈进行分区管理，并对转移分散条件做出了更加详细的规定。转移分散政策的对象主要有三类，即公共机构、工厂和大学。

首尔公共资源外迁一直是以首尔为中心，包括仁川和京畿道在内的首尔都市圈区域发展政策的核心内容之一。一方面，首尔实行教育机构外迁政策，对于现有大学限制其扩大规模的同时，通过政府出台措施引导大学外迁到外围地区或者到外围地区设立分校。1972 年总统府制定的《大城市人口分散措施》要求京畿大学、明知大学和汉阳大学等大学外迁，12 个大学在首尔都市圈外的地方设立分校。另一方面，在新城建设方面，20 世纪 70 年代初，韩国确定了“建设卫星城市，积极分散人口”的方针，在首尔周边地区建设卫星城。在区域均衡发展的策略下，首尔周围开发了昌原（1977 年）、丽川（1977 年）、丘尾（1973 年）、安山（1977 年）等新城，转移了市内的一部分工厂和污染型企业。同时，为分散首尔的行政职能建设了果川（1979 年）、大田屯山（1988 年）和鸡龙（1989 年）。80 年代末，首尔市内土地稀缺，住房短缺问题愈加严重。为了供给大量住房，稳定住宅价格，1989 年，政府提出了建设首都圈新城镇的提案，在首尔市外围建设了 5 个新城——坪村、山本、中洞、盆堂和一山。进入 21 世纪，为了解决人口过多的问题和保证首尔都市区住房稳定，韩国启动了第二阶段的 10 座新城建设。这批新城位于首尔市中心 20～40 千米范围内，交通便利。大批新城的建设，有效地承接了中心城区非首都功能的疏解和转移。

（二）世宗城市副中心建设

韩国首尔同北京一样，既是国家首都，又是人口和功能过度聚集的特大型城市。首尔都市圈集中了韩国 84%的行政机关、65%的大学、超过 70%的经济体量，政治、经济、文化等职能的过度集中导致了人口的过度集聚，仅占韩国国土面积 12%的首尔都市圈居住着韩国 50%的人口。

为缓解“大城市病”，推动区域均衡发展，同时基于军事和政治考虑，2003 年 12 月，韩国国会通过《新行政首都特别法》，决定将韩国政府机关从首尔迁往韩国中部地区。2004 年 4 月该法案正式实行，同年 8 月确定在忠清南道的燕岐郡、公州市和忠清北道清原郡的一部分建立名为“世宗市”的行政中心。世宗市位于首尔以南 120 千米处，面积约 465 平方千米，2012 年常住人口达到 12 万人，韩国政府计划投资 22.5 万亿韩元（约 1285 亿元人民币），到 2030 年将世宗市建成人口 50 万的行政中心复合城市。

从城市总体规划来看，世宗市城市建设分三个阶段。第一阶段是 2011～2015 年，主要完成城市的中央行政功能、城市行政功能、政府部门研究功能、国际交流和文化功能及大学功能。第一阶段的人口规划规模为 15 万人左右，其主要建设项目以引导初期集中开发、完成大众交通中心道路为主。第二阶段是 2016～2020 年，主要完成城市的新兴知识功能、医疗和福利功能。第二阶段的人口规划规模为 30 万人左右，其主要建设项目以扩大自足功能的开发、城市基础设施的扩充为主。第三阶段是 2021～2030 年，主要完善并加强前阶段所建设的 6 个功能区，人口规划规模为 50 万人左右，主要建设项目为扩充住宅区，进一步完善城市的基础设施（表 2-2）。

韩国政府机构的搬迁已基本结束。韩国中央部门，包括青瓦台和国会在内的外交、法务、国防、行政安全、女性等部门留在首尔，韩国国务总理室、企划财政部、国土海洋部、环境部等 36 个行政机关渐次迁往世宗市，包括 16 个中央行政机关和 20 个相关部门的 1 万余名公务员。2015 年世宗市人口增长到 19.7 万人（表 2-3）。

表 2-2　世宗市各阶段基本发展情况

发展阶段	主要特征及工作重点	开发方向	主要功能	目标人口/人
初期（2011～2015 年）	对核心设施建设投资优惠政策的制定、实施；以“行政中心城市”建设为目标；与周边城市关系的处理，重点建设“相融共生发展城市”	以财政预算、投资为中心	中央行政，城市行政，政府部门研究，国际交流和文化，大学（初步体现行政功能）	15 万左右
成熟期（2016～2020 年）	已形成规模，城市功能开始正常运转；解决预定地区和追加范围地区的差异问题；减少城市内部的差距	吸引民间资本	新兴知识，医疗和福利（自足功能扩大）	30 万左右
完成期（2021～2030 年）	进入长期的城市完善阶段；开始逐渐地把幸福厅的权限移交至世宗市；开始起到地域中心城市作用	城市功能完备	进一步完善	50 万左右

表 2-3　中央行政机关迁入世宗市计划（2012～2014 年）

迁入年份	中央行政机关	相关部门	人数/人
2012	国务总理室、企划财政部、公平交易委员会、农林水产食品部、国土海洋部、环境部（6 个机关）	租税审判院、中央土地征收委员会、航空铁路事故调查委员会、中央海洋安全审判院、人权委员会、中央环境矛盾协调委员会（6 个部门）	4 139
2013	教育科学技术部、文化体育观光部、知识经济部、保健福利部、雇佣劳动部、国家功臣处（6 个机关）	教员诉讼审查委员会、海外文化宣传院、经济自由区计划团、地域化发展特区计划团、贸易委员会、电气委员会、矿业登记项目所、最低租金委员会、产业灾害补偿审查委员会、功臣审查委员会（12 个部门）	4 116
2014	法制处、国民权益委员会、国税厅、消防防灾厅（4 个机关）	韩国政策广播院、邮政事业本部（2 个部门）	2 197
总计	16 个	20 个	10 452

注：此外还有 16 个国家级各类研究机构，人数为 3353 人

（三）创新在城市副中心中的作用

为了保障行政中心迁移的顺利进行，韩国政府推行了一系列政策措施。一是加强政府方面的支持。以国务总理带头的世宗市支持委员会和以国土海洋部部长带头的建设促进委员会对世宗市进行直接领导，各种政策主要通过国务总理室支持团和幸福厅来具体落实。二是采用多种融资方式建设世宗新城。在发展前期，世宗主要采用国家投资的方式建设行政机关，之后民间资本则起到至关重要的作用，政府通过税收、财政、土地、行政等方面的优惠政策吸引企业迁入。

在行政中心的基础上，世宗市还加入科技、教育、医疗、文化和国际交流的复合功能。城市规划布局时，摒弃传统的 CBD 式布局，城中心为大面积绿化区和水系，占总面积的 53%，6 个功能区布局在周围，通过方便快捷的环形公共交通体系将各个功能区连接起来。医疗和福利功能区与吴松生命科学园区有良好的联系，分布在环境较好的美湖川东北角；高校与科研功能区与大德研究园地有良好的联系，集中于临近公共交通的丘陵地区；复合都市地方行政功能区多布局于便于市民前往的金江南部大平院中心，其中市政厅、市议会位于元师山和飞鹤山景观轴线的周边；文化与国际交流功能区分布在从其他城市便于到达且临近中央行政功能区的地区；中央行政功能区分布在临近文化、商业、住宅用地及公共交通的主要道路地区；尖端科技与高新产业功能区在月山地方产业园区分布广泛（图 2-6）。

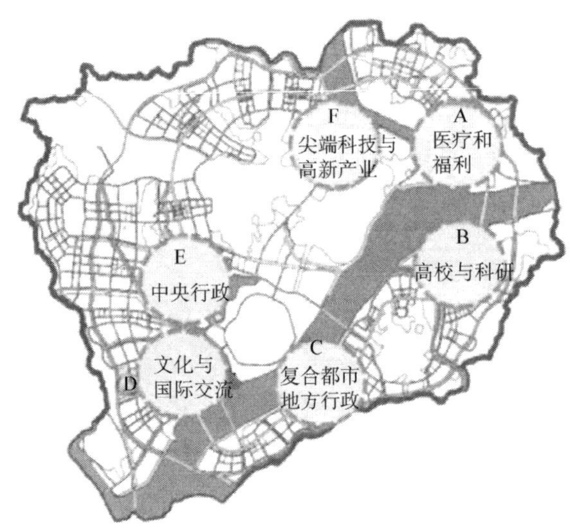

图 2-6　世宗市六组团功能配置图

在更大的空间尺度上，韩国政府规划建设了包含首尔以南 150 千米处的光州、大邱、釜山等重要城市的“忠清都市群”，以此来强化世宗市与周边重要城市的连接，实现圈内各级中心城市与行政中心复合都市的功能互补与强化，建构起都市圈网络体系，使得地区发展潜力最大化。同时，政府还大力推进高效交通体系和交通网络建设，忠清都市群已成为与首尔都市圈同等级的国家级都市圈。

五、上海

（一）创新驱动发展实现大张江空间布局

上海张江国家自主创新示范区仿效北京的大中关村“一区十六园”模式，实行创新驱动发展的大张江空间布局，大张江以小张江（即张江核心园）为核心，由“一区十八园和紫竹高新区”构成，“十八园”包括张江核心园、嘉定园、崇明园、普陀园、闸北园、虹口园、杨浦园、长宁园、青浦园、漕河泾园、徐汇园、陆家嘴园、金桥园、松江园、闵行园、奉贤园、金山园、临港园。大张江包括 2 个国家级高新区（张江核心园、紫竹高新区），4 个国家级经济技术开发区（闵行经济技术开发区、虹桥经济技术开发区、漕河泾经济技术开发区、上海金桥出口加工区），其他均为市级开发区。2012 年 12 月上海市政府确定了大张江高新区管理委员会“三定”方案，大张江高新区管理委员会被确定为正局级的市政府派出机构，协调推进大张江的建设发展。大张江总面积为 470 平方千米，企业总数达 3 万余家。目前大张江高新区管理委员会正在积极申请认定 470 平方千米全部为国家高新区，争取将国家高新区的政策覆盖全部 470 平方千米。

（二）科技创新服务平台带动产业集群的形成

2013 年 6 月，科学技术部（简称科技部）印发《上海张江国家自主创新示范区发展规划纲要（2013—2020 年）》（以下简称《规划纲要》）。《规划纲要》明确了张江示范区 2013～2020 年战略定位和发展目标，要求增强自主创新能力，培育创新型企业，构建创新型产业体系，优化调整空间布局，推进开放创新与合作发展，营造创新友好环境，完善规划，实施保障机制等。截止到 2013 年，张江国家自主创新示范区已经形成科技创新要素集聚、产学研联动发展、服务平台较为健全、战略性新兴产业加速崛起的良好局面。目前张江国家自主创新示范区已形成生物医药、电子信息、文化创意、航空航天、先进装备制造、汽车及零部件六大战略性新兴产业集群，并和文化科技融合产业集群一样健康发展。目前，上海张江国家自主创新示范区注册企业 1 万余家，初步形成了以信息技术、生物医药、文化创意、低碳环保等为重点的主导产业，第三产业占 2/3 以上；现有国家、市、区级研发机构 403 家，上海光源中心、上海超级计算中心、中国商飞上海飞机设计研究院、上海张江药谷公共服务平台等一批重大科研平台，以及上海科技大学、中国科学院上海高等研究院、上海中医药大学、复旦大学张江校区等近 20 家高校和科研院所，为园区企业的发展提供研究成果、技术支撑和人才支撑；园区从业人员近 35 万人，其中大专以上学历达 56%，拥有博士学历人员 5500 余人，硕士学历人员近 4 万人，拥有国家“千人计划”人才 96 人，上海市“千人计划”人才 92 人，上海市领军人才 15 人，留学归国人员和外籍人员约 7600 人。此外，借助上海建设全球科技创新中心的契机，张江国家自主创新示范区着力打造“新技术、新业态、新模式、新产业”（简称“四新”）经济创业基地，培育、引进一批“四新”经济企业，加快推动园区“四新”经济企业集聚发展，使张江成为“四新”经济发展的策源地和集聚地。

第四节　创新驱动产业布局优化案例的启示

一、城市核心区主导城市科技创新产业集聚

大都市产业结构与大都市发展模式选择、城市功能及国际竞争力提升、大都市空间结构优化紧密相连。加快大都市产业结构向创新产业升级，形成以创新为动力的大都市产业体系，是促进大都市经济发展方式转变、城市功能及国际竞争力提升与空间结构优化的重要途径。随着大城市的发展，其核心区产业及人口的集聚将超过其短期承载能力。在国内外大都市发展中，核心区域迁出一般制造业，向高端服务业转型发展，创新产业和生产性服务业主导城市发展，使环境问题得到改善。并且，随着城市布局优化、交通设施完善等，核心区域及都市圈人口承载力有望得到提高。而且，核心区面积越

大，人口承载力提高的可能性越大。创新要素在驱动大城市核心区空间布局优化中起到了主导作用。

二、建设新城带动科技创新产业在周边地区集聚

建设新城是治理“大城市病”的一个重要途径，可减轻大城市核心区人口过快增长带来的压力，优化区域空间布局。新城不仅可以承接大城市核心区域功能和产业疏解，而且依据其地理位置的不同，或可成为都市圈内多中心布局的一个中心，或可成为城市群内部的一个重要支撑点。从伦敦、巴黎、东京、首尔的经验看，新城建设起到了减轻其核心区域人口压力的作用，并能促进城市空间布局从单中心向多中心发展。单中心格局易造成城市空间“摊大饼”式扩张，形成就业在中心、居住在外围的严重职住分离现象，造成严重的交通拥堵；而多中心格局则可以减轻交通拥堵，优化城市空间布局，促进区域协调发展。

随着城市核心区的扩展，国内外主要大城市均大力发展郊区新城，使其成为中心城区外围相对独立的、有一定集聚规模和能力的经济次中心，发挥有效抑制中心大团蔓延的“反磁力”功能。目前就北京而言，顺义临空经济区、亦庄新城都已形成一定集聚规模，但由于距离中心城区较近，应避免和中心大团连片发展，未来应重点建设昌平、怀柔、密云、房山、大兴等远郊新城，形成优势互补、各具特色的经济结构和布局。同时，加快服务业向郊区新城集聚，使郊区新城具有相对完备的产业体系，切实发挥次中心功能。与此同时，还要注重加强政策引导，强化经济布局管理。目前，北京产业空间布局仍处于不断调整变化的过程中，一方面，制造业不断郊区化，呈现出分散组团的布局特征；另一方面，服务业仍高度集中在城市中心区，并逐步形成多中心集聚。在这一过程中，科学引导制造业和服务业的布局调整，是优化产业空间格局的关键。

大都市中心城区疏解非首都功能的手段多种多样。既有行政手段，通过加强规划引导，消除区域内壁垒，降低人员与物资的流通成本，实现区域的协调发展；也有法律手段，以法律为准绳，规范人口和产业活动的迁移过程，使功能疏解有法可依、科学高效。另外，既可外迁行政机构，带动中心城区的人口疏解，改善基础设施与公共服务设施，吸引产业活动向新行政中心集聚；也可开展新城建设，缓解市区的人口与住房压力，刺激形成新的增长需

求，打造多个区域增长极。

三、新城和核心区应形成完整的网络化的城市体系

建设新城不能削弱大城市特别是其核心区域的国际竞争力，影响世界城市发展目标。大城市是一国经济发展的龙头，是一国参与国际分工、国际竞争的重要主体，特别是其核心区域，新城建设绝不能削弱大城市特别是核心区域的国际竞争力。纽约、伦敦、巴黎、东京、首尔等城市发展规划都提出了进一步提高在全球分工中的城市地位，成为更具吸引力、领导力的世界城市的目标。为实现这一目标，最近 30 年来，多数城市规划在核心区域均强调紧凑发展、增强承载力等。例如，伦敦规划从之前的强调疏解转为强调增长，巴黎规划强调集聚与平衡，东京进行都市更生，纽约强调增长。

新城建设应分阶段展开，并注重公共交通体系建设，促进职住平衡。新城建设周期较长，规划人口规模较大的新城建设更是如此。随着发展情况适时调整规划，开展相应建设，吸取巴西利亚的深刻教训。完善的区域公共交通设施是新城建设成功的一个重要基础。在伦敦、巴黎、纽约、东京、首尔新城建设中，在新城与城市中心、次中心之间，在新城与新城、新城与其他城市之间，均进行了比较好的公共交通规划建设；或是以交通规划为基础选址进行新城建设。由于大城市中心的吸引能力很强，如果新城距大城市中心在 50 千米以内的通勤范围内，且不能建设成为职住平衡的“反磁力中心”，则易沦为“睡城”。

新城建设应正确处理政府与市场的关系。市场作用和政府作用各有缺陷，需要结合国情、发展阶段等正确处理好两者的关系。英国政府成立专门的新城开发公司负责新城规划建设，与地方政府协作；东京新城建设既有政府主导，也有私人主导。在新城初步建成之后，市场机制一般起着决定性作用，决定着产业和人口能否集聚。

第三章 北京市产业发展现状与趋势

北京市经济发展历经了从服务经济到工业经济再到服务经济的结构转变，现已进入内部结构优化与总体经济的高端化阶段。为更好地把脉北京市产业发展现状，本章将分析北京市三大产业发展现状、趋势和问题，并结合产业发展趋势和要求，界定“高精尖”产业的概念内涵，通过定量分析确定“高精尖”产业的行业范畴，并梳理北京市“高精尖”产业各个链环的发展现状。

中华人民共和国成立以来，北京市经济发展经历了三个阶段，历经了从服务经济到工业经济再到服务经济的结构转变。进入 21 世纪以来，北京经济总量迅速增长，经济总量规模已超过 1 万亿元。截至 2016 年，北京市 GDP 已达到 24 899.3 亿元，同比增长 6.7%，比 2015 年增速降低了 0.3 个百分点，服务业占 GDP 的比重达到 79.7%。自 2010 年开始，北京市的人均 GDP 已超过 10 000 美元，迈入中等发达经济体行列，2015 年北京市人均 GDP 达到 17 099 美元，2015 年北京市可比价 GDP 增速由 2014 年的 7.3%下降到 6.9%，与此同时，人均 GDP 从 2007 年到 2008 年有明显下降，从 9%左右下降到 4%左右，但从近几年的情况来看，北京市人均 GDP 增速开始持续增长，由 2011 年的 3.8%增长到 2015 年的 5.5%（图 3-1）。

2015 年，北京市三次产业结构调整为 0.6∶19.7∶79.7（图 3-2）。根据国际化大都市产业结构演进的规律，随着北京市产业结构的调整升级，第三产业比重还将进一步提升。

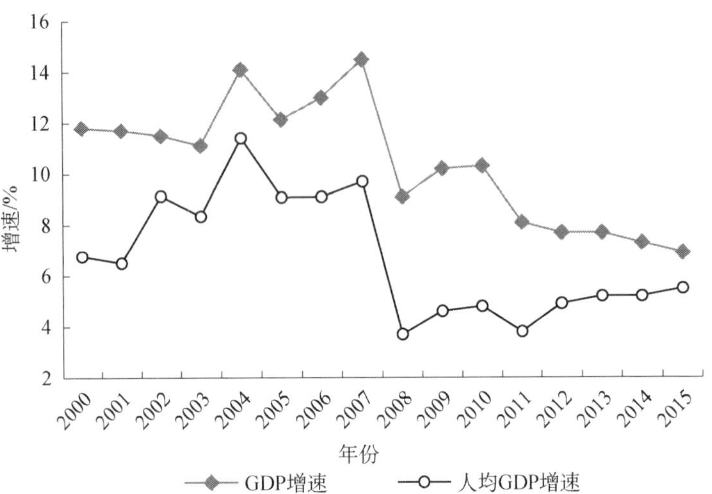

图 3-1　2000～2015 年北京市 GDP 和人均 GDP 发展趋势

可比价 GDP 测算以 1978 年为基准年，增速按照可比价计算

资料来源：《北京统计年鉴》（2001～2016 年）

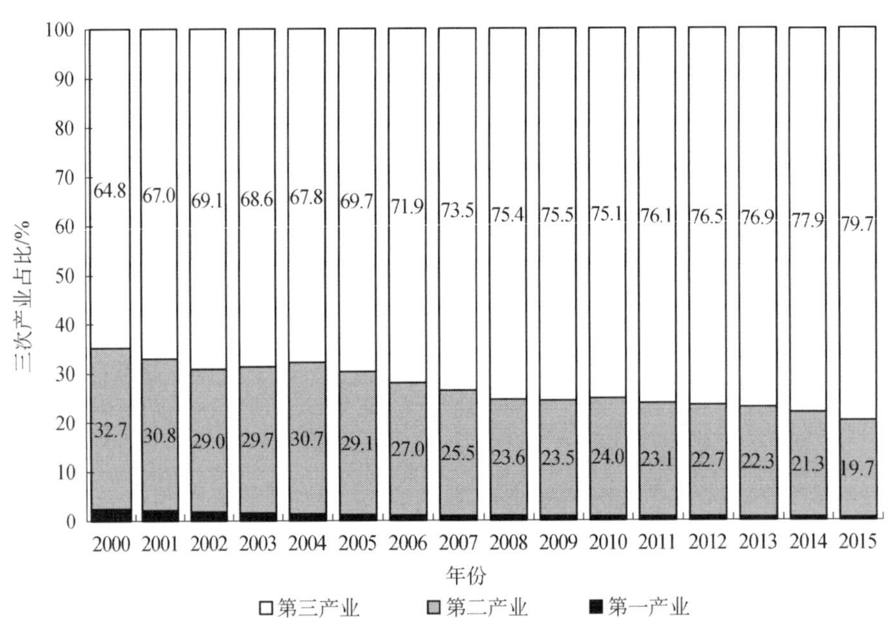

图 3-2　2000～2015 年北京市三次产业结构变化

资料来源：《北京统计年鉴》（2001～2016 年）

第一节　第一产业发展现状与趋势

北京市第一产业总体规模进一步缩小。2015 年北京市第一产业产值为 140.2 亿元，在三次产业中的比重仅为 0.6%，2014 年、2015 年第一产业出现连续两年的负增长局面，分别比上年下降了 0.4%和 11.8%。出现这一情况主要是由于 2014 年 9 月北京市提出农业产业调结构转方式，发展高效节水型农业，第一产业的重心向加大绿化造林力度，发展现代种植业、生态农业、观光农业方向倾斜，因此传统的种养殖业规模开始缩小。

一、农牧业仍占第一产业主导地位

从北京市第一产业的内部结构来看，主要以农业和牧业为主。2015 年北京市农业的占比超过 40%，总产值依然是北京市第一产业中占比最高的，牧业紧随其后，农林牧渔业总产值为 368.2 亿元，按照现价计算，2014 年和 2015 年农林牧渔业总产值分别比去年下降了 0.4%和 12.4%，且 2015 年农林牧渔业各自的产值较上年均有所回落。尽管农业在第一产业中的比例仍高于林业、牧业和渔业，但是自 2013 年开始农业产值已经有所回落（表 3-1）。在北京市重视绿色、生态、节水型农业的背景下，农业发展将向节水富民、提质增效的方向发展。

表 3-1　北京市农林牧渔业产值　　单位：亿元

年份	总产值	农业	林业	牧业	渔业
1970	8.2	5.8	0.1	1.3	0.01
1975	10.6	7.8	0.2	2.2	0.02
1980	14.2	9.7	0.5	3.9	0.05
1985	25.9	16.1	0.8	8.6	0.4
1990	70.2	39.0	0.9	28.0	2.3
1995	164.4	86.8	2.7	68.8	6.1
2000	188.6	88.1	5.2	87.5	7.8
2005	239.3	91.0	12.4	120.8	8.7
2010	328.02	154.22	16.81	139.58	11.51
2011	363.1	163.4	18.9	162.7	11.5

续表

年份	总产值	农业	林业	牧业	渔业
2012	395.7	166.3	54.8	154.2	13.0
2013	421.8	170.4	75.9	154.8	12.8
2014	420.1	155.1	90.7	152.7	13.2
2015	368.2	154.5	57.3	135.9	11.9

资料来源：《新中国 60 年统计资料汇编》《北京统计年鉴》

二、传统农产品效益有所下降

2015 年北京市农村合作经济经营管理办公室对房山、大兴、通州、顺义、昌平、平谷和延庆 7 个区 25 个品种的 440 个农产品成本效益的统计数据显示，2015 年北京市 25 个农产品品种平均单位产品收入为 14 095.77 元，比上年下降 6.3%。其中，柿子收入增长幅度最大，同比增长 111.8%；蜂蜜收入下降幅度最大，同比下降 47.6%。农产品平均单位产品利润也有所下降，2015 年为 5154.70 元，比上年下降 8.7%。北京市从事第一产业的劳动力向工业、服务业转移，从事农业生产的劳动力减少，造成用工成本增长，加上极端天气等因素作用，使农产品效益出现下降的情况。北京市正在积极推动农产品销售渠道创新，如“互联网+农业”，以及开展农村金融等融资渠道创新，并且随着农产品高端化进程的有序开展，北京市农产品效益将能够得到相对提升。

三、农业龙头企业品牌效应凸显

以北京首都农业集团有限公司（简称首农集团）为代表的现代新型农业企业，通过促进三产融合，注重品牌化发展，构筑了完整的产业链条，使产业规模不断扩大，效益得到有效提升。目前，首农集团旗下有三元、华都、双大三个“中国名牌”及八喜、丘比、荷美尔等合资品牌，还有“中育”配套系、SPF 种猪、“京红 1 号”、“北京鸭”、“黑六”等拥有自主知识产权的品种品牌。2015 年，首农集团整体经济指标创历史新高，实现营业收入 350.28 亿元，比去年增长 1.4%，利润总额达到 10.22 亿元，营业收入和利润总额分别是“十一五”末的 3.23 倍和 3.32 倍，有效地拉动了北京市第一产业的高品质发展，引领了北京市第一产业高端化发展的方向。

四、都市型、观光型农业发展迅速

现代都市型农业正逐步在北京形成和发展，传统的农业生产逐渐出现了三大产业交融的态势。2015 年，北京市观光园个数为 1328 个，实际经营的民俗旅游户数为 8941 户，农业观光园和民俗旅游户总收入为 39.17 亿元，接待旅游人数 4043 万人次，比 2014 年增长 5.7%，其中观光园主要集中在城市功能拓展区与生态涵养发展区。北京市商业经济调查总队和北京市园林绿化局数据显示，2015 年，北京都市型现代农业生态服务价值年值为 3481.16 亿元，比上年增长 1.4%；其贴现值为 10 414.27 亿元，比上年增长 5.7%；郊区都市型现代农业与生态旅游相结合的模式，带动了文化旅游的增长，使其服务价值同比增长 7.6%，对间接经济价值的贡献率达 89.6%。

可见，随着北京城市经济的发展，第一产业的经济作用虽然逐步减弱，但是在保障北京城市日常生活饮食消费方面的作用依然十分重要，在改善城市生态环境，为市民提供休闲娱乐体验场所等生态与社会功能方面正逐步增强。

第二节　第二产业发展现状与趋势

第二产业是地方经济发展和城市化过程中的重要推动力，在北京的经济发展中发挥了巨大的作用。从北京市第二产业发展历程看，1978 年为转折点，第二产业占经济总量比重达到最高值 71.14%，此后尽管第二产业增加值持续增长，但是占比却不断下降，到 2015 年，第二产业占 GDP 的比重首次下降到 20%以下，仅为 GDP 的 19.7%（图 3-3）。

一、非首都功能得到进一步疏解

从第二产业的内部结构来看，伴随着首钢、石化等企业的搬迁，化学原料和化学制品制造业、黑色金属冶炼和压延加工业的比重进一步下降，2015 年两个行业占 GDP 比重分别仅为 0.7%与 0.29%。这表明随着非首都功能的疏解，高能耗、高污染、资源依赖性强的重化工产业正加速退出北京市产业发展的历史舞台，而铁路、船舶、航空航天和其他运输设备制造业却经历了从无到有不断走向壮大的过程，从图 3-4 可以看出，2012 年以前这些产业还没有形成规模，从 2012 年开始持续增长，到 2015 年占比达到 2.7%。

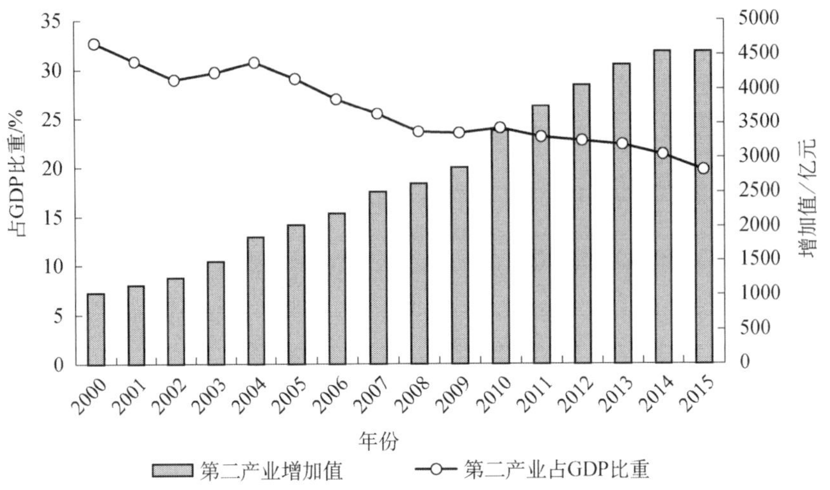

图 3-3　2000～2015 年第二产业增加值及占 GDP 比重

资料来源：《北京统计年鉴》（2001～2016 年）

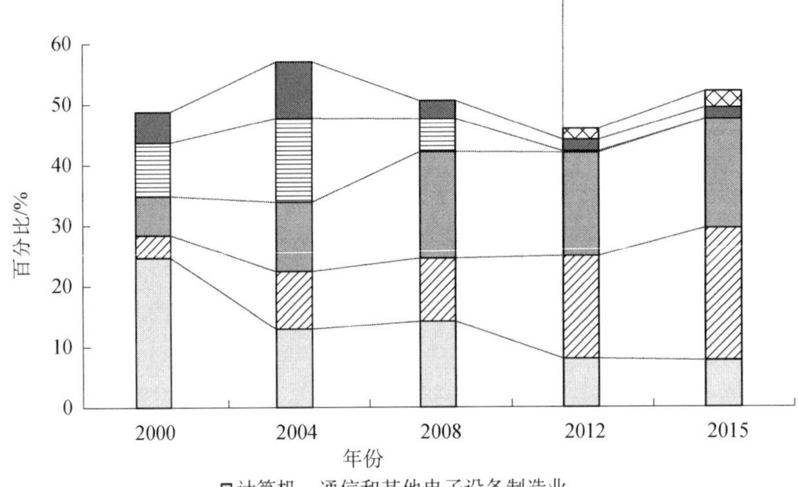

图 3-4　2000～2015 年北京市部分行业增加值占第二产业增加值比例

资料来源：《北京统计年鉴》（2001 年、2005 年、2009 年、2013 年、2016 年）

二、高技术制造业释放发展动能

知识与技术密集的高技术制造业成为北京第二产业发展的主体，其产业增加值基本上一直处于上升趋势，尽管经历了 2009 年的低谷，产业增加值增长近年有所波动，但增长速度正逐渐回升，2015 年高技术制造业产业增加值达到 914.2 亿元，增速达到 9.3%，占第二产业增加值比重达到 21.3%，与上年相比提高了 2.4%（图 3-5）。另据第三次经济普查数据，2013 年，高技术制造业实现利润 292.4 亿元，比 2009 年增长 86.5%，拉动北京市工业利润比 2009 年增长 18.4 个百分点，高技术制造业收入利润率为 7.6%，比 2008 年增长 2.4 个百分点，高于同期工业企业整体收入利润率 0.7 个百分点。

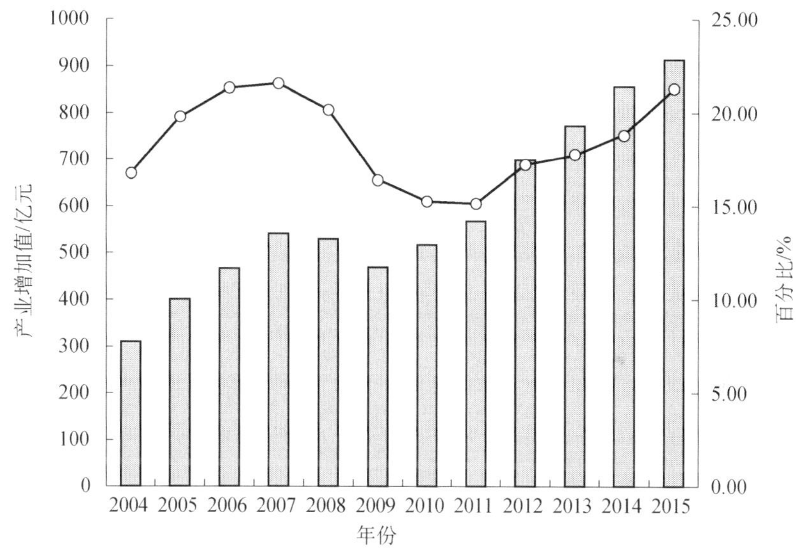

图 3-5　2004～2015 年北京市高技术制造业产业增加值及其占第二产业增加值的比例

资料来源：《北京统计年鉴》（2005～2016 年）

三、电子及通信设备和医药制造业在高技术制造业内部占比最大

从北京市 2000～2015 年高技术制造业的内部结构变化过程（图 3-6）可以看出，电子及通信设备制造业与医药制造业在高技术制造业中所占比例较高，2015 年二者增加值占北京整个高技术制造业增加值的 68.5%。这两大产

业是北京高技术制造业的支柱产业，也是未来北京“高精尖”制造业产业中的核心产业。

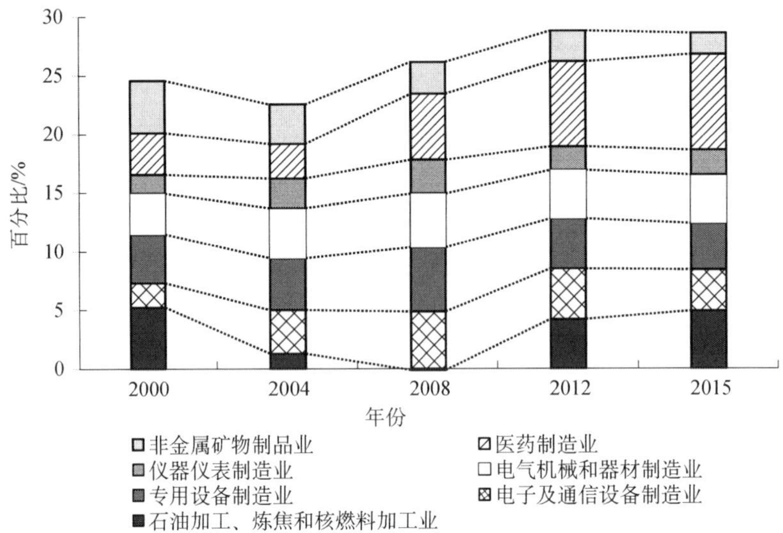

图 3-6　2000～2015 年北京市部分细分行业增加值占高技术制造业增加值比例

资料来源：《北京统计年鉴》（2001 年、2005 年、2009 年、2013 年、2016 年）

计算机、通信和其他电子设备制造业、专用设备制造业从业人员数分别位居现代制造业从业人员数的第一、三位（图 3-7），分别占 10.53%和 7.51%，

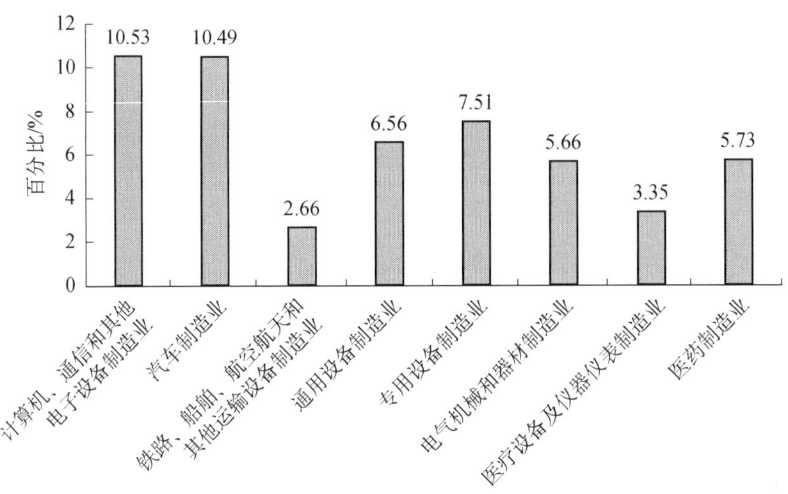

图 3-7　北京市现代制造业从业人员构成

资料来源：北京市第三次全国经济普查数据

约占现代制造业从业人员数的 18%，未来也将成为北京“高精尖”制造业产业中吸纳就业的重点产业。

四、新能源汽车成为汽车产业发展的重点方向

作为技术与知识密集度高的产业，汽车制造业是工业化发展的标志性产业，近年来在北京市制造业中的比重逐渐提升，其增加值占第二产业增加值的比重由 2008 年的 10.36%上升到 2015 年的 21.8%①（图 3-8）。以北京汽车集团有限公司为主体，北京现代汽车有限公司、北京奔驰汽车有限公司、北汽福田汽车股份有限公司为主要组成部分的北京汽车制造业，已经将新能源汽车及混合动力汽车制造作为发展重点，其将成为“高精尖”制造业产业发展的重要领域。

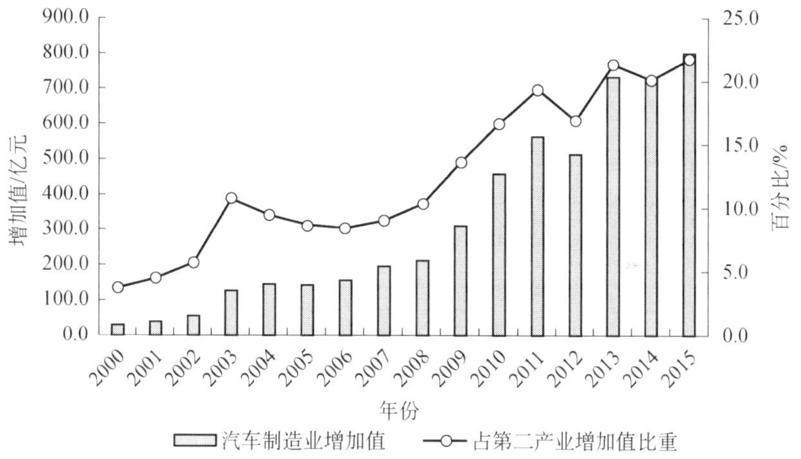

图 3-8 2000～2015 年北京汽车产业增加值及其占第二产业增加值比重

资料来源：《北京统计年鉴》（2001～2016 年）

第三节 第三产业发展现状与趋势

第三产业在北京的经济发展中具有决定性作用，从图 3-9 中可以看出，

① 行业数据依照 2012 年开始执行的新国民经济行业分类标准（GB/T 4754—2011），2012 年以前的汽车制造业数据为交通运输设备制造业数据。

自 2004 年开始，北京市第三产业在国民经济中的比重不断增长，尽管受 2008 年国际金融危机影响，2009～2010 年占比有小幅回落，但从总体上看保持了稳步增长的态势。2015 年，北京市第三产业占 GDP 比重达到 79.7%，是北京市产业大军中的绝对主力。

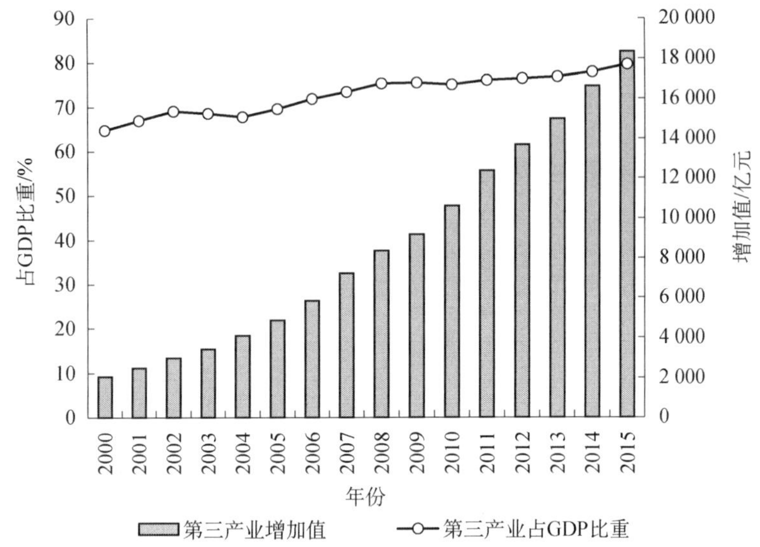

图 3-9　2000～2015 年北京市第三产业增加值及占 GDP 比重

资料来源：《北京统计年鉴》（2001～2016 年）

一、服务业内部呈现高端化趋势

通过考察北京第三产业中具有明显专业化优势的行业可以看出，科学研究、技术服务和地质勘查业，信息传输、计算机服务和软件业，金融业，租赁和商务服务业，批发与零售业，文化、体育和娱乐业是北京在全国范围内具有专业化优势的六个行业（图 3-10）①。

这些行业增加值占第三产业增加值比重由 2008 年的 67.63% 增加至 2015 年的 69.70%（表 3-2），这表明它们既是优势行业，同时也是第三产业的主导行业。从这六个行业发展的整体趋势来看，2015 年这六个行业增加值占第三产业增加值比重较 2014 年的 70.27%有所回落，这主要是因为随着北京疏解非

① 这里因涉及历年的区位熵比较，数据来源采用中国与北京统计年鉴，较之北京市第三次全国经济普查数据测算数据有所不同，但是体现出的结果基本是一致的。

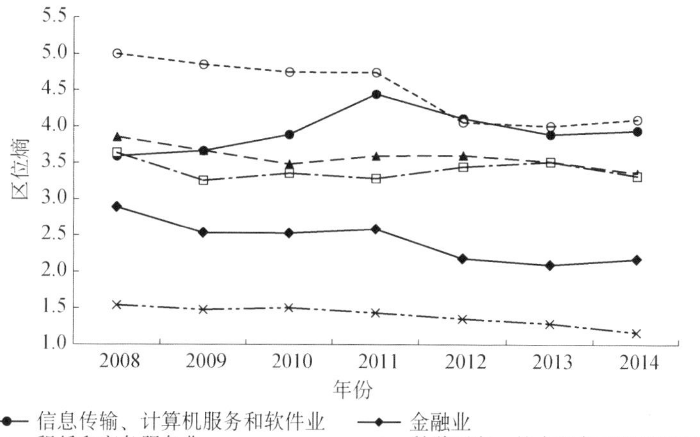

图 3-10　2008～2014 年具有专业化优势的北京行业区位熵变化

因缺少全国分行业增加值数据，暂未测算 2015 年区位熵

资料来源：《北京统计年鉴》（2009～2015 年）、《中国统计年鉴》（2009～2015 年）等

首都功能的有序展开，一些批发、零售市场在逐步消退，因此批发与零售业，以及租赁和商务服务业所占比重呈现出了一定的下降趋势，但信息传输、软件和信息技术服务业，以及金融业在近些年中保持了持续增长的态势，其中信息传输、软件和信息技术服务业相对于其他产业增长幅度最大，而金融业则从 2008 年以后一直保持着稳定增长。

表 3-2　2008～2015 年各行业增加值占第三产业增加值比重　　单位：%

行业	2008 年	2009 年	2010 年	2011 年	2012 年	2013 年	2014 年	2015 年
信息传输、软件和信息技术服务业	11.93	11.60	11.45	12.08	11.9	11.8	12.52	13.00
金融业	18.14	17.44	17.58	17.92	18.6	18.8	20.19	21.42
租赁和商务服务业	9.14	8.80	8.99	9.40	9.8	10.3	10.23	9.64
科学研究、技术服务和地质勘查业	8.44	8.88	8.88	9.18	9.3	9.6	10.00	9.93
批发与零售业	17.03	16.58	17.81	17.31	16.3	15.8	14.50	12.83
文化、体育和娱乐业	2.95	2.82	2.78	2.75	2.9	3.0	2.83	2.88
合计	67.63	66.12	67.49	68.64	68.8	69.3	70.27	69.70

资料来源：《北京统计年鉴》（2009～2016 年）

二、科技、信息、金融产业优势明显

现代服务业已成为北京市第三产业的核心力量，2015 年现代服务业占北京市 GDP 比重达 57.8%（图 3-11），占第三产业比重达到 69.02%。

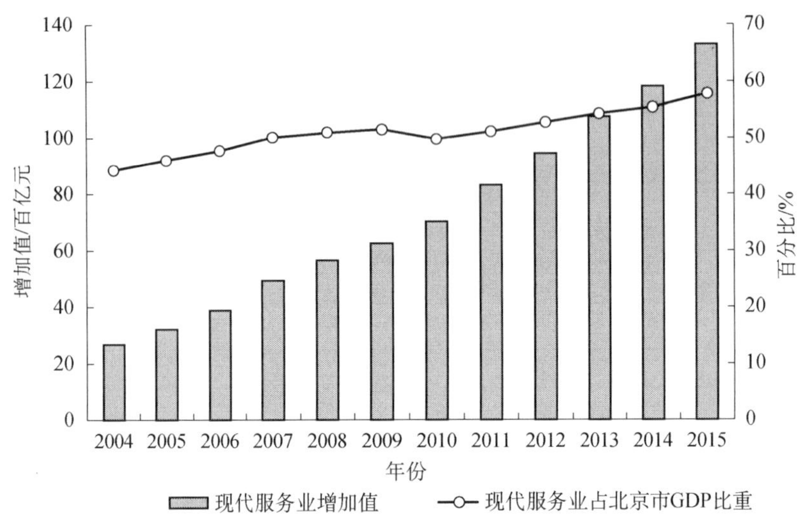

图 3-11　2004～2015 年现代服务业增加值及占 GDP 比重

资料来源：《北京统计年鉴》（2005～2016 年）

从北京市第三次全国经济普查数据来看，2013 年末，北京市共有科技服务业法人单位 71 206 个，从业人员 952 372 人，分别比 2008 年末增长 248.2% 和 68.7%，2013 年实现增加值 1444.3 亿元，是北京市现代服务业中增加值第五高的行业，同时也是北京法人单位从业人员数第七高的行业，发达的科技服务业与北京作为全国的科技创新中心的定位是一致的。

信息传输、软件和信息技术服务业以 4.44 的区位熵高居北京在全国优势行业排名的第二位，体现出北京市在科技研发服务及信息服务业方面的突出优势，2013 年末，北京市共有信息传输、软件和信息技术服务业法人单位 47 602 个，从业人员 930 016 人，分别比 2008 年末增长 201.7%和 99.4%，2013 年实现增加值 1749.6 亿元，是北京市现代服务业中增加值第三高的行业，仅次于金融业和批发与零售业，同时也是北京市法人单位从业人员数第五高的行业。北京市在信息传输、软件和信息技术服务业方面拥有强大的比较优势是毋庸置疑的，然而，尽管近两年信息传输、软件和信息技术服务业增加值是持续增加的，但是其在第三产业中的占比近两年都有所下降，如何在未来产业结构调整中，继续保持北京市在信息传输、计算机服务和软件业方面的优势地位，是北京市“高精尖”产业调整需要关注的地方。

以金融街为引领的北京市金融服务业在我国一直具有较大的比较优势，2013 年末，北京市共有金融业法人单位 3811 个，从业人员 432 821 人，分别比 2008 年末增长 2.7 倍和 72.3%，2013 年实现增加值 2822.1 亿元，这是继 2011 年北京市金融业首次超过批发零售业之后，成为北京现代服务业增加值第一高的行业。北京市金融服务业人才规模还有待进一步扩大，需要积极吸引金融人才，这也是未来北京市金融服务业调整的重点之一。

三、传统服务业改造升级步伐加快

2013 年末，北京共有租赁和商务服务业法人单位 134 926 个，从业人员 1 417 321 人，分别比 2008 年末增长 199.8%和 51.5%，实现增加值 1536.6 亿元，是北京现代服务业增加值第四高的行业，是北京法人单位从业人员数第六高的行业，未来租赁和商务服务业仍是北京产业发展的重点行业，应将更加注重租赁和商务服务的高端化。

批发与零售业曾经长期是北京第三产业的主要组成部分，近两年随着北京非首都核心功能的疏解，批发与零售业在北京所处地位逐步下降，这符合北京未来产业调整的方向。2013 年末，全市共有批发与零售业法人单位 190 704 个，从业人员 1 477 745 人，分别比 2008 年末增长 124.2%和 56.6%，年均增长 17.5%和 9.4%，实现增加值 2372.4 亿元，是北京现代服务业增加值第二高的行业，是北京法人单位从业人员数第三高的行业，仅次于制造业与建筑业这种劳动力密集型的产业。因此，未来北京的批发与零售业应进一步向周边疏解，逐步降低在第三产业中的比重，降低产业发展对人口的依赖，为高端低碳产业腾出发展空间。

四、文化、体育和娱乐业注重绿色智慧发展

2013 年末，北京共有文化、体育和娱乐业法人单位 26 784 个，从业人员 275 951 人，分别比 2008 年末增长 263.5%和 48.1%，年均增长 29.4%和 8.2%，实现增加值 445.3 亿元，增加值在北京现代服务业中排名第十。尽管北京的

文化、体育和娱乐业在全国已经具有相当大的比较优势，但是无论从产业规模还是从业人员的规模来看，都还有十分广阔的发展空间，作为智力密集绿色的产业，是北京未来“高精尖”产业调整的重点方向之一。

第四节 产业发展面临的突出问题

步入 21 世纪以来，北京市产业已经逐步向更为合理化、高端化、更符合首都功能定位的方向发展，但是距离全国科技创新中心建设的要求，“高精尖”产业发展的目标，以及与国际公认的科技创新核心城市伦敦、纽约、东京相比较仍存在一定的差距，面临不少问题。这主要体现在三次产业总体结构及产业内部结构仍需要进一步优化，产业总体技术水平仍需要进一步提升，科技创新成果产业化水平仍需要进一步提高等方面。

一、与国际发达城市相比仍有较大差距

虽然北京市经济社会发展水平在全国处于领先地位，但是从经济发展潜力和城乡社会发展水平来看，北京市的发展仍有很大提升空间。尽管北京的经济总量规模、人均 GDP 水平、产业结构、劳动生产率水平等在全国均处于较为领先的水平，但是与发达国家和城市相比仍有较大差距。北京的 GDP 总量仅为纽约的 35%、东京的 30%、伦敦的 40%左右。2015 年，北京的第三产业比重为 79.7%，与纽约、伦敦第三产业占比超过 85%相比其产业结构还有进一步优化的空间。未来北京市通过产业结构的优化和产业的高端化发展，来有效带动经济增长和产业优化升级；通过从调整城市功能定位，产业结构调整与合理优化，以及发展“高精尖”产业体系等方向着手形成合力，势必会迎来产业发展新的机遇期，为城市经济社会发展提供新的上升空间。

二、科技研发能力有待提升

尽管北京市集中了大量的科技人才、资本、技术、产权等创新要素，总体上科研成果丰硕，专利授权等也在全国占有相当大的份额，但科技成果主要流向区域以外，创新合作大多处于企业自发状态。例如，2013 年北京市技

术流向区域内京津冀区域的技术合同为 58 668 项，比长江三角洲城市群少 13 509 项，这表明京津冀区域的技术消化能力相对薄弱，对周边地区技术转移及支撑产业发展能力不强。

北京市研发投入和成果产出在全国都名列前茅，但是具体来看，与国内企业创新活动较为密集的深圳市相比仍有进一步提升的空间。北京市第三次全国经济普查数据显示，2013 年北京市 R&D 经费支出 1185 亿元，R&D 经费投入强度（R&D 经费与地区生产总值之比）为 6.1%。其中，企业 R&D 经费支出为 428.3 亿元，企业 R&D 经费支出占 R&D 经费总支出的 24.2%，科研机构占 50.8%，高校占 11.5%。深圳市全市企业 R&D 经费占 R&D 经费总支出的 90%。北京市 R&D 人员全时当量为 24.2 万人，其中企业 R&D 人员全时当量为 10.7 万人，占 44.2%，而深圳市企业研发人员全时当量在研发人员全时当量占比中高达 90%以上。从全市专利申请情况来看，2013 年北京市共申请专利 55 723 件，其中企业专利申请数量为 32 353 件，约占 58%，而深圳市企业专利申请数量已占该市总专利申请数量的 90%。并且，北京对试验发展的投入较基础研究和应用研究而言，也显示出一定的不足。在产学研互动方面，北京高等院校与企业合作情况仍不够紧密。北京高等院校的 R&D 经费主要来源于政府的资金，而作为技术创新主体的企业投入高等院校的 R&D 经费相对较少，2012 年北京高等院校 R&D 经费中企业资金比重为 27.61%，低于全国 33.37%的平均水平和上海 31.45%的平均水平。

三、高技术制造业优势亟待进一步发挥

高技术产业是北京近年来发展较快的行业，然而与发达国家的产业技术含量水平相比，北京高技术产业的技术含量略显不足。与 OECD 国家的产业技术密集度[①]进行对比，根据 OECD 的划分标准[②]，凡技术密集度在 10%以上的为高技术产业，3%～10%的为中高技术产业，1%～3%的为中低技术产业，1%以下的为低技术产业。而北京 2013 年高技术制造业的技术密集度仅为 8.6%[③]，仅属于 OECD 的中高技术产业，可见在产业技术水平上，北京仍有较大的提升空间。

---

① 产业技术密集度指 R&D 经费支出占产业总产值、增加值或发货额等的比重。

② 取 OECD 1999 年 R&D 强度，产业技术密集度取 R&D 经费支出占产业总产值的比重，由于我国与 OECD 制造业分类存在一定的差别，因此，在部分产业对照上可能存在一定的差异。2001 年，OECD 将高技术产业划分为 5 类，分别为：航空航天制造业、计算机及办公设备制造业、电子及通信设备制造业、医药制造业、专用科学仪器设备制造业。

③ 资料源自《北京统计年鉴 2014》。产业技术密集度取 R&D 经费支出与产业增加值比值。

北京市重点产业也普遍存在着产业辐射带动作用有待加强、市场需求尚待培育、产业化不足等问题。结合重点产业各自发展情况来看，尽管北京市科技服务业在全国具有较强的比较优势，但是仍需提高产业效率，目前产业发展弹性较大，易受外界干扰，波动较大。信息技术产业、生物医药产业、新能源产业都面临着产业科技创新能力不强的问题，其中自主知识产权的核心技术缺乏、产业价值链高端化都是未来应进一步提升的重要方向。

第五节 “高精尖”产业选择与发展现状

“高精尖”产业本身并不是专有名词，不同国家与地区所对应的“高精尖”产业也不尽相同。按照一个区域“高精尖”产业的标准，至少要满足具有比较优势且产业技术密集度高的要求。本书依据城市功能原则、比较优势原则、前瞻性原则，从产业比较优势、技术密集度、劳动生产率及产业发展速度等方面综合考虑，提出北京市“高精尖”产业，并着重对科技服务业、金融服务业、新一代信息技术产业、生物医药产业、新材料与新能源产业、节能环保产业展开研究分析。

一、“高精尖”产业的内涵

本书认为“高精尖”产业都是在区域现有产业基础之上发展起来的，代表了区域产业发展的方向，是朝阳产业，是区域国际竞争力的集中体现。“高精尖”产业是指产业高端化，具有统领性，指要占领创新链、产业价值链的高端环节，产业附加值高，效率高，辐射力度强，即高端、高效、高辐射；生产过程精细化，强调产业产品发展的需求导向，按需定制，批量生产的智能化制造，体现制造的服务化，强调人文关怀与人文设计；技术的尖端化，是人类技术发展的最前沿的科技技术经济，具有尖端引领作用，是保持区域核心竞争力的核心。

具体到重点产业的确定，至少要满足两个维度的中高水平的要求，即某项产业在全国乃至世界具有比较优势，并且该项产业的知识技术含量至少在中等水平及以上，才可能成为城市或区域重点产业的一部分。采用 OECD 的产业技术密集度对产业的知识技术含量进行表征，用来对产业进行划分，而对于产业的比较优势则采用区位熵来进行表征。区位熵又称专门化率，由Haggett首先提出并运用于区位分析中，是指某地区某工业产业在该地区其上一级产业中所占比重与全国该产业在全国其上一级产业中所占比重的比值。区位熵主要用来衡量某一产业部门的专业化程度、反映某一区域要素的空间分布情况，以及某区域在高层次区域中的地位和作用等。可以通过分别计算企业数量、产业总产值、产业增加值、产业销售收入、产业从业人员数等数据来反映区位熵情况，一个较高的产业区位熵意味着区域内该产业具有比较优势。通常情况下，区位熵低于1则基本没有比较优势，区位熵在1～2为弱比较优势，区位熵等于或者大于2则具有较强的比较优势。用图3-12来表示，图中的深色区域的产业即为重点产业，组合起来即为重点产业体系。

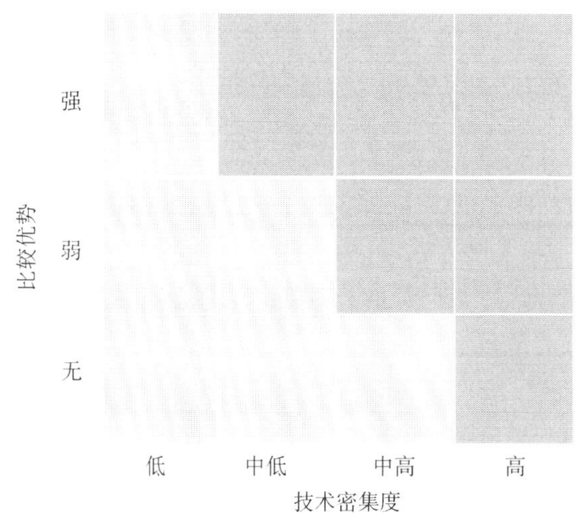

图3-12 “高精尖”产业示意图

二、“高精尖”产业选择

（一）“高精尖”产业选择的原则

1）城市功能原则。城市产业的选择应与城市的功能定位相适应、相一致，只有这样才能促进城市的发展。北京城市的功能定位一直影响着城市的产业发展，无论是《北京城市总体规划（2004年—2020年）》将北京定位为政治中心、文化中心、世界著名古都和现代国际城市，还是2014年中央将北京的城市功能定位明确为全国政治中心、文化中心、国际交往中心、科技创新中心，从国家层面始终对首都的城市定位与产业发展有着明确的要求，这成为北京城市重点产业选择的原则与前提。

2）前瞻性原则。发展重点产业体系就要求北京的产业选择要立足高远，要站在产业发展的前沿，站在产业技术发展的前端，只有占得先机，未来才能占据世界产业价值链的高端环节，占据世界科技创新网络的重要结点位置。因此，北京市“高精尖”产业的选择应该具有前瞻性战略思维，瞄准世界城市、世界科技创新中心城市产业发展的方向与趋势。

3）比较优势原则。城市产业的选择与发展不是凭空出来的，是在城市以往产业基础上发展而来的，一座城市的主导产业往往是该城市具有比较优势的产业，在一定程度上体现了该座城市的竞争力所在。因此，北京重点产业的选择应优先考虑城市的优势产业，注重巩固与提升优势产业。

（二）北京市“高精尖”产业选择与确定

结合上述对“高精尖”产业的理解，以及中国经济发展的新常态、京津冀协同发展、首都四个中心定位的新要求，充分考虑到北京市经济发展阶段、基础、竞争力、人口、资源、环境等约束条件，依据上文所提出的思路，从北京市产业的比较优势及产业的知识技术含量两个维度对北京市产业进行梳理，提出北京市“高精尖”产业的总体结构，并对需要发展的重点产业展开深入的研究与探讨。

北京是我国的科技创新中心，R&D 经费投入一直是国内最多的省份，由于受分行业 R&D 经费支出数据可获得性的限制，因而采用 2009 年 R&D 资源清查数据对北京市的产业技术密集度进行研究测算，由此可知，2013 年北京市的研发投入强度为 6.1%，远高于全国的 2%，而支出为 6.03%，远高于全国的 2.09%，总体而言，北京的产业技术密集度要高于全国平均水平。由表 3-3、表 3-4 可以看出，北京的农林牧渔业，交通运输、仓储和邮政业，水利、环境和公共设施管理业，金融业，文化、体育和娱乐业的技术密集度均低于 1%，属于 OECD 的低技术产业；租赁和商务服务业，卫生、社会保障和社会福利业的技术密集度介于 1%～3%，属于 OECD 的中低技术产业；制造业，建筑业，信息传输、软件和信息技术服务业的技术密集度均超过 4%，属于 OECD 的中高技术产业；科学研究、技术服务和地质勘查业与教育的技术密集度超过 10%，属于 OECD 的高技术产业。

表 3-3　北京市第一、二、三产业技术密集度

行业	R&D 经费/万元	增加值/亿元	技术密集度/%
农林牧渔业	5 299	118.3	0.45
制造业	1 082 164	2 191	4.94
建筑业	227 662	552.1	4.12
交通运输、仓储和邮政业	32 447	468.5	0.69
信息传输、软件和信息技术服务业	789 875	1 107.5	7.13
金融业	3 276	1 720.9	0.02
租赁和商务服务业	109 540	816.2	1.34
科学研究、技术服务和地质勘查业	3 639 911	793.7	45.86
水利、环境和公共设施管理业	3 454	55.5	0.62
教育	686 117	405.8	16.91
卫生、社会保障和社会福利业	42 324	192.2	2.20
文化、体育和娱乐业	9 417	251.1	0.38

资料来源：北京市第三次全国经济普查数据

表 3-4　制造业细分行业技术密集度

行业	技术密集度/%
铁路、船舶、航空航天和其他运输设备制造业	8.15
专用设备制造业	3.40
仪器仪表制造业	3.27
金属制品、机械和设备修理业	3.07
其他制造业	2.74
有色金属冶炼和压延加工业	2.34
通用设备制造业	2.26
电气机械和器材制造业	2.13
医药制造业	2.12
计算机、通信和其他电子设备制造业	2.03
金属制品业	1.10
非金属矿物制品业	1.07
化学原料及化学制品制造业	1.04
印刷和记录媒介复制业	0.91
橡胶和塑料制品业	0.91
纺织业	0.75
酒、饮料和精制茶制造业	0.71

续表

行业	技术密集度/%
汽车制造业	0.64
农副食品加工业	0.61
食品制造业	0.53
纺织服装、服饰业	0.51
木材加工和木、竹、藤、棕、草制品业	0.37
家具制造业	0.31
黑色金属冶炼和压延加工业	0.25
煤炭开采和洗选业	0.24
文教、工美、体育和娱乐用品制造业	0.16
造纸及纸制品业	0.09
水的生产和供应业	0.05
石油加工、炼焦及核燃料加工业	0.03
黑色金属矿采选业	0.02
燃气生产和供应业	0.01

资料来源：北京市第三次全国经济普查数据

综合上述对北京现有产业的知识技术含量的考察，我们可以初步得出北京市“高精尖”产业的总体结构，如图 3-13 所示。由图 3-13 可以看出，落入北京“高精尖”产业区域的产业多为战略性新兴产业和高端服务业，至于传统认为的比较优势行业如金融服务业，文化、体育和娱乐业，环境管理业，交通运输、仓储和邮政业不同程度地落到区域外面，尽管目前所获的 R&D 经费支出的数据内容时效性有些滞后，但是这仍表明传统优势行业在研发投入上十分不足。

劳动生产率也是表征区域产业竞争力与生产能力的指标之一，为了能够更好地把握北京重点产业，我们结合产业的劳动生产率及产业在北京总体产业结构中的地位与发展速度（表 3-5），对上述重点产业组成进行再考察，希望对现有的重点产业体系进行修正。金融服务业无论是从劳动生产率还是从增长速度看都远高于北京市平均水平，它是劳动生产率最高的产业，也是附加值最高的产业之一，是北京的主导产业之一，是未来北京产业发展的重点领域，应作为北京重点产业的核心产业之一。当前，金融服务业在 R&D 经费支出上较为薄弱，表明其在创新方面的投入不足，今后北京金融业应加大模式、管理、活动等方面的创新力度，进一步提高产业竞争力。与金融服务业

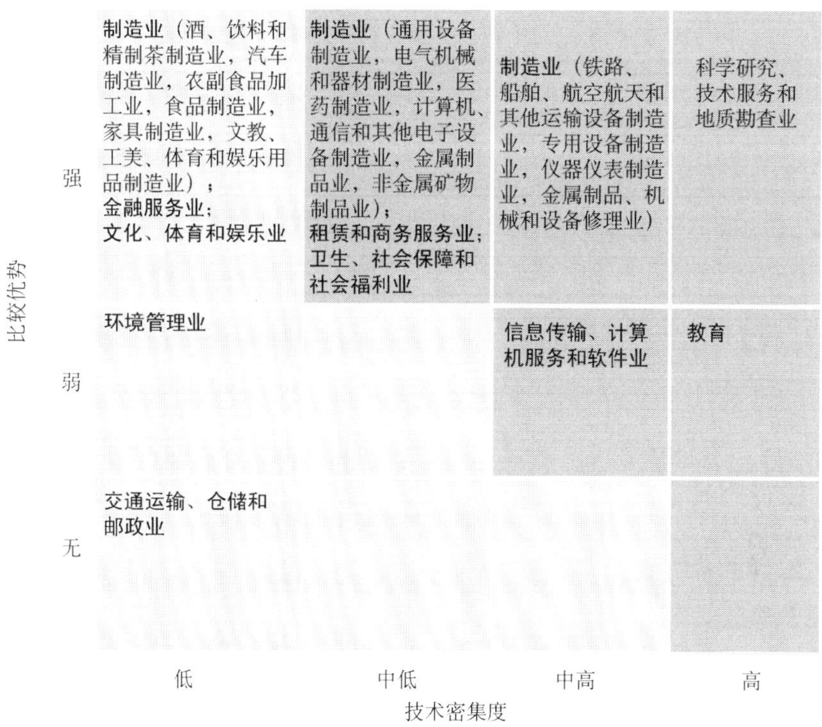

图 3-13　首都“高精尖”产业构成示意图

不同的是，文化、体育和娱乐业，环境管理业，以及交通运输、仓储和邮政业的劳动生产率均低于北京市平均水平，但是这三大产业的增长速度却均高于北京市平均水平。文化、体育和娱乐业，环境管理业是北京市鼓励发展的绿色产业，而交通运输、仓储和邮政业与物流业，尤其是电子物流业关系十分紧密，也应是北京重点发展的产业之一，这三大产业都是北京发展的先导产业。但是由于交通运输、仓储和邮政业占地面积比较大，而北京的空间资源又日趋紧张，因此未来北京在交通运输、仓储和邮政业布局上应加强与津冀区域的统筹合作。

表 3-5　北京部分细分产业劳动生产率、GDP 占比及增长速度

产业部门	劳动生产率/（万元/人）	GDP 占比/%	增长速度/%
北京市总产业	17.09	100	7.7
制造业	25.5	18.1	7.8
医药制造业	30.73	1.24	25.9
航空航天和其他运输设备制造业	19.67	0.26	13.3

续表

产业部门	劳动生产率/（万元/人）	GDP 占比/%	增长速度/%
电子及通信设备制造业	20.86	1.44	29.33
计算机及办公设备制造业	28.73	0.31	26.64
医疗设备及仪器仪表制造业	23.91	0.65	9.9
交通运输、仓储和邮政业	12.9	4.53	8.2
信息传输、软件和信息技术服务业	29.36	8.97	7.2
金融服务业	36.30	14.47	11.0
科学研究、技术服务和地质勘查业	34.71	7.41	11.2
文化、体育和娱乐业	9.64	2.28	10.6
商务服务业	23.11	7.88	9.5
环境管理业	8.91	0.58	11.5

资料来源：北京市第三次全国经济普查数据

综合上述分析，我们对北京重点产业构成进行了修正，如图 3-14 所示。北京重点产业涉及产业门类多样且复杂，本书主要选取重点且有代表性的科技服务业、金融服务业、新一代信息技术产业（包括集成电路、移动通信、

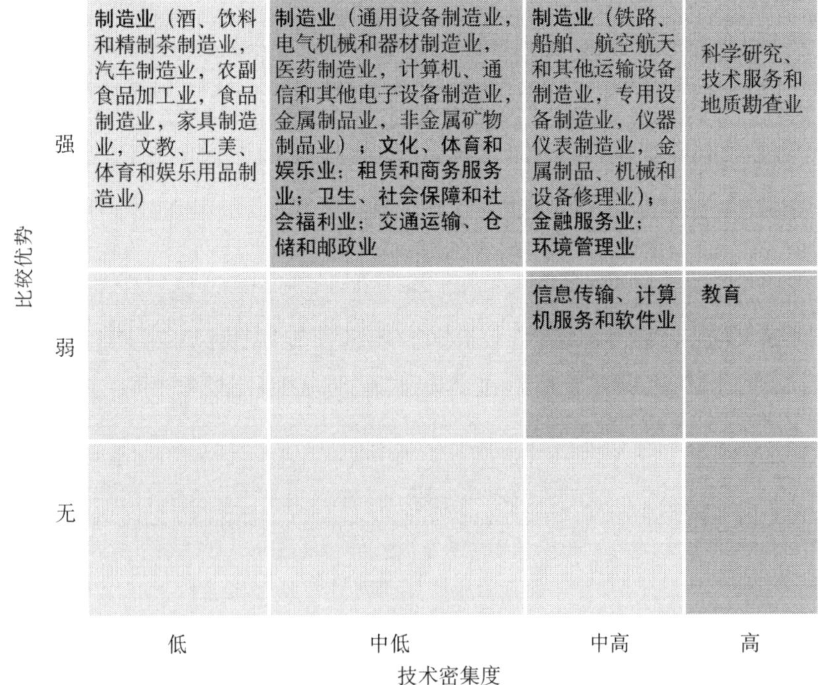

图 3-14　首都“高精尖”产业构成示意图

计算机、数字电视等）、生物医药产业、新材料与新能源产业、节能环保产业来加以分析。

三、“高精尖”产业发展现状

（一）科技服务业

科技服务业是生产性服务业的重要组成部分，对科技创新和产业发展具有重要的支撑作用，是推动产业结构升级优化的关键产业。科技服务业主要包括科学研究、专业技术服务、科技金融、技术推广、科技信息交流、科技培训、技术咨询、技术孵化、技术市场、知识产权服务、科技评估、科技鉴证、科学技术普及等领域。科技服务业是由研发与服务体系、工具与方法论体系、创新成果体系共同构成的三层体系。其中，研发与服务体系代表了基础服务体系，主要由研究与试验、科技资源、新兴技术等要素构成；工具与方法论体系代表科技服务业的工具及方法体系，主要包括思维工具、分析工具、软件工具等研究方法和工具；创新成果体系反映了在科技服务业带动下产生的各类研发成果。从当前我国经济社会发展需求的角度来看，服务于创新的研发服务业、服务于生产的工业设计创意服务业、服务于社会的信息咨询服务业、服务于创业的创业服务业这四个类别共同构成了科技服务业新的分类。

1. 科技服务业产业链分析

通常科技服务业主要包括研究与试验服务、设计创意服务、科技咨询服务及成果转化服务四大方面（图 3-15）。研究与试验服务主要是面向市场，为企业提供专业化的研发服务，提供这类服务的主体主要包括研究型科研院所、研发设计类企业、产业联盟等，这类科技服务与创新直接相关，是推动产业技术创新的核心力量，也是北京科技服务业中最具先天优势的行业。设计创意服务主要包括高端综合设计服务，如汽车、飞机、船舶、轨道交通等装备制造业产品的外观、结构、功能等设计，消费类新产品设计，广告营销策划，以及数字内容供给服务等，是直接面对生产者的服务业，这类服务的主体主要是设计企业、文化创业企业等。科技咨询服务主要包括科技战略研究、科技评估、科技招投标、管理咨询等方面，这类服务的主体主要是科技咨询机构、知识服务机构、生产力促进中心等，是产业模式与服务创新的主要驱动力量。成果转化服务主要包括技术转移服务、创业孵化服务、知识产权服务与科技金融服务等，促进实现科技创新成果的转化是成果转化服务的最终目标，只有实现了产业化，创新才能切实推动产业经济的发展。有研究表明，科技服务业对于制造业企业发展有巨大促进作用，科技服务业与制造业企业互动创新的过程就是知识转移与创新的过程，通过互动，能够增加双方的知识存量，促进创新。

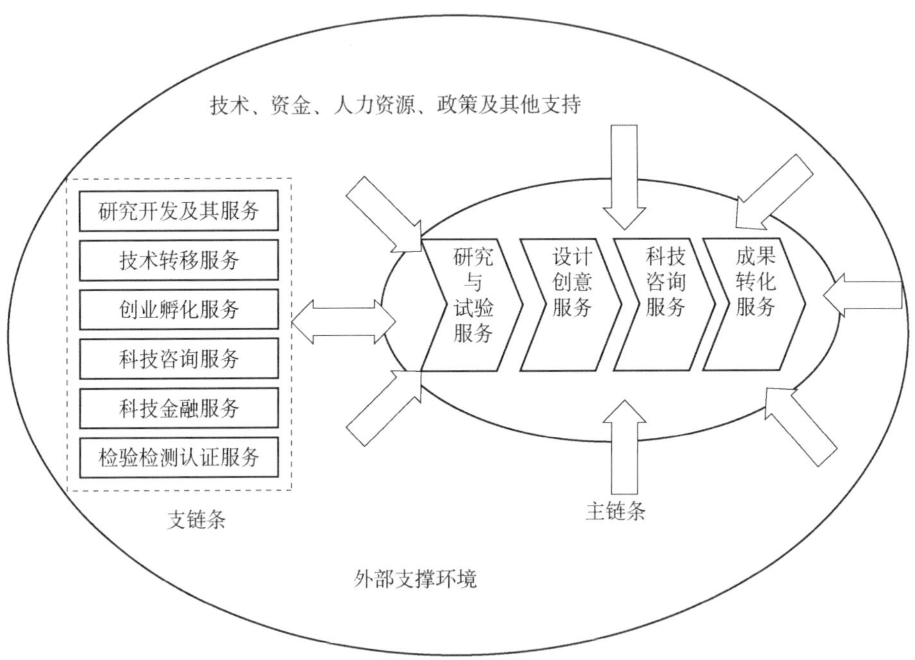

图 3-15 科技服务业产业链简单示意图

2. 科技服务业发展现状及问题

科技服务业一直是北京最具优势的产业之一，2012 年北京科学研究、技术服务和地质勘查业区位熵高达 4.393，产业的技术密集度更是高达 45.86%，是典型的“高精尖”产业。近年来北京的科技服务业增加值持续增长，占 GDP 比重持续增加，产业增长速度远高于北京 GDP 平均增长速度（图 3-16）。2015 年北京科学研究、技术服务和地质勘查业增加值 1820.6 亿元，同比增长 9.5%，高于全市 2.5 个百分点，是拉动全市经济增长的重要力量。

北京市第三次全国经济普查数据显示，2013 年北京共有科技服务业法人单位 71 206 个，从业人员 952 372 人，分别比 2008 年末增长 248.2%和 68.7%，2014 年实现增加值 1662.7 亿元，是北京现代服务业中增加值第五高的行业，同时也是北京法人单位从业人员数第七高的行业（图 3-16）。

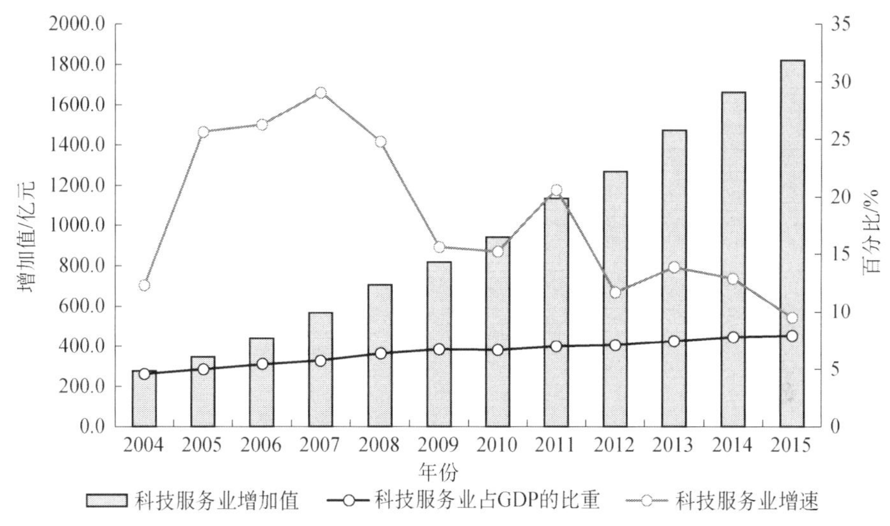

图 3-16　科技服务业增加值及占 GDP 比重及其增速

资料来源：《北京统计年鉴》（2005～2016 年）

与全国各省份比较来看，北京市科技服务业增加值、占 GDP 比重及人均科技服务业产值等多项指标长期位居全国首位，其他省份的科技服务业与北京市科技服务业差距较大。北京市人均科技服务业产值在 2010 年后已居全国之首，发达的科技服务业与北京作为全国的科技创新中心的定位是一致的。

北京市科技服务业尽管在全国具有较强的比较优势，但是对于北京建设国家科技创新中心，构建“高精尖”产业体系的支撑仍显不足，未来发展仍面临不少问题与挑战，主要体现在：一是产业效率不高。2010 年北京从业人员人均科技服务业产出 20.575 万元，仅略高于全国平均水平 19.417 万元，低于排名前三位的省份，即江苏（33.626 万元）、广东（26.789 万元）和山东（23.935 万元），这与北京科技服务业从业人员的总体创新产出能力是不相符的，北京应进一步促进、激发科技服务业从业人员的积极性与创造力，提高产业的产出效率。二是产业发展弹性较大，易受外界干扰。从近年北京市科技服务业的增长速度来看，增速变化波动较大，产业发展容易受外部环境、政策环境等的影响，这一定程度上是因为北京科技服务业重研发，而在科技成果转化、科技专业化服务方面较为薄弱，产业环节发展不够均衡，高端业态较少，以及研发方面国家队是重要力量，而国家队本身所承担的国家研发任务是其首要任务，因此，科技服务业发展不够稳健。未来应补强专业化服务与科技成果转化环节，积极培育科技型研发企业、科技中介等科技服务业主体，健全市场主体力量。

（二）金融服务业

金融业是生产性服务业的重要组成部分，是现代经济发展的命脉，是高附加值的绿色产业。金融业指的是银行与相关资金合作社，还有保险业，除了工业性的经济行为外，其他的与经济相关的都是金融业。金融服务业包括货币金融服务、资本市场服务、保险服务、金融信托与管理服务、金融信息服务等。

1. 金融服务业产业链分析

从业务构成上来看，金融服务业主要由银行业、保险业、信托业、证券业四种细分行业组成（图 3-17）。银行是现代金融业的主体，是国民经济运转的枢纽。我国银行业主要由负责监管机构、自律组织的中国人民银行，以及在我国境内的商业银行、城市信用合作社、农村信用合作社等吸收公众存款的金融机构、非银行金融机构及政策性银行共同构成。保险业是指能够以通过契约形式集中起来的资金用来补偿被保险人的经济利益的行业，通常可分为人身保险和财产保险两大类。信托服务业则是基于对受托人的信任，委托人将财产权委托给受托人，按照委托人的意愿以受托人名义为受益人进行管理或者处分的行为所形成的相关服务。信托服务业已经从金融业的边缘性服务成为主流的金融业态之一。证券业是证券市场的基本组成要素之一，是从事证券发行和交易服务的专门行业，由证券交易所、证券公司、证券协会及金融机构组成，能够为证券交易双方提供服务，促进高效的证券发行与流通，维护证券市场的运转秩序。而从金融业的核心服务对象来划分，一般有科技金融体系、绿色金融体系等，可见金融服务业与市场需求是紧密相关的，有什么样的市场需求，相对应的服务产品也就孕育而生。综上，我们将金融服务业的产业主链条列为市场需求、产品服务、创新（图 3-17），其中产品服务是核心，而创新是金融服务业活力的源泉，金融服务业的创新主要是金融组织、产品和服务模式创新。

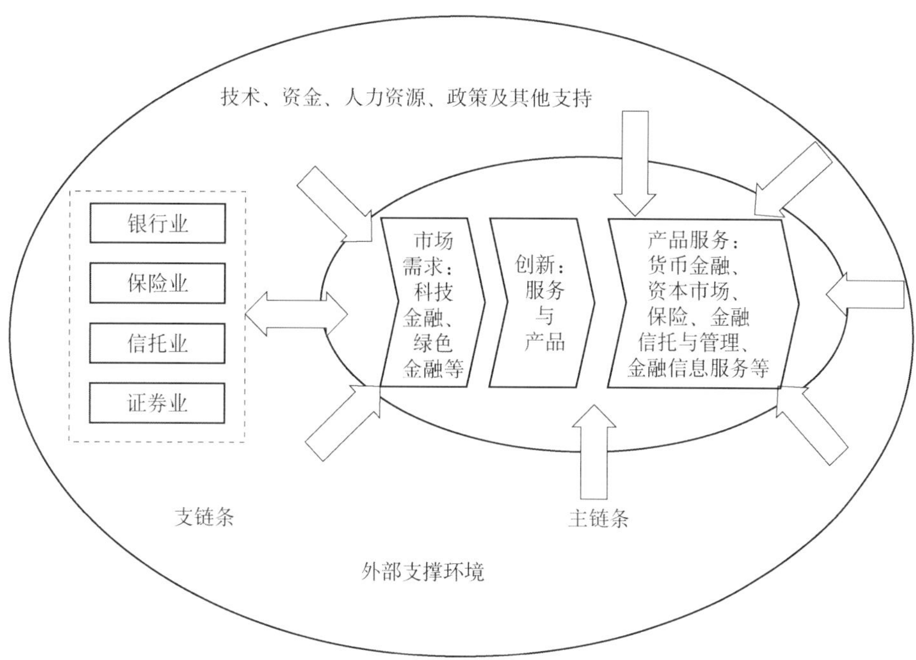

图 3-17　金融服务业产业链示意图

随着北京市“高精尖”产业不断深入发展，打造金融服务业产业链条不仅能够形成重要支撑，而且也是金融业创新的核心发展方向。金融服务业以产业链的核心企业为依托，针对产业链的各个环节，设计个性化、标准化的金融服务产品，从而形成为整个产业链上的所有企业提供综合解决方案的金融服务模式。

2. 金融服务业发展现状及问题

近年来北京市的金融服务业增加值持续增长，占 GDP 的比重也持续增加。2004～2015 年，北京市金融服务业 GDP 占总体 GDP 的比重从 11.8%增长到 17.06%（图 3-18），2015 年金融服务业占第三产业的比重为 21%，是服务业的核心行业。2015 年末，北京市金融服务业从业人员为 50.9 万人（图 3-19），从业人员平均工资为 240 844 元，是全市从业人员平均工资的 2.5 倍。近年来，金融服务业从业人员数量逐年增加，平均工资逐年上涨。北京市第三次全国经济普查数据显示，与 2008 年相比，2013 年金融服务业从业人员增加了 72.3%，平均工资增加了 67 659 元，北京市共有金融业法人单位 3811 个，资产总量为 87.3 万亿元，占第二产业和第三产业资产总量的 71.5%。

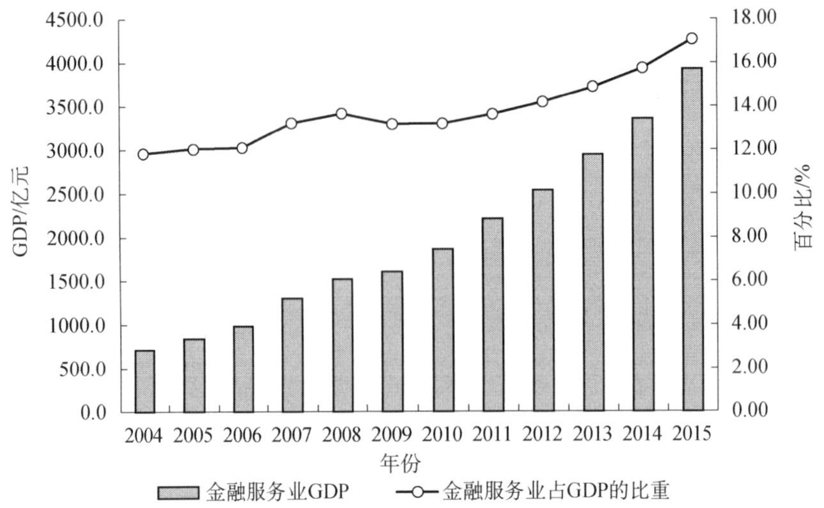

图 3-18 北京金融服务业 GDP 及占总体 GDP 的比重

资料来源：《北京统计年鉴》（2005～2016 年）

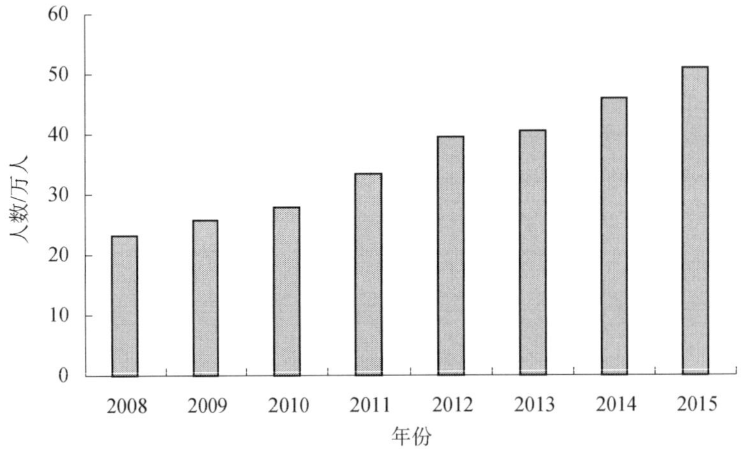

图 3-19 北京金融服务业从业人员数量

资料来源：《北京统计年鉴》（2009～2016 年）

北京市金融服务业也存在一些问题。第一，从业人员主要集中在货币金融服务业（即银行业）和保险业，金融人才规模还需进一步扩大。货币金融服务业的从业人员占整个金融服务业的 46.3%，保险业占 30.0%，还需积极引进高端金融人才，均衡发展。第二，金融服务业主要集中于内资，对外开放程度需要进一步提高。2013 年底，北京金融服务业内资法人单位 3529 个，占总量的 92.6%，内资从业人员 399 231 人，占总量的 92.2%。

（三）新一代信息技术产业

以云计算、物联网、下一代互联网为代表的新一轮信息技术革命，在社会生产生活的各个领域正发挥着全面而深远的影响。新一代信息技术，“新”在网络互联的移动化和泛在化、信息处理的集中化和大数据化、信息服务的智能化和个性化。新一代信息技术产生深远而广泛的影响，究其原因并不是各个分支领域内信息技术的自我升级，而是面向制造业、金融业等社会民生领域其他行业的横向渗透、融合，新一代信息技术发展的主要方向将从产品技术转向服务技术。因此，以信息化和工业化深度融合为主要目标的《中国制造 2025》和“互联网+”战略是新一代信息技术融合应用的集中体现。我国一直十分重视发展新一代信息技术产业，早在 2010 年国务院颁布的《国务院关于加快培育和发展战略性新兴产业的决定》中，就将新一代信息技术产业作为七大战略性新兴产业之一，提出要加快建设宽带、泛在、融合、安全的信息网络基础设施，推动新一代移动通信、下一代互联网核心设备和智能终端的研发及产业化，加快推进三网融合，促进物联网、云计算的研发和示范应用。着力发展集成电路、新型显示、高端软件等核心基础产业。提升软件服务、网络增值服务等信息服务能力，加快重要基础设施智能化改造。大力发展数字虚拟等技术，促进文化创意产业发展。2015 年颁布的《中国制造 2025》中指出新一代信息技术与制造业深度融合，第一阶段的目标就是要到 2020 年让制造业在数字化、网络化、智能化方面取得明显进展，这势必将引发影响深远的产业变革，形成新的生产方式、产业形态、商业模式和经济增长点。

1. 新一代信息技术产业链分析

新一代信息技术产业内涵十分丰富，既包括制造业，也包括服务业，但无论哪个领域，都涉及核心基础设备的研发与制造、面向客户的服务技术的研发和新一代信息技术的应用三大块。因此，可将新一代信息技术产业链的主链条抽象为设备、服务技术、应用三个主要环节，其中服务技术研发是核心（图 3-20）。从产业划分来看，可以将新一代信息技术产业分为三个层次：第一个层次是基础产业，包括集成电路、移动通信、数字电视、计算机等产业，其中核心技术包括新一代移动通信、下一代互联网核心设备和智能终端，以及物联网、云计算、大数据等的研发，尤其是自主知识产权的研发与创新，是需要突破的核心；第二个层次是核心产业，主要包括基于下一代现代信息网络产业物联网和三网融合所带动的电子商务、工业互联网、互联网金融等相关产业，这里更加强调“互联网+”的概念，即通过互联网平台、信息通信技术把互联网和各行各业结合起来创造不同的新型产业生态；第三个层次包括网络内容服务和应用的现代信息服务产业，如基于云计算、大数据等的二次应用与开发。此外，新一代信息技术产业的发展需要上下游产业的相互协同，例如，硬件设备生产需要与原材料行业提供商和生产设备的机械行业对接，这些相关产业的相互关联共同形成了新一代信息技术的产业链条。而大学、研究机构、金融机构、政府部门存在于产业链的外部环境之中，这些主体为新一代信息技术产业发展提供了源头创新、技术应用、人力资源、资金投入、政策支持及其他推动产业发展的要素。

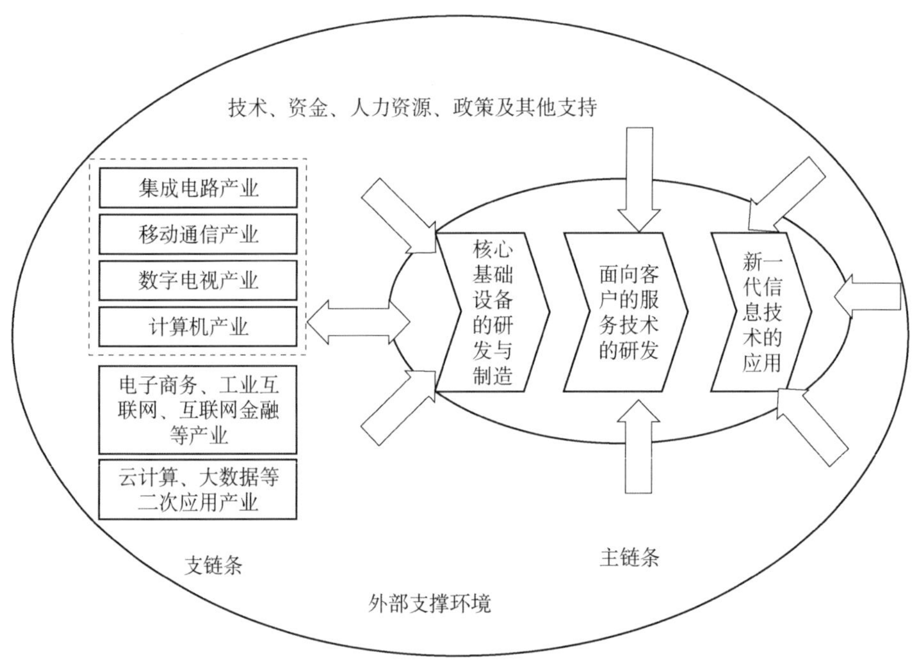

图 3-20 新一代信息技术产业链示意图

图 3-20 为新一代信息技术产业链示意图。其中，集成电路产业链的主链条由基础研发、芯片设计、芯片制造、封装测试四个环节构成。计算机产业链的主链条由芯片及零部件、软件、整机装配、服务四个环节构成。移动通信产业链的主链条由专用芯片、主机板及零配件、通信网络设备、通信终端、

通信网络、服务六个环节构成。数字电视作为数字音视频技术的最主要应用，其产业链的主链条由电视节目制作系统，数字电视信号的处理、发射、传输系统，终端接收系统，以及增值服务系统四大块组成。电子商务包括电子支付、线上线下供应链管理、网络社群、大数据分析处理、电子交易市场、网络营销等系统。云计算能够提供可用的、便捷的、按需的网络访问，进入可配置的计算资源共享池，这些资源能够被快速提供，具有按需付费、工作投入量少、交互简单等便捷性特征[①]。大数据的技术主要包括基于互联网的大规模并行处理数据库、数据挖掘电网、云平台、分布式文件系统和数据库，以及可扩展的存储系统。大数据技术价值主要体现在能用有限的时间从海量数据中挖掘出有用信息的能力。

2. 新一代信息技术产业发展现状及问题

北京市信息技术产业具有较好的研发、制造基础，北京市信息传输、软件和信息技术服务业区位熵高于 4.0，在全国具有绝对的比较优势，信息技术服务、信息内容服务市场需求巨大。从近年北京信息产业与信息服务业发展来看，信息产业、信息服务业一直处于快速增长阶段（图 3-21～图 3-23），两者 GDP 增长速度基本保持在 8%以上，高于北京市 GDP 平均增长速度。其中，信息传输、软件和信息技术服务业，以及信息内容服务业都是增长的核心、主力。

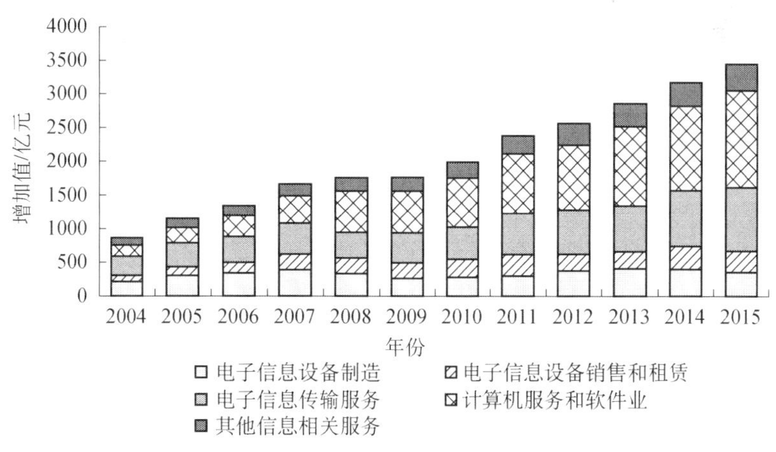

图 3-21　2004～2015 年北京市信息产业增加值

资料来源：《北京统计年鉴》（2005～2016 年）

---

① 此处所采用的云计算定义来源于美国国家标准与技术研究院（NIST）。

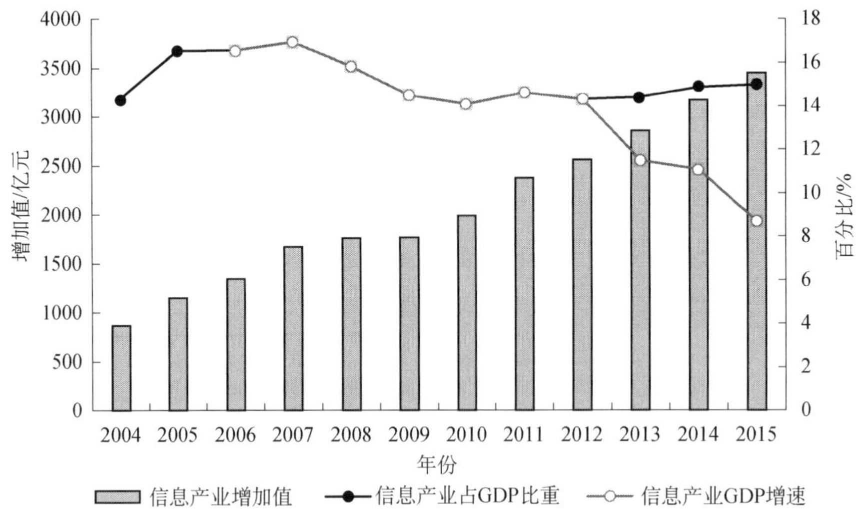

图 3-22　2004～2015 年北京市信息产业增加值、增速及占 GDP 的比重

资料来源：《北京统计年鉴》（2005～2016 年）

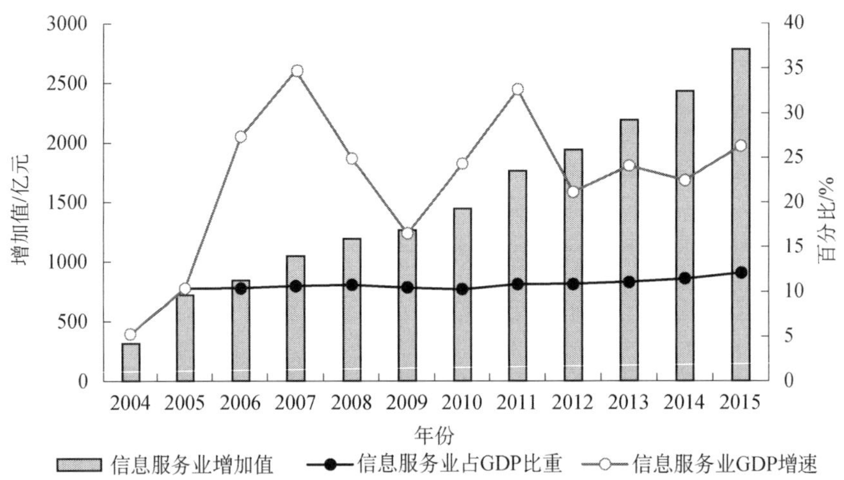

图 3-23　2004～2015 年北京市信息服务业增加值、增速及占 GDP 的比重

资料来源：《北京统计年鉴》（2005～2016 年）

作为信息技术支撑的传统行业领域的典型，电子商务是北京新一代信息产业发展的亮点之一。近些年来，北京市电子商务继续保持快速增长的趋势，成为企业拓市场、降成本的新渠道，消费者便利消费的新选择，也是政府转变经济增长方式、调整经济结构、促进消费的重要手段之一。经北京市电子商务调查数据统计，2013 年北京市企业电子商务交易额为 7505 亿元，同比

增长36.5%，其中，B2B企业间电子商务交易额约6223亿元，占比约82.9%，B2C交易额约1222亿元，约占16.3%。北京市网上零售交易额占社会零售总额的比重突破11%（北京市统计局对限额以上批发零售企业的网上零售额进行统计），对其贡献度达到42.4%，电子商务已经成为拉动首都消费市场的新引擎。2013年前三季度，全国排名前九位的自营B2C平台中，有5家企业总部位于北京，其交易规模占全国的62.8%；B2B方面，慧聪网、敦煌网市场份额分别居全国第三、第四位。

尽管北京信息技术产业发展迅速，在国民经济中的地位与作用也越来越突出，2015年北京信息技术产业占GDP比重为14.99%，但是从2007年至今，北京信息技术产业增速较为平稳，并且与上年相比增速有所回落，发展潜力仍有待激发，这主要是由自主知识产权缺乏核心技术、产业价值链高端化仍需提升、产业模式创新不足等造成的。

（四）生物医药产业

生物医药产业主要分为医药制造业与医药服务业，医药制造业主要包括制药产业与生物医学工程产业，医药服务业主要包括商务服务业、研究与实验等发展子领域。

1. 生物医药产业链分析

通常生物医药产业主要包括中药与天然药物、生物制药、化学制药三大部分，虽然它们在使用原料、制药原理和工艺方面都存在显著的区别，但都可以归为研究开发、生产制造、市场销售和最终用户四个环节，这就构成了生物医药产业的主链条（图3-24）。

需要说明的是，药品属于一般消费品，用户购买后只需按照说明便可直接消费，基本没有附加服务，尤其是增值服务。但由于生物医药行业直接关系到人们的健康和安全，生物医药产业在研发、制造、销售等各环节都要求严格执行以药品非临床研究质量管理规范、药品临床试验管理规范、药品生产质量管理规范、药品经营质量管理规范为代表的技术性较强的管理规范，因此生物医药产业对药品开发服务系统（PDS）服务有很大的需求，而PDS服务正发展成为生物医药行业的一个新兴产业。所以，对于生物医药产业而言，服务环节的含义不同于新一代信息技术产业的服务环节，它主要是服务产业系统本身而非最终用户，也更侧重于生产者服务业，对产业内的每个环

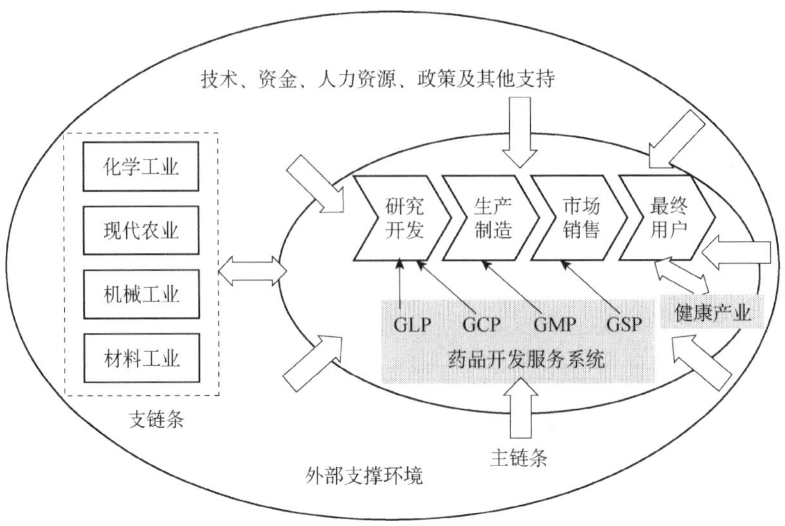

图 3-24 生物医药产业链简单示意图

节都发挥作用。此外，生物医药产业的发展也离不开相关产业的支撑，主要涉及化学工业、现代农业、机械工业和材料工业等。化学工业主要为生物工程与新医药行业提供必备的试剂、化学中间体和药用辅料等；现代农业主要为生物工程与新医药行业提供药材和实验动物等；机械工业主要为生物工程与新医药行业提供制药设备、仪器设备和医疗器械；而材料工业的发展涉及药品包装材料和组织工程用料的改进。这些相关产业构成了生物医药产业的支链条。

同其他所有的高技术产业一样，政府、大学、科研院所等是参与科技创新的主体，生物医药产业离不开大学、科研院所的科技研发和人力资本，需要金融服务的资金支持，也需要政策的鼓励，为产业发展创造良好环境，所有这些因素构成了生物医药产业发展的外部支撑环境。此外，随着医疗卫生事业发展与新技术结合越来越紧密，随着信息技术的广泛应用，健康产业正逐渐成为生物医药产业的一个重要发展方向。

2. 生物医药产业发展现状及问题

生物医药产业一直是北京市的优势产业，近年来生物医药产业[①]增加值一直处于高速增长期（图 3-25），增长速度远高于北京市其他产业，其中，2009 年的低值与 2008 年北京奥运会的召开对医药化学品运输、生产与销售的限制

① 此处选取生物医药产业的数据主要包括医药制造业与医疗设备及仪器仪表制造业，相关的服务业内容并未计入在内。

有一定的关系。

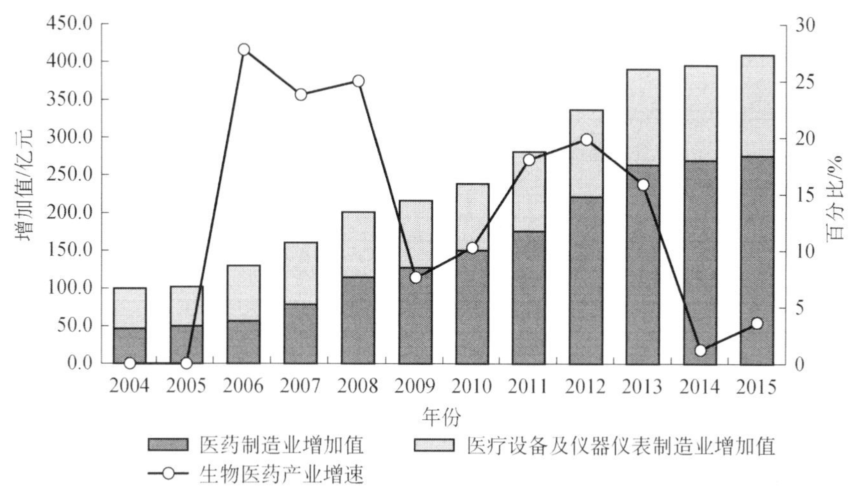

图 3-25 2004～2015 年北京生物医药产业增长情况

资料来源：《北京统计年鉴》（2005～2016 年）

北京市生物医药产业规模从“十一五”末的不到 400 亿元增长到“十二五”末的近 1300 亿元，年均增速 16%，医药工业利润总额保持在全国前五，销售利润率连续 11 年在全国主要医药工业省份中排名第一。北京市实现生物医药产业营业收入和利润均占全国的 93%，同比增长 15%，高端医药制造业利润率全国排名第一，税收贡献全国排名第二，医药流通居全国首位。2008～2014 年，医药制造业税收年均增长 13.98%，高于全国增速，高于北京市制造业增速 10.7 个百分点，年均增长率居上海、江苏、浙江、山东、广东等主要医药制造业省份之首。随着北京生物医药产业跨越发展工程（即 G20 工程）的实施，北京生物医药产业对经济增长的贡献率由 9%上升到 22.7%，超过汽车制造业，计算机、通信和其他电子设备制造业，通用设备制造业，仪器仪表制造业，电气机械和器材制造业北京市五大重点制造业。10 亿元规模以上的 G20 企业从 2010 年的 7 家增长到 2015 年的 13 家，2015 年 G20 制造业企业实现营业收入 566 亿元，同比增长 7%，占医药工业比重的 58%，高于全市工业平均增长率 9.5 个百分点，57 家 G20 企业对产业的总体贡献率达到 60%。

从全国来看，尽管北京在研发、销售环节及专业服务上优势较为明显，但是企业创新主体地位不强、缺乏龙头企业、产品的市场占有率（仅为 11.8%）不高等仍是北京未来生物医药产业发展所面临的重要问题。

（五）新材料与新能源产业

新材料与新能源、信息技术、生物技术被公认为 21 世纪最主要的高新技术，纵览世界科技发展史，每一次材料与能源技术取得重大突破，生产制造领域都会迎来重大变革。新材料是其他高新科技发展的基础和先导，处于高科技产业链的上游，材料产业创新发展意味着其他高新科技产业也将得到突破，而其他高科技产业发展也能对材料产业创新形成倒逼机制。新能源和新材料关系密不可分，新能源通常需要通过新材料介质来进行储能，因此在北京市“高精尖”产业分析中将二者放在一起讨论。

1. 新材料与新能源产业链分析

新材料产业涉及电子信息、生物医药、新能源、环保、新型建材、高性能结构、纳米和超导等领域。在电子信息领域，作为信息产业的基石，微电子、光电子和新型电子元件等都需要新材料研发，这一领域也是新材料产业中比例最大的部分，约占销售收入的 1/3。在生物医药领域，生物医用材料附加值较高，是高新技术发展的蓝海，目前已经形成了较大的产业规模，可以分为介入治疗材料、软组织材料、硬组织材料、组织工程材料和生物降解材料等不同的应用门类。影响生态环境的核心问题之一是能源合理利用，新能源材料的发展是新能源产业发展的关键，目前二次电池是研究关注重点，包括镍氢电池、锂离子电池、燃料电池和太阳能电池等材料创新。环保材料正在蓬勃发展，能够改善环境并有利于人类健康，是发展绿色经济的重要基础，如何更好地推广和提升再利用材料、低污低耗材料、节能净化材料、健康材料等的使用效益，都是今后需要通过科技创新来激发产业发展潜能的。纳米技术目前已经在多个领域得到应用，可以分为纳米金属材料、纳米工程塑料、纳米功能涂料、纳米催化净化材料、纳米复合材料等。超导技术是具有战略意义的高新技术，在能源、交通、医疗、信息和国防等领域将有广泛应用，超导材料发展的重点是高温超导线材、块材、薄膜及其应用。从应用来看，新材料产业的很多领域是针对上述提到的特定行业的，在高性能结构材料、纳米材料和超导材料等领域中产生了广泛的影响力。新能源通常是非常规能源、清洁能源，一般包括太阳能、地热能、风能、海洋能、生物质能和核能等（图 3-26）。

新材料与新能源产业内涵非常丰富，其中涉及的每个领域主要由基础研发、生产制造、市场销售及行业应用四个基本环节构成（图 3-27）。新材料与新能源产业的发展离不开传统材料工业、化学工业和机械工业等相关产业的

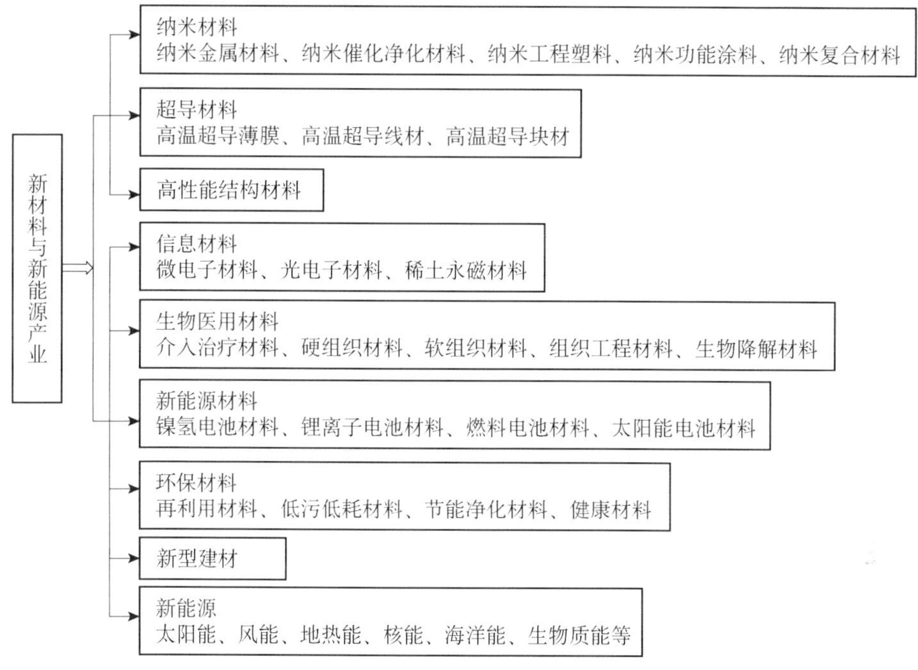

图 3-26　新材料与新能源产业内部行业分类图

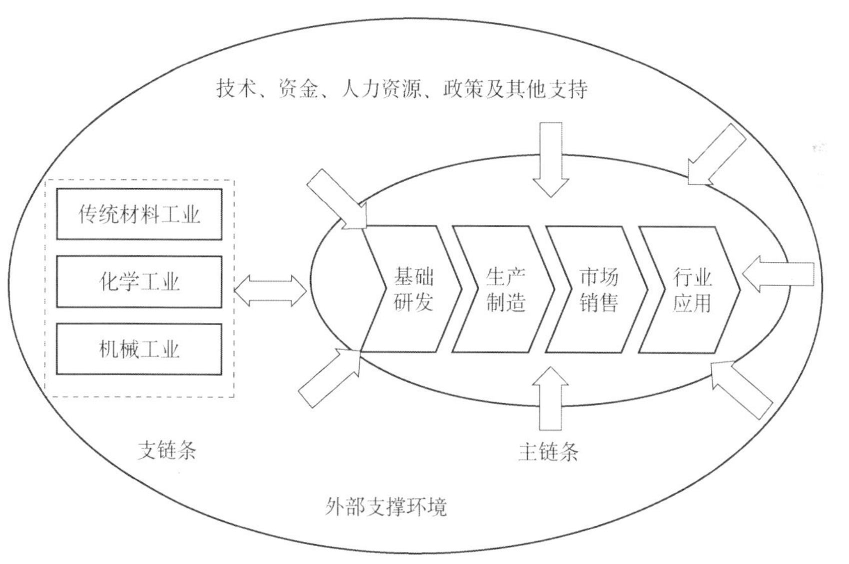

图 3-27　新材料与新能源产业链简单示意图

支撑，传统材料工业为新材料与新能源产业提供了基本的原材料，化学工业为新材料与新能源产业提供了各类化学试剂并进行化学合成，机械工业则提供了加工过程中必需的仪器设备。同其他“高精尖”产业一样，新材料与新能源产业的发展是由官、产、学、研等科技创新主体形成的支撑合力。

2. 新材料与新能源产业发展现状及问题

目前，北京市新材料产业以创新驱动为特征的产业体系已初步形成。北京市在新材料领域拥有全国 30%～40%的国家级科研机构和产业基础设施，承担了全国 40%～50%的新材料领域计划项目，荣获 30%～40%的国家科技进步奖和发明奖，新材料产业领域申请专利数量全国领先。

2014 年北京市新材料产业产值约为 700 亿元，拥有新材料企业约 1300 家，其中规模以上企业 100 多家，上市企业 26 家。北京市新材料企业涉及领域丰富，产品种类繁多，在电子信息、磁性材料、生物医药、节能环保、高性能结构等领域，涌现出一批在国内乃至全球都具有竞争力的龙头企业。

2015 年北京市新能源与可再生能源领域开发利用总量达到 450 万吨标准煤，能源消耗比例由“十一五”末期的 3.3%提升至 2015 年的 6.6%。通过金太阳示范工程的建设，海淀、顺义国家级分布式光伏发电应用示范区建成使用，密云 20 兆瓦光伏地面电站、国内首个兆瓦级太阳能热电站等一批项目落户北京，2015 年太阳能光伏装机容量达到 16.5 万千瓦，地热及热泵系统利用实现新突破。

北京市第三次全国经济普查数据显示，2013 年末在第二产业和第三产业规模以上企业法人单位中，北京有新能源企业 328 个，占战略性新兴产业法人单位的 8.1%；新材料产业 204 个，占 5.1%。其中，工业战略性新兴产业的营业收入为 3864.9 亿元，其中新能源产业为 255.8 亿元，占 6.6%，新材料产业为 534.1 亿元，占 13.8%；服务业战略性新兴产业的营业收入达到 6606.3 亿元，其中新能源产业为 692.2 亿元，占 10.5%，新材料产业为 171.2 亿元，占 2.6%。

目前，北京的新能源产业也面临一些问题：①政策的连续性和稳定性不足，没有形成稳定的、规模化的市场需求；②资源的勘查水平低，开发成本高，风险高；③法规保障体系、标准体系、宣传教育体系的建立还不够完整。同时，北京的新材料产业也存在如下问题：①研究与产业要素缺乏有效整合；②目前部分产业对环境造成一定污染，产业高端化发展迫在眉睫；③配套工艺水平亟待提高。

（六）节能环保产业

节能环保产业是指为节约能源资源、发展循环经济、保护生态环境提供物质基础和技术保障的产业，是国家加快培育和发展的七个战略性新兴产业之一。

1. 节能环保产业链分析

目前，节能环保产业主要包括三个方面：节能产业、资源循环利用产业与环保产业。节能产业主要包括节能技术与设备、节能产品与节能服务；资源循环利用产业主要包括矿产资源、固体废弃物综合利用，再生资源利用，水资源节约与利用等；环保产业主要包括环保技术和装备、环保产品与环保服务业，主要指水污染和大气污染治理设备、固体废弃物处理处置设备、噪声控制设备、放射性与电磁波污染防护设备、环保监测分析仪器、环保药剂等的生产经营，为环境保护提供技术、管理、工程设计和施工等各种服务。从总体来看，可以将节能环保产业链主链条抽象地分为设备、节能环保产品、服务与资源循环再利用四方面内容（图 3-28）。设备包括节能仪器设备、水污染和大气污染治理设备、固体废弃物处理处置设备、环境监测设备等；节能环保产品包括家用电器与办公设备、照明设备、节能汽车、节能材料、环保材料、环保药剂；服务包括以合同能源管理为主要模式的节能服务业、环境

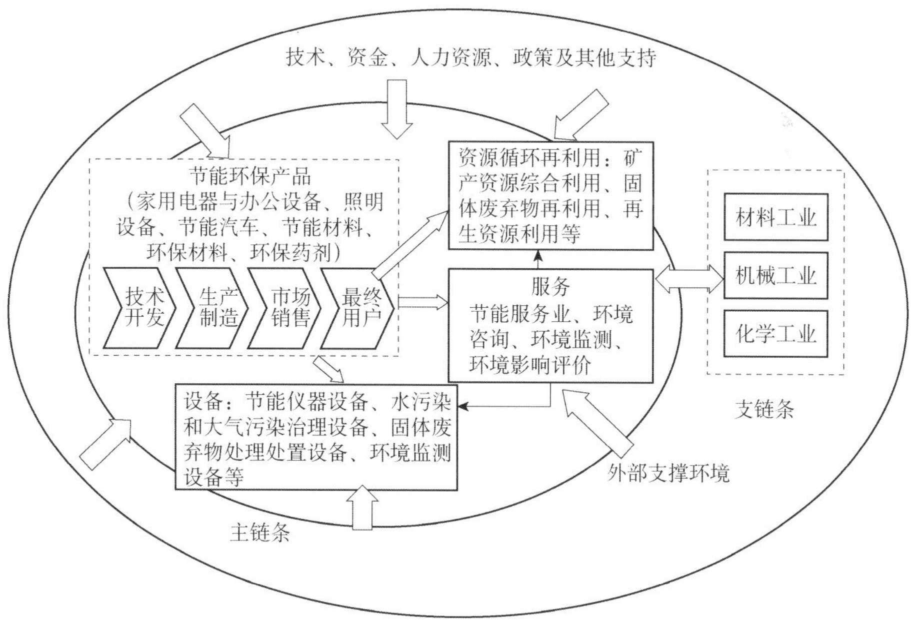

图 3-28　节能环保产业链示意图

咨询、环境监测、环境影响评价；资源循环再利用包括矿产资源综合利用、固体废弃物再利用、再生资源利用等。形成节能环保产业链必要的支撑体系，既包括与节能环保产业密切相关的产业支撑，如材料工业、机械工业和化学工业等，也包括高新技术企业发展的共性服务体系，如为高新技术企业提供政策服务、孵化环境、风险投资、知识产权、成果转移和转化等的专业、高效的服务机构等。

2. 节能环保产业发展现状及问题

北京是全国节能环保产业较为发达的地区之一，2015 年生物质能、风能利用规模稳步扩大。生物质能利用方式由多元化开发向集中发电利用方式转变，风能开发利用规模持续扩大，建成鲁家山垃圾焚烧发电厂、官厅风电场三期等一批工程。2015 年，北京市全市生物质能发电和风电装机规模分别达到 10 万千瓦和 20 万千瓦。

2011 年，北京市已有超过 2000 家从事节能环保产业的企事业单位，从业人数已超过 5 万人，创造了约 1800 亿元的主营业务收入，占全国节能环保产业规模的 10%，节能环保产业的增加值占全市 GDP 的比重约为 2%，已经成为北京市经济发展重要的新增长点之一。北京市拥有较强的科研、设计、咨询能力，其中包括中国环境科学研究院、北京市环境保护科学研究院、北京化工研究院环境保护研究所等国家级、省部级科研院所等科研机构 43 家，国家重点实验室 42 个；有 26 所在京的“985”高校和“211”高校设立了节能减排和环境保护相关专业，从事节能环保相关研究的机构和实验室超过 300 个，其中 103 家属于与企业合作共建节能环保科研院所；中关村高新技术企业中从事节能环保的企业约占 10%，全市企业自主建立节能环保研究院所达 56 家。总部型节能环保企业优势突出是北京节能环保企业的特点之一，目前总部型节能环保企业收入约占北京市节能环保产业总收入的 75%左右，已经形成技术研发、投资建设和综合运营服务为一体的发展模式。重点企业有中国节能环保集团、神华国华（北京）电力研究院有限公司等大型综合性企业集团，也有北控水务、首创股份、威立雅、苏伊士等污水处理领域专业优势突出的国内外行业龙头企业，以及恩菲工程、中科通用等垃圾处理行业领先企业。目前，北京节能环保产业还存在龙头企业的辐射带头作用不足，市场需求尚待培育，产业化不足，相配套的政策、标准体系及服务环境尚不成熟等问题。

本章小结

新常态下，北京正处在落实城市功能定位的关键时期。尽管北京市GDP增长放缓，但产业结构已呈现出知识经济为主导的特征，主要表现为知识集约化和服务化：第一产业比重进一步缩小；第二产业中非首都核心功能得到疏解，以现代制造、高技术制造业等为代表的一批科技含量高、知识密集的新兴产业开始释放出明显的发展潜力；第三产业已成为北京市的核心产业，随着功能完善升级和技术进步步伐的加快，信息产业、金融服务业等产业优势日趋明显，传统服务业则逐步展现出绿色、智慧、高端发展的特征。

但无论是从产业总体结构还是从发展水平来看，北京市产业仍需进一步向高端化迈进。与伦敦、纽约、东京三大国际化大都市相比仍有明显的差距，存在产业总体技术水平和科技创新成果产业化水平不高等突出问题。为此，北京市应加快构建“高精尖”经济结构，推动产业高端化、生产过程精细化和技术尖端化。本章通过综合考量行业技术密集度、比较优势等因素，确定了科技服务业、金融服务业、新一代信息技术产业、生物医药产业、新材料与新能源产业、节能环保产业等六个产业作为北京市“高精尖”产业。其中，科技服务、新一代信息技术产业和生物医药产业在全国范围内具有明显的比较优势；金融服务业是近年来在北京市服务业中占比最大的行业；新材料与新能源产业、节能环保产业则是后起之秀，集中体现了北京市产业绿色发展的方向。发展“高精尖”产业已成为产业转型升级的重要突破口，是未来北京产业发展的必然选择。

第四章 创新驱动产业转型升级的架构设计

北京正处在推动城市功能定位调整的关键阶段，科技创新中心建设对于北京来说既是新的要求也是新的机遇。相关理论与实证研究表明，科技创新能力的不断提高，以及其与产业发展之间融合度的不断提升将有助于推动地区经济结构向高端化转型。因此，构建创新驱动北京市产业转型升级的发展模式，有助于北京在世界前沿技术研发上占据有利地位，促进自主知识产权核心技术的发展；有助于推动提升首都功能、疏解非首都功能，促进“高精尖”产业发展；有助于推动传统产业的技术改造与升级，使其占据产业价值链的高端环节。

第一节 “高精尖”产业发展思路与目标

一、“高精尖”产业发展战略方向：促进实现三大转变

（一）进一步破除“大而全”产业发展思路，走“高精尖”产业发展之路

城市应该发展什么样的产业，是否一定要产业门类大而全，与城市的功

能定位及城市本身的资源禀赋息息相关。无论是为了更好地谋篇布局北京城市“四个中心”建设，还是为了更科学合理地解决“大城市病”，都需要发展与城市战略定位相适应、相一致、相协调的产业布局，都需要调整、疏解非首都功能，对“三高”产业要做到“瘦身健体”，即调整、疏解非首都功能，转移腾退不符合城市战略定位的产业，构建“高精尖”经济结构，形成高端引领、创新驱动、绿色低碳的产业发展新模式。

北京已经进入后工业化发达经济发展阶段，产业发展已经呈现出知识经济主导型的特点，主要表现为知识集约化和经济服务化。2015年，北京的第三产业占GDP比重为79.7%，但与纽约、东京、伦敦等全球科技创新中心城市占比85%以上相比仍有差距。2016年，北京高技术产业实现增加值5646.7亿元，同比增长9.1%，占北京市GDP的比重为22.7%[①]，正进一步向着建设全国科技创新中心的目标迈进。为了更好地实现这一目标，北京产业需要坚持走高端化发展的道路，进一步提升高技术产业与现代服务业在总体产业中的地位与作用，用创新提升改造传统产业，提升传统产业的技术含量，促进产业向产业链的高端发展，促进企业向价值链的高端集中。高技术产业的发展将会为现代服务业，尤其是生产性服务业提供较大的市场需求，从而带动生产性服务业的迅速发展。因此，未来北京在促进高技术产业高端化发展的同时，应着力发展包括科技服务业、金融服务业、信息服务业及高端商务服务业在内的生产性服务业，提升服务业的品质和专业性，逐步转移和淘汰与首都功能定位不符的低端服务业。

此外，随着经济发展与人口、资源、环境之间的矛盾日益尖锐，破解“大城市病”、改变产业结构“大而全”状况、腾退“三高”产业成为北京产业转型升级所面临的重要挑战。产业发展的低碳化与产业发展的高端化、服务化相结合是缓解这一问题的根本途径，因此，北京在“高精尖”产业发展过程中，应积极鼓励发展绿色低碳产业，促进节能环保产业、新能源与新材料产业等产业的大力发展。

（二）进一步融合创新链与产业链，走融合创新发展之路

北京在建设国家科技创新中心的同时也肩负着引领创新型国家建设的重任，北京理应成为我国自主创新的策源地、知识创新与技术创新的发动机，

① 数据来源于《北京市2016年国民经济和社会发展统计公报》。

为实现创新型国家建设和《中国制造 2025》目标提供有力支撑。但是目前北京仍面临高技术不高、产业的技术含量不足的问题，这是由于科技创新能力并没有真正转化为高技术产业创新能力和国际竞争力。

科技创新是一个将科学发现或技术发明应用到生产体系创造新价值的过程。科技创新是许多创新要素有机结合的、复合型的创新链和产业链共同形成的创新体系，不仅能满足完成知识与技术本身创新的需要，更能满足市场应用、服务管理、体制机制等创新需要。科技创新贯穿于发现、发明与发展的创新链始终，通过市场主导的创新应用相互协调、配置、组合，促使科技产业不断成长、发展，在一定空间范围内产生科技创新密集而系统的变化过程，形成相互合作、共同作用、共同演进、地理上高度集中的产业集聚体。

高技术部件与其最终产品在生产环节中的分离，是导致高技术不高的主要原因。其实，北京高科技产业也面临类似问题，尽管北京是我国科技创新资源最为集聚的区域，但是其在基础研究、应用研究、试验与发展、产品服务、生产乃至营销的各个创新环节并未建立起完整的创新链条，尤其在创新链的后端环节仍比较薄弱。由于高技术产业具有整体功能模块化和核心功能集成化的特点，新的国际分工将高创新率、高附加值和高进入壁垒的核心部件生产等核心环节部署在发达国家，而那些惯例化的、低附加值和几乎没有进入壁垒的劳动密集型生产环节则由发展中国家承担——缺乏拥有自主创新能力的核心技术和与之配套的创新产业链是症结所在。

因此，北京应充分发挥科技创新主体的作用，不断提高自主创新能力，发展原创性新兴产业，不盲目追求创新链与产业链的规模扩张，要面向产品创造，在创新链的关键点与制高点的重要领域环节力求重大突破，构建跨界融合的新兴产业。同时，积极发展互联网+经济模式，充分促进科技成果产业化和新技术、新产品的推广应用。

（三）进一步跳出首都看首都，走京津冀区域创新产业协同发展之路

经验表明，科技创新中心的建设应在比较大的空间尺度内进行统筹谋划，需要以规模范围的地域空间为载体，不断实现科技产业的成长和发展。创新产业集群的产生既是生成科技地域密集系统的变化过程，也是科技地域选择和落实、空间调整和提高的过程。综观国际科技创新中心城市，从产业的内容与布局形式两个维度可以将国际科技创新中心城市分为四种类型：综合型+

集中型；综合型+分散型；专业型+集中型；专业型+分散型。其中，综合型+分散型的代表性城市是伦敦、东京。伦敦、东京与北京一样同为首都，又同为国家的科技创新中心，发展都依托广大的首都区域，因此综合型+分散型的发展模式也是北京未来科技创新中心建设的目标与方向，这主要是由于就北京科技创新中心建设的战略定位而言，它并不是简单的科技和创造，而是涉及包括科技成果应用在内的各个方面和各个环节，是一条涵盖了发现、发明与发展的完整链条。同时，在产业模式上不仅有基础研究，还有原始创新高技术研发，同时承接企业研发总部基地的重任。因此，在产业内容模式上应当建设综合型的科技创新中心，即产业的内容是多元化、多样性的，不是某种单一的产业门类，是属于综合型的。

从产业的空间布局而言，建设北京科技创新中心是秉承着“一中心、两核、三带、多园区”的科技创新格局进行建造与发展的，因此，北京的“高精尖”产业发展不能只局限于北京，应跳出北京，在整个京津冀区域进行创新产业集群的发展与统筹。京津高新技术产业创新带、天津滨海新区现代制造和研发成果转化核心区、沿海现代工业技术创新示范带、环京津绿色发展创新创业带等布局均是共同承接发展北京科技创新成果、创新产业外溢的重要区域。

随着《京津冀协同发展规划纲要》的获批，京津冀区域将迎来难得的历史机遇，京津冀协同发展战略的核心是有序疏解北京非首都功能，调整首都经济结构和空间结构，走出一条内涵集约发展的新途径，探索出一种人口经济密集地区优化开发的模式，促进区域协调发展，形成新增长极。有了国家战略层面的助推，将更有利于北京加快建设成为京津冀区域科技创新的统领区，在建设过程中，北京应立足于京津冀区域，以北京为科技创新中心，以点带线，打造涵盖发现、发明与发展的完整的创新链条，完善创新链各个环节建设和商业模式创新，积极推动科技创新成果应用在各个方面和各个环节，强化极点的辐射和带动作用。同时，利用扩散技术改造提升周边区域传统产业，最终把京津冀区域建成以北京为创新核心，“研发在北京，转化在周边”的具有国际竞争力的创新集群。

二、“高精尖”产业发展思路

牢牢把握北京建设科技创新中心的难得历史机遇，紧密围绕产业发展的高端化、服务化、集聚化、融合化、低碳化，着力以技术创新引领产业转型升级、高端发展。以科技创新作为推动产业发展的重要支撑，将现代服务业和高新技术产业作为双引擎，重点发展原创性新兴产业，进一步优化产业结构，提高自主创新能力，营造良好的产业发展和区域创新环境，促进产业空间融合发展，形成集群化、网络化的产业空间格局。

三、“高精尖”产业发展目标

进一步优化调整产业结构，基本实现以“高精尖”产业为主导的首都经济结构，进一步提升服务业在首都经济中的地位与作用；加大高端服务业在首都产业结构中的比重，总体提升北京城市劳动生产率，达到发达国家与地区的先进水平；总体提升“高精尖”产业的技术密集度，争取达到发达国家与地区的先进水平；大幅度提升自主创新能力，加大科技创新对产业的支持力度，争取重点产业的核心技术领域全面实现创新突破，能够立足于世界产业价值链的高端环节，部分引领世界科技创新的前沿。

第二节　创新驱动“高精尖”产业发展的架构与思路

一、创新驱动“高精尖”产业发展的架构设计

明确科技创新链中的发现、发明及发展三个主要环节的具体任务，进一步集聚和高效利用科技创新资源，拓展技术发展深度，打造高技术产业链，发挥区域优势，促进科技成果对产业的支撑和带动作用，重点发展以新一代信息技术、生物医药、新材料与新能源、节能环保等为代表的战略性新兴产业，推动科技服务业和金融服务业的再提升，从而形成利用现代科技手段，开展生产、生活价值和品质的创新活动，促进北京科技与产业发展紧密融合，提升产业核心竞争力和城市品质，对应落实科技创新链条在不同空间尺度的落地，形成“高精尖”产业集聚，最终实现经济转型升级与绿色低碳发展的双赢（图 4-1）。

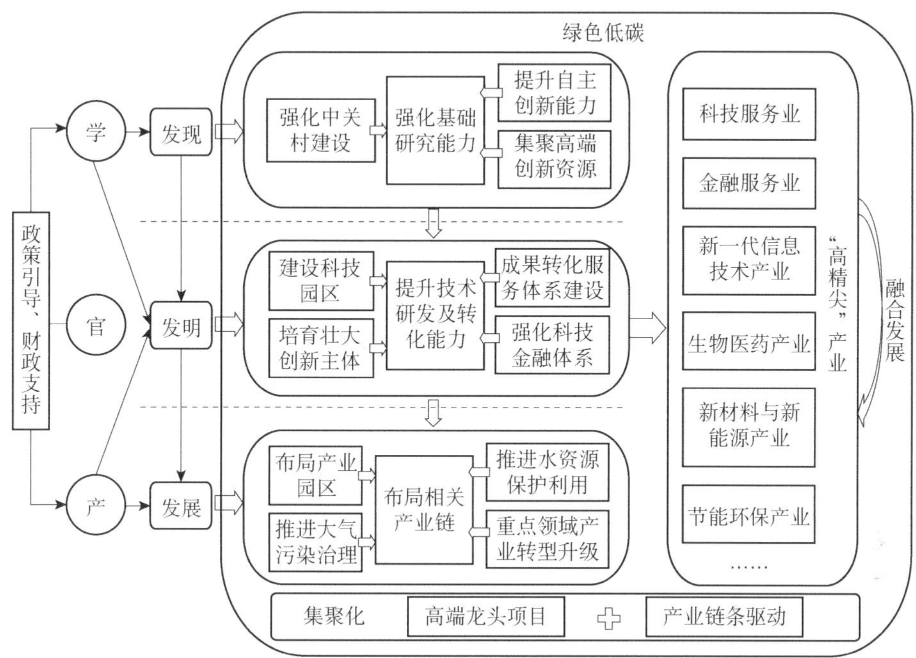

图 4-1 科技创新支撑首都“高精尖”产业结构的架构设计

二、创新链重点环节架构思路

进一步激发高等院校、科研院所等科研机构的知识创新主体作用，鼓励提升科学发现能力，强化自主创新、源头创新；大力鼓励企业作为技术创新主体的技术创新能力，促进高等院校、科研院所与企业的创新合作，发挥产学研合作发展技术研发能力，大力提升科技发明水平，促进模式创新、成果转化，促进技术的发展与应用，同时注重重点环节的重点突破。

（一）大力提升支撑“高精尖”产业各主体的发展能力与水平

1. 提升高等院校、科研院所的基础研究能力

鼓励、支持国家级大院大所建立研发机构、中试基地创新平台，加快中央科技资源的有效转移、孵化、开放、共享、利用。激发高等院校、科研院所的基础科研能力优势，鼓励学科间的交叉融合发展，持续提升基础科学研究能力。加强与国内重点区域、城市圈、城市带的科技合作，进一步强化资源集聚和有效利用，更大范围推动科技成果的转移和产业化，辐射带动全国科技创新发展。

2. 培育发展良好的“创新生态”

以龙头企业为核心，尤其是大型在京央企与总部企业，带动中小科技型企业，联合打造一批产业技术创新战略联盟，推动企业与高校和科研机构广泛开展产学研合作。鼓励大企业创新商业模式服务于科技创新活动，通过政策引导集成推广，引导企业形成产业联盟，扩大对科技创新成果的需求。支持中关村自主创新示范区在周边及全国共建一批集教育、科研、技术转移转化与孵化等功能于一体的科技成果转化、产业化基地和示范区。加大力度支持企业建立中试基地，强化科技创新成果转化能力。围绕新能源、新能源汽车、物联网、云计算等重点领域，支持以企业为主体实施一批跨区域重大科技创新应用示范工程。鼓励示范区企业参与国际、国家标准建设，从而提升示范区企业竞争力。

（二）积极培育适合“高精尖”产业发展的生态

1. 加强贯彻落实《中国制造 2025》与“互联网+”等战略部署

进一步强化新一代信息技术产业支撑能力，为实现制造业的信息化、智能化、精准化夯实基础。大力提升本土芯片设计研发能力，不断完善物联网布局，不断鼓励和推进产业集群生态体系建设，把握新一代信息技术产业、生物医药产业、新材料与新能源产业等“高精尖”产业内部核心环节，实现与其他行业领域的跨界融合与渗透，抢占新的产业发展制高点。

2. 加快应对跨界融合发展的新形势

重点促进科技、金融、互联网产业融合发展。面对云计算、大数据、智能硬件、物联网等蓬勃发展的新兴行业，尽快理顺政府部门的职责，制定由多部门联合推进产业发展的行业推进政策，统一统计口径，建立标准，便于高效、集中、科学管理。对互联网电视、直播视频等内容的管理，应研判产业发展趋势，着眼于产业发展的更高层级来顺应和推动智能终端多屏合一、新媒体与传统媒体融合发展的大趋势，为市场参与者提供自主发展机遇和政策引导与管理。

3. 培育龙头企业与小微企业并举的产业生态

建立完善的产业配套体系，进一步发挥龙头企业作用，以之为引领、核心，打造企业集团，形成业务间相互配套、功能互补、联系紧密的发展格局；

引导和推动龙头企业瞄准产业链高端环节进行战略并购，实现企业发展能力的提升。贯彻落实创业创新政策，培育创客空间等微孵化主体，加强企业配套环境建设和公共服务能力，激活大学生创业和小微企业创业。构建龙头企业与小微企业的协同创新体系，龙头企业发挥行业领军者优势推动产业合作与交流，小微企业加快形成细分领域的先进技术和制造实力，实现产业链、生态链、价值链的提升。

4. 建设优势产业集群和区域新增长极

依托京津冀协同发展战略及后续产业创新发展政策，推动北京“高精尖”经济体系的建立与京津冀一体化进程，继续发挥东部地区的辐射带动作用，进一步确立京津冀地区对我国经济的集聚引领作用，逐渐提升对中西部地区和东北等老工业基地的技术、产业支持辐射力度，提高在产业分工体系和价值链中的地位，形成以北京为产业研发源头，津冀紧密承接、转化、应用，带动东北、环渤海地区优势互补、良性互动、特色突出、协调发展的产业格局，培育一批具有较强辐射带动作用的新型工业化产业示范基地，加快推动华北地区形成新增长极。

5. 发展适合“高精尖”产业发展的科技创新金融体系

设立科技成果转化引导基金，带动社会资本支持科技成果在区域内快速转化和产业化，建立健全科技创新投融资机制，不断完善科技金融合作平台。发展天使投资、风险投资和互联网金融业，构建多功能、多层次的金融服务体系。积极响应“大众创业、万众创新”的号召，为科技小微企业开展“微金融”等融资服务，提供小额度的、可持续的金融产品和服务。健全科技金融服务方式和手段，规范科技金融服务，降低交易成本，提高交易效率。

第三节　重点产业发展思路与方向

一、壮大发展科技服务业

从进一步发展与壮大科技服务业，强化科技服务市场，促进产学研主体融合，扩大科技服务区位优势，充分释放高校创新创业潜力，开展京津冀区域科技服务等方面入手，提高科技服务业在北京产业体系中的份额，强化其在北京产业体系中的地位与作用。

（一）加强科技服务市场化

北京应以中关村国家自主创新示范区为核心，积极培育和壮大科技服务市场主体，主要包括支持高校、科研院所、研发类企业、市场化新型研发组织、研发中介，紧密对接市场需求提供专业化的研发服务，支持产业联盟开展协同创新，在产业集群内部开展科研机构共性技术研发。积极打造完善的首都科技平台，完善北京市科技创新体系，提升企业内部自主创新能力，通过建设中关村开放实验室，形成重大科研基础设施、大型科研仪器向社会开放的良性运作模式，从而提升北京市重要科技资源利用效率。

（二）促进产学研主体融合发展

鼓励科研院所、高等院校与行业企业建立多种形式的产学研协同创新体系。鼓励企业自建或与高等院校、科研院所共建重点实验室、工程技术研究中心、工程实验室、企业技术中心等研发机构，支持企业和其他科技创新主体共同承担技术研发平台建设，在首都功能核心区、城市功能拓展区等区域设立研发总部，引导各类新兴源头创新机构和市场化新型研发组织有序对接。发挥高等学校和科研院所的影响力和带动效应，面向行业企业技术研发的实际需求，组建产学研联盟。以遴选产业化项目为支点，打造集科技创新、人才培养、管理创新、产业培育、企业孵化等为一体的国际化综合研究体系。鼓励通过产学研合作方式，组建一批工艺验证实验室、可靠性实验室、性能测试实验室等第三方机构，申报国家级工程研究中心和实验室。

（三）扩大科技服务区位优势

以中国国际技术转移中心为载体，加快国家技术转移集聚区建设，打造辐射全国、连接全球的技术转移枢纽。充分发挥中关村科学城、未来科技城、怀柔科学城区域带动作用，建设一批创业社区、众创空间、孵化工厂等特色创业新载体，积极承接中国科学院、区内企业的科技成果产业化项目及优质初创企业项目。面向产业发展创新需求，运用市场机制，鼓励区内企业、高等院校、科研院所等研发机构向社会开放仪器设备、数据资料、科技成果和科技人才等科技资源。

（四）充分释放高校、科研院所创新创业潜力

在高校、科研院所集聚的区域，建设培育青年创业者的大本营，鼓励天使投资对高校创业进行资金支持，探索建立科技成果对接交易平台，开辟绿色审批通道，建立更加开放透明的新技术、新产品供需对接机制和市场推介机制，加速科技成果产业化应用进程。完善科技创新型企业培育机制，落实“大众创业、万众创新”政策措施，建设创新创业孵化基地，汇集创业资源，建立中小企业创业服务平台，为企业提供创业咨询、金融服务、信息共享等优质服务。加快吸引和集聚一批创新创业优秀人才，培育“创客”文化，完善集聚高端创业人才的生态圈。

（五）积极探索京津冀区域科技服务

推进京津冀区域技术一体化建设，完善各地科技成果转化和交易综合信息服务平台，形成京津冀区域信息共享、互联互通的技术交易信息服务体系。延伸科技创新服务链，发展基于全产业链的科技服务，形成集成化总包、专业化分包的综合科技服务模式，促进科技服务业网络化、区域化、军民融合化发展。放宽科技中介服务机构市场准入条件，加强分类指导，规范运行机制。注重科技服务人才储备和培养，充分梳理、整合现有科技服务资源，带动以市场化方式创新服务模式和商业模式，建立面向不同层次、需求的技术服务交易体系，为企业提供跨领域、跨区域、全过程的技术转移集成服务。

二、优化提升金融服务业

从 2015 年发展情况来看，金融业已经成为北京市第一大服务业，将金融服务业纳入北京“高精尖”产业体系中，能够更好地发挥金融业的服务和支撑优势，带动其他“高精尖”产业又好又快发展，同时也能够促进金融服务模式、产品、业态等优化创新，使北京市金融服务业向着国际化、高端化、创新化方向发展。

（一）加快融入国际金融体系进程

抓住北京服务业扩大开放综合试点的契机，加大政策扶持力度，优化北京外资金融机构服务环境，优化对外投资管理服务，扩大金融业对外开放水

平。通过共享跨境金融平台，包括设立境外分支机构和离岸金融中心、并购等多种渠道稳健拓展国际业务，为企业全球发展提供跨境金融服务。未来北京金融服务业发展要进一步拓宽资金渠道，鼓励符合条件的民间资本和外资进入金融服务领域，进一步促进金融业发展的国际化步伐，为外资金融机构设立外资银行、民营资本与外资金融机构共同设立中外合资银行提供可能的便利条件，支持有实力的金融机构通过设立境外分支机构、并购等多种渠道开展境外业务，适时引导证券等金融机构到境外开展国际业务。

（二）支撑“高精尖”产业发展

着力强化金融服务对战略性新兴产业和高端制造业的支持力度，多形式、多渠道促进存量产业的全产业链转型升级，加快形成创新引领、技术密集、价值高端的经济结构，重点支持电子信息、生物医药、新能源、新材料、智能制造、航空航天、新能源汽车等战略性新兴产业发展。积极支持第五代移动通信技术（5G）、未来网络、人工智能、基因检测、3D 打印、第三代半导体材料、智能机器人等领域发展。进一步发挥银行业总部机构及政策银行的引领作用，通过创新产品为构建“高精尖”经济结构提供金融服务。充分发挥市场优化配置资源的功能，借助多层次资本市场，打造一批有代表性的行业龙头企业。鼓励保险公司创新资金运用方式，发挥对科技型企业和战略性新兴产业的资金支持保障作用。加快推进北京保险产业园建设，打造国家级金融创新示范区。进一步落实国家关于创新创业的各项政策，优化本市引导基金运作机制，引导股权投资行业投资于战略性新兴、文化创意等产业领域的中小微企业。

（三）深入推动科技金融发展

作为科技创新活动的最基本支撑条件之一的金融业，要为北京科技创新服务提供高水平支撑，因此，着力发展科技金融是北京金融业发展的重点之一。将科技产业与金融产业相互融合产生了科技金融，由于经济的发展依靠科技推动，而科技产业的发展需要金融的强力助推，高科技企业也时刻面临高风险、融资需求大等困境，因此，发展科技金融能够缩短科技企业寻求融资周期，降低企业科技开发风险。北京应积极把握中关村“1+6”系列政策所带来的改革机遇，促进科技与金融的深度融合，提高北京金融业总体的科技服务水平，加大金融业对新一代信息技术、智能制造、生物医药、新材料、新能源重点创新领域的支持力度。积极完善以财政资金为引导、社会资金为主体的首都科技创新投融资体系，设立科技成果转化引导基金。建立面向各个行业内部的科技金融合作平台，充分发挥网络优势，促进金融平台服务科技创新。完善投融资担保机制，支持天使投资、创业投资等股权投资对科技企业进行投资和增值服务，探索投贷结合的融资模式，破解科技型中小微企业融资难问题。探索金融机构开展科技金融创新试点，试办中关村科技银行。开展科技保险、科技担保、知识产权质押等科技金融服务，促进科技与金融资本对接，完善多层次资本市场，促进科技成果转化和产业化，促进创新创业。

（四）营造良好的金融服务环境

建立健全多层次资本市场体系，鼓励金融组织、金融产品创新，丰富金融市场层次和品种。积极发展保险业务，支持设立外资专业健康医疗保险机构，探索商业保险参与基本医疗、基本养老服务体系建设。积极完善地方金融法制建设，提升金融执法水平，健全金融司法和仲裁机制，推动法院与金融行业自律组织根据实际建立金融业纠纷诉调对接机制，扩大诉前调解范围，建立金融热点问题研讨与反馈机制，提高金融纠纷处置效率。积极吸引和培养金融业人才，为北京金融业发展提供强有力的人才保障。加快中央和地方金融人才的双向交流与融合发展，加强与欧美金融发达国家和我国港澳台地区金融人才开发合作。通过挂职交流、人才职称评聘互认等方式，推动建立京、津、冀三地金融人才交流机制。加快国际金融人才引进，完善海外高层次金融人才引进配套措施，推进以外籍人才为重点的海外人才管理改革，推动简化入境和居留办理手续。立足于金融街、丽泽金融商务区建立金融创新中心、金融信息中心、金融文化中心和金融服务中心。

三、巩固新一代信息技术产业优势

在巩固北京新一代信息技术产业现有优势的基础上，进一步提升新一代信息技术产业的品质，提高产业总体技术水平和效率，提高其在首都产业体系中的份额。重点围绕新一代移动通信技术，积极推进下一代互联网、物联网、三网融合、新型平板显示、高性能集成电路和云计算等核心技术发展，推动相关移动通信、集成电路、数字电视、计算机产业等产业的快速发展。

（一）积极部署第五代移动通信产业

全面促进第五代移动通信（5G）技术、核心路由交换技术、超高速大容量智能光传输技术、“未来网络”核心技术和体系架构等的发展。研发高端服务器、大容量存储、新型路由交换、新型智能终端等设备，关于集成电路产业，与国家重大科技专项对接，大力推进自主知识产权的高端通用芯片研发，进一步缩小与世界先进水平的差距，提高在全球集成电路生产制造中的份额。

（二）促进数字电视产业智能化升级

以北京数字电视产业园为核心基地，以京东方为龙头企业，与数字电视工程国家实验室建立产业联盟，突破高世代 TFT-LCD 工艺关键技术，提升生产线技术整合能力，加大液晶、LED 背光、驱动 IC、偏光片等关键材料、部件的自主开发力度，推进液晶电视向 3D 化、智能化升级，完善本地产业配套能力，建设高水平的平板显示制造体系，推动新型显示技术在京实现升级发展；创新服务和商业模式，加快形成标准、芯片、软件、节目制作、信号处理、前端设备、发射与接收、增值服务互动发展的产业链。

（三）重点突破新型计算机关键技术

以新型计算机产品和下一代互联网关键技术为核心，加快研制生产高端容错、工业控制和高性能计算机，推动特种计算机产品在交通、商业、金融、财税等领域的应用。研发下一代互联网关键技术，加快推进远程医疗、远程教育、电子商务、网络电视等新兴业态发展；加快推动自主 CPU 产品与自主操作系统、自主品牌整机结合，推进平板电脑等新型终端产品生产。

（四）推进物联网产业集成式发展

物联网的发展可以从根本上改变各领域现有的产业模式，创造新的服务，带动各领域加速形成新场景、新体验、新模式，创造出新的商业价值。在工业领域，通过应用工业物联网传感技术，能够改变大规模流水线的生产方式，能够开展大量个性化、精益化、分散式生产。鼓励企业开展物联网改造的制造业环节的中试、应用，推动产业形态从生产型制造向服务型制造转变，以新生产方式创造出多种附加经济价值，带来更多的就业机会。重视物联网集成性创新应用，物联网价值链重心经历了硬件—应用—数据分析的变化过程：部署传感终端采集各类数据，经网络向云端传输，将数据加工处理后，使数据增值出售给第三方。在物联网技术发展早期，创新重点主要聚焦于元器件、RF 协议、功耗等硬件设备的有关研发上，随着技术成熟、数据累积和市场环境的成熟，物联网企业价值重心也出现了从硬件向软件转移的过程，数据挖掘、分析、加工是目前物联网领域的关键环节，需要充分挖掘、发挥市场潜力。转变单独的物联网企业独立完成整套解决方案的服务思路，推动物联网设备提供商、技术方案商、运营商、服务商协同合作，从而形成技术成熟、品类齐全、服务完善、用户体验流畅的应用。

（五）加快集成电路自主创新能力提升

在市级层面积极制定、贯彻《国家集成电路产业发展推进纲要》实施细则。统筹集成电路基金及地方集成电路资金使用方式，规范化、透明化基金使用，鼓励金融服务更多地关注集成电路相关行业投资。推动资源聚集，以提升整体效能，开展行业资源整合，鼓励和吸引具有自主知识产权和较好产业基础的企业投资，引导投资主体进一步向北京市产业集中。从根本上提升广播电子器件、高频器件等长期薄弱元器件生产能力，推动刻蚀机等“高精尖”设备的自主研发，加快 MOCVD 等自主设备的市场推广，充分挖掘、释放北京市集成电路的研发潜力。

（六）全面发展电子商务多种业态

完善北京跨境电子商务公共信息平台建设，引导和支持第三方跨境电商平台向国际一流服务商看齐，探索跨境电子商务切实可行的交易模式，促进跨境电子商务协同发展，培育服务水平优良、国际竞争力强的大型现代跨境物流企业。加大传统产业电商转型升级力度，支持商贸流通等传统行业开辟网上流通渠道。通过自创专业电商平台，商贸流通企业可开辟 O2O 模式等发展策略，中型商贸流通企业依托现有电商平台进行业务线上转移，鼓励具有优质物流配送资源的企业发展专业第三方物流配送业务，小企业可以通过电商平台创建线下体验店。加强北京市中小企业电子商务公共服务平台、小企业网商创业基地建设，培养小企业电子商务创新能力。以主题楼宇、小型园区为载体，引导产业聚集，培育产业生态环境，重点建设数字动漫、信息安全、工业软件、云计算、物联网、导航和数字高清等专业基地。大力发展北京电子商务中心等电商集聚基地，带动整合供应链，利用电子商务集聚优势发展北京市电子商务。推动垂直电商的改革，加大扶持力度，鼓励垂直电商拓展服务面，挖掘垂直平台的衍生效应和商业价值；鼓励垂直电商有效借助第三方平台，利用第三方平台培养新增用户，降低成本，提升盈利能力；鼓励垂直电商运用 O2O 模式进行改革，与当地优势企业合作，发展垂直 O2O；鼓励垂直电商创新，增加和完善化妆品等专业性的品类和珠宝、家居等客单价比较高的品类，实行品牌特卖模式，提供精选的专业和个性化的服务，充分利用垂直化优势创新发展。

四、夯实壮大生物医药产业

立足北京在医药研发、人才与市场等方面的优势，继续壮大发展北京生物医药产业，提高医药制造业与医疗设备及仪器仪表制造业在首都产业体系中的份额。

（一）加强生物医药产业的创新开放合作

生物医药产业链较长，涉及预防、诊断、治疗、康复等全过程。因此，应以生物医药产业为主导，加大与其他优势行业，尤其是互联网、信息技术的融合发展，为实现突破性创新开辟重要新渠道。充分发挥北京的科技创新资源优势，打通生物医药的技术进步与临床新需求对接途径，实现生物医药技术转化方式的突破。北京是全球临床资源最为丰富的地区之一，生物医药企业应该充分利用北京地区特有的各类资源优势，在生物医药领域展开产、学、研、用的深入合作，形成创新共同体。

（二）打造支柱型生物医药产品

开发重磅产品，培育龙头企业，实现重大产品突破，推动形成支柱产业。布局一批原创性前沿技术，储备一批临床前创新品种，提升持续创新能力。重点围绕北京生物医药产业跨越发展工程，建设一批“国际化、高水平、有规模”的生物医药公共服务平台。瞄准国际先进水平，打造拥有核心技术的“专、精、特”生物医药研制链条，为北京生物医药创新成果孵化和产品规模化生产提供服务支撑。制定生物医药“三个一批”计划，即支持一批规模企业、培育一批潜力企业、引进一批国内外重点企业。

（三）提升生物医药核心技术创新能力

加快推动拜耳医药保健新工厂、北京四环制药通州产业化基地等医药产业化基地的重大项目建设。针对重大疾病的中药、西药、生物技术药物新技术、新产品，主要面向新机制和新靶点化学药物、抗体偶联药物、全新结构蛋白及多肽药物、抗体药物、新型疫苗、临床优势突出的创新中药及个性化治疗药物。提高医疗器械与设备的创新能力和产业化水平，重点发展影像设备、医用机器人等高性能诊疗设备，实现生物 3D 打印、诱导多能干细胞等新技术的临床应用。

（四）积极推进生物医药商业化

建立立足北京面向全国的大型医药分销体系，实现生物医药流通企业规模化、集约化和国际化经营。发展大型医药零售连锁业，加快推进医药流通领域的物联网系统建设，发展医药流通电子商务，鼓励连锁经营模式，发展医药专业物流配送等服务，建立跨地区信息资源网络体系、零售连锁信息网及与现代物流配送要求相适应的综合信息平台，以电子商务带动北京市医药物流配送体系整体运转效率，形成全国性生物医药综合分销体系。

（五）完善生物医药产业金融服务链条

进一步推广生物医药科技金融服务试点，通过促进生物医药企业融资模式创新等主题的专项活动，鼓励和促进金融服务机构加大对生物医药科技型企业融资的支持力度，促使银行业与中关村生命科学园、大兴生物医药基地共同研究生物医药企业的融资特点，开发适合生物医药企业的创新金融产品，探索投贷联动、股债结合的运作模式。充分发挥“官产学”各主体力量，开发集政策、研究、产品、信息等综合性金融服务于一体的，提供线上线下、申请对接、政策咨询、金融培训等全方位的增值服务，形成北京生物医药企业与金融、投资机构资源对接的有效载体。通过微信、热线电话、微媒体等灵活方式面向广大中小型生物医药企业，推送科技快速贷、知识产权质押贷等金融产品信息，构建生物医药企业融资交流圈，切实解决企业贷款融资、中小创基金项目申报、产品注册申报等问题。

（六）打造区域生物医药产业创新集群

积极与石家庄市进行生物医药创新产业对接，借助石家庄市国家生物产业基地优势，强强联合，同时，结合北京市生物医药科研院所，发挥石家庄市科技大市场平台功能，设立首都科技平台和跨区生物医药市场服务窗口，加速形成区域新型药物联合孵化基地。结合北京市与石家庄市两地生物医药产业科技资源，积极推进两地深入开展科技资源共享、科研服务支撑、成果转化落地、人才引进及相关支持政策衔接等方面的合作，寻找合作着力点，推动两地生物医药产业快速发展。

五、着力推动智能制造快速发展

智能制造既包括传统制造业的高端部分，也包括新兴产业的高端部分，是战略性新兴产业的重要引擎之一。北京应立足自身的研发与人才优势，紧紧围绕高端装备制造业，积极推动智能制造的发展。

（一）打造智能装备核心产品

把握高端装配制造业的研发及应用的高端环节，积极推进“精机工程”，重点优化提升高端数控设备制造，航空航天器研发与制造等北京高端装配制造业中的优势行业。鼓励信息物理系统的智能装备、智能工厂等智能制造发展、研制可穿戴智能产品、智能家电、新能源智能汽车、智能机器人等智能终端产品；推动建立通用航空运营体系，聚焦关键技术与关键产品，以用户需求为导向，积极发展研发试制、无人机等高端环节；推动卫星通信技术、卫星遥感技术、卫星导航技术的产业化，促进军民两用。不断拓展北京在高端装配制造业新领域中的地位，稳步提升北京高端装配制造业在制造业中的份额。与天津滨海新区、廊坊市统筹合作，整合创新产业链条，重点打造航空航天制造、电子及通信设备制造、新能源智能汽车制造等产业创新集群。

（二）加强顶层设计和统筹规划

在智能制造国家战略领导小组的统筹组织下，积极跟踪国内外主要城市再工业化、工业 4.0 等产业发展具体实施路径、策略，重点关注信息技术深度应用可能带来的制造技术、系统、模式、业态的新发展，从法律、政策、法规等方面做好顶层设计和保障。在京津冀协同发展的背景下，紧密对接津冀产业发展需求，选取重点产业领域，开展跨区域智能制造工程，成立支撑跨行业协作的智能制造研究中心和组织。

（三）鼓励制造业利用互联网进行生产制造

鼓励制造业利用互联网转型，推进互联网设计、柔性制造、网络协同制造、工业云的深入渗透，推动制造业服务化，由单纯的产品制造向服务制造转变；鼓励个性化定制，通过以用户为中心的产品设计、以大数据为基础的市场分析，由规模化标准产品向个性化定制产品延展；鼓励组织分散化，由集中式的大规模生产，转向利用全产业链环节的协同研发、众筹融资、众包设计、网络制造；鼓励制造资源的云化，建立工业云，将工业设计、供应链管理、采购服务、设计产品融合在一个平台上进行生产。

（四）提升信息技术产业支撑能力

发挥高等院校、科研院所、龙头企业与中关村国家产业园各自优势，通过发展新型显示、柔性制造、集成电路、物联网传感器等关键核心电子零部件/元器件，提升北京市软硬件协同发展能力，加快自主操作系统、中间件、移动互联、数据库、云平台、大数据处理系统的信息系统和技术产品研发，加快智能机器人、工业云服务、工业大数据分析、工业互联网、人工智能等新兴领域的创新发展。

（五）面向重点行业制定智能制造发展战略

结合北京市高技术制造业发展实际，加快制定新能源智能汽车、航空航天、电子信息、装备等行业的智能制造发展战略、技术路线和技术标准。积极推进高水平信息技术企业和工业企业的协同合作，鼓励传统制造业企业加速信息化转型。加强智能制造质量标准体系建设，创新技术产品开发模式，促进各行业信息技术与制造技术的融合发展。

（六）创新关键共性技术支持方式

完善工业互联网等信息基础设施和公共信息服务平台建设，建立关键性技术研究投资绿色通道，尽快建立在相关科技成果成熟时的政府投资退出机制。设立智能制造投资基金，面向智能制造发展需求，提供技术转化项目支持，加快技术成果产业化、市场化步伐。面向促进工业转型升级的智能制造应用工程和技术改造项目进行审核评估，对达标项目建立政府采购和补贴制度。优化智能制造中小企业发展环境，为中小企业技术创新开辟市场化应用渠道。

六、重点培育新材料与新能源产业

发挥北京在新材料、新能源方面的研发优势，重点培育引导北京新材料与新能源产业发展，发挥纳米、石化新材料等产业园带动作用，打造智能工厂，创新发展绿色智能新能源汽车，形成区域联动发展，从而大力提升新材料、新能源产业在首都产业发展中的地位与作用。

（一）进一步增强产业核心竞争力

北京市特种金属功能材料、先进高分子材料、新型无机非金属材料、高性能复合材料领域科技创新实力雄厚，产业基础较好，产品竞争力较强，发展优势明显，未来应进一步拓展上述领域的发展空间。纳米材料、生物材料等前沿材料居全国领先地位，依托国内外知名创新型企业，使前沿材料成为带动未来北京市新材料产业高端发展的引擎。

（二）充分发挥新材料产业园的带动作用

以北京纳米科技产业园、北京石化新材料科技产业基地和北京永丰国家新材料高新技术产业化基地为依托，重点发展高端纳米材料、特种金属功能材料、高性能结构材料、功能性高分子材料、特种无机非金属材料和先进复合材料，完善新材料产业链条，积极推动超导材料、纳米材料、石墨烯、生物基础材料等前沿性战略材料在能源、电子、环境、生物医药等领域的应用。

（三）打造新材料产业智能工厂

围绕高端汽车产业、新材料、节能环保等重点行业领域，加快推进工业智能化建设，打造以智能汽车、智能包装、智能装备等为特色的“智能工厂”试点项目，拓展工业智能化管理综合解决方案，进一步带动新能源、新材料产业智能、迅速、健康发展。支持能源环保、新材料等战略性新兴产业的重点企业，探索 3D 打印与大数据、云计算、智能材料等先进技术的融合，激发企业加快形成新型产业链。

（四）发展绿色智能的新能源汽车产业

进一步推动电动汽车、燃料电池汽车等新能源汽车产业发展，加强关键技术研发及核心装备研制，加强示范应用，提升动力电池、驱动电机等核心技术的产业化能力，推动自主品牌新能源汽车同国际先进水平接轨。积极培育和发展新能源汽车，推进电池、动力系统、整车控制系统等核心技术领域关键零部件研发及产业化。鼓励新能源汽车业务与本地企业加强对接合作，形成产业链，实现资源、技术共享。打造集新能源汽车整车制造、零部件研发、新体验服务于一体的新能源汽车产业集群，加快新能源汽车的示范应用。积极与保定新能源产业基地对接，建立京津冀区域性新能源产业集群。

（五）增强新能源产业区域带动作用

利用北京新能源产业比较优势，重点推动太阳能、地热能、核能、风能、智能电网五大领域新能源产业的发展，依托昌平国家新能源示范城市，加快打造昌平新能源科技研发和技术服务集聚区。做强以智能电网、太阳能光热为特色的延庆新能源产业基地和以光伏装备为特色的平谷绿色能源产业基地两个园区。加快海淀分布式光伏集中应用示范区、通州光机电一体化产业基地、亦庄风电产业园等一批新能源产业集聚区建设。

七、积极培育节能环保产业

随着北京“大城市病”问题的日益严重，以大气污染防治、节水与水资源保护、垃圾处理和资源化利用、生态环境治理等为重点的环保产业成为北京产业发展的重点领域。2013 年以来，国家投入 50 亿元用于京津冀区域大气污染治理，而北京未来也将投入近万亿元来治理大气污染，环保产业将是北京产业发展的增长极。

（一）重点培育一批龙头企业

目前北京的节能环保产业总体还处于起步阶段，产业的产值较低，劳动生产率也低于北京市总体的劳动生产率，因此，未来北京应积极培育节能环保产业发展，壮大产业规模，提升产业效率。对传统制造业进行绿色改造，重点推动石化、汽车、电子信息及食品饮料企业的生态化设计与技术改造，重点推动大气污染成因与预警预报研究，以及污染源防治技术、节能技术、清洁能源技术、环境检测技术等的创新与推广应用，争取突破一批关键技术，培育一批节能环保技术领域的研发龙头企业。

（二）倡导推行绿色生活方式

加快分布式光伏在各领域的应用，实施“阳光校园、阳光商业、阳光工业、阳光农业、阳光基础设施”五大阳光工程。倡导绿色低碳生活方式，积极支持居民安装分布式光伏发电系统，鼓励新建住宅小区、郊区低密度住宅、农村住宅使用分布式光伏发电系统。结合资源和环境条件，积极探索利用关停矿区、荒滩荒坡、垃圾填埋场护坡建设大型地面光伏电站。重点建设顺义、海淀、亦庄等一批光伏集中应用示范区，实施北汽厂房屋顶、首钢厂房屋顶、农光互补等一批光伏集中应用示范项目。

（三）积极发展绿色金融

从北京市节能环保产业发展现状来看，其产业规模与其他“高精尖”产业相比相对较小，特别是作为产业发展的关键一环，节能环保产业的金融服务相对滞后，主要表现为融资方式少、成本高、审批趋严等。在绿色经济成为新常态重要发展方向的战略背景下，针对节能环保类企业的金融服务滞后情况，应为企业拓宽融资渠道，创造良好融资环境。根据节能环保产业项目投资周期较长、收益回报较慢、资金成本承受能力不高的特点，积极开发收费权质押、特许经营权质押、未来收益权质押等多种担保方式，建立健全以投贷联动为核心的金融服务。针对新能源企业不同发展阶段和产业链各个环节的不同服务需求，打造差异化产品体系。提供理财、现金管理、财务顾问等“融资+融智”“商行+投行”的差异化服务，围绕行业龙头企业完善供给链金融服务。搭建入口多样化的获客平台，优化业务审批流程，缩短融资链条，提高信贷投放效率，确保企业需求得到快速有效的满足。

（四）加强创新能力建设

充分发挥中关村国家自主创新示范区创新资源优势，全面对接国家重大科技专项，加强国家实验室、工程实验室、工程（技术）研究中心和实证测试平台建设。联合高等院校、科研院所、行业协会与核心企业编制相关的行业标准，建立节能环保标准体系，引导发挥大型企业的辐射带动作用，积极推动节能环保技术的产业化，完善相应的法律法规体系。发挥龙头企业、科研院所、高等院校集聚优势，加强科技转化交易平台建设，完善科技成果转化和收益分配机制，通过共建技术转化基地等多种形式，促进节能环保科研领域科技成果转化。构建节能环保科技支撑平台，引导节能环保企业与北京市相关高校、科研机构的科研骨干形成联合创新团队。将产业新技术、新应用与智能制造、新材料等产业进行对接，发挥领军企业带动作用，以产业融合发展带动重大科技成果转化。

本 章 小 结

“四个中心”城市战略定位及所面临的“大城市病”问题都指向北京市产业发展应与城市战略定位相适应、相一致、相协调，调整和疏解非首都功能，转移腾退不符合城市战略定位的产业。构建“高精尖”经济结构，形成高端引领、创新驱动、绿色低碳的产业发展模式，将是新常态下北京发展的重要任务。

北京市在构建“高精尖”经济结构的过程中，应充分发挥科技创新优势，明确科技创新链中的发现、发明及发展三个主要环节的具体任务，进一步集聚和高效利用科技创新资源，拓展技术发展深度，打造高技术产业链，提升科技成果对产业的支撑和带动作用。重点发展以新一代信息技术、生物医药、新材料等为代表的战略性新兴产业，推动科技服务业和金融服务业的再提升，促进北京科技与产业发展紧密融合，提升产业核心竞争力和城市品质，实现经济转型升级与绿色低碳发展的双赢。

通过提升高等院校、科研院所的基础研究能力，培育和壮大一批“高精尖”企业，提升“高精尖”产业主体发展水平，从培育龙头企业与小微企业并举的产业生态、优势产业集群和区域新增长极等环节入手，加快落实《中国制造 2025》与“互联网+”等战略部署，积极培育适合“高精尖”产业发展的土壤。

第五章
北京市各区功能现状特征与评价

合理的城市空间格局与功能分工，是推进北京建设“四个中心”、全面推动落实《京津冀协同发展规划纲要》的重要基础。由于北京市首都功能核心区、城市功能拓展区、城市发展新区、生态涵养发展区四个主体功能区的发展基础和发展环境有所不同，因此，在城市经济社会发展中相应地承担着不同的功能。本章将从经济、人口、科技、土地、公共服务及生态环境等多方面分析北京市主要功能区的空间发展格局，充分揭示当前城市空间结构发展的特征规律和存在的突出问题，为探究北京产业结构、人口结构及社会资源配置的合理调整方向奠定基础。

在经济新常态、京津冀协同发展、北京市落实“四个中心”功能定位和建设“国际一流的和谐宜居之都”的新形势下，北京市功能分区和各区功能定位也相应地有所调整。但由于最新方案尚未正式发布，所以本章仍基于2012年发布的《北京市主体功能区规划》，将北京市划分为首都功能核心区（东城区、西城区）、城市功能拓展区（朝阳区、丰台区、石景山区、海淀区）、城市发展新区（通州区、顺义区、大兴区，以及房山区和昌平区的平原地区）、生态涵养发展区（门头沟区、怀柔区、平谷区、密云区、延庆区，以及房山区和昌平区的山区部分）四类功能区进行分析。其中，昌平和房山两区的平原地区属于城市发展新区，山区地区则属于生态涵养发展区，但是受统计数据限制，本章将昌平区和房山区整体均作为城市发展新区的组成部分进行分析。

第一节　总体发展现状特征

一、经济增长呈圈层结构

从各功能区 GDP 占全市的比重来看，中心城区对北京市经济的贡献最为显著，特别是城市功能拓展区的 GDP 占比较高，北京市近一半的 GDP 分布在城市功能拓展区，其中 2015 年海淀、朝阳两区 GDP 占全市 GDP 比重均超过 20%，分别居于第一、第二位（图 5-1）。生态涵养发展区由于地形与发展定位所限，除怀柔区 GDP 占比为 1.01%之外，其他各区 GDP 占比均不足 1%。

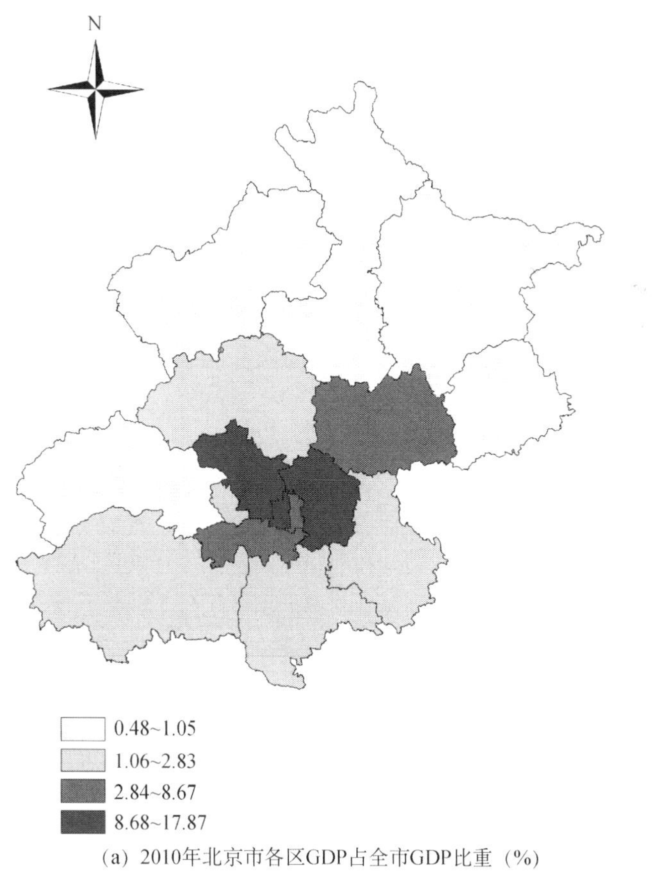

(a) 2010年北京市各区GDP占全市GDP比重（%）

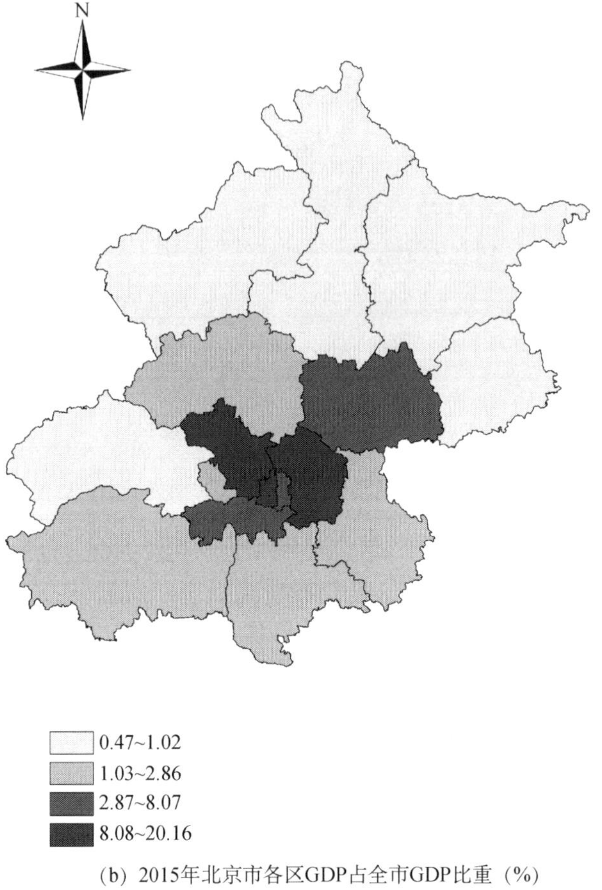

(b) 2015年北京市各区GDP占全市GDP比重（%）

图 5-1　2010 年、2015 年北京市各区 GDP 占全市 GDP 比重

资料来源：《北京区域统计年鉴》（2011 年、2016 年）

从 GDP 占比的变化趋势来看，城市功能拓展区和城市发展新区在全市经济发展中的地位上升显著，而生态涵养发展区的 GDP 在全市的份额则持续下降。

人均 GDP 的分布与 GDP 的分布情况相类似，各区人均 GDP 水平与其在全市 GDP 所占比重基本一致。从 2010 年和 2015 年的情况来看，东城、西城、海淀、朝阳及顺义各区人均 GDP 水平较高，其中东城区和西城区尤为突出（图 5-2）。

从北京市各区 GDP 增长率来看，2010 年，城市功能拓展区和城市发展新区 GDP 增长率最为突出，其中以城市发展新区的房山区、通州区和顺义区 GDP 增长率最高，分别达到了 26.6%、23.6%和 25.7%；首都功能核心区和生

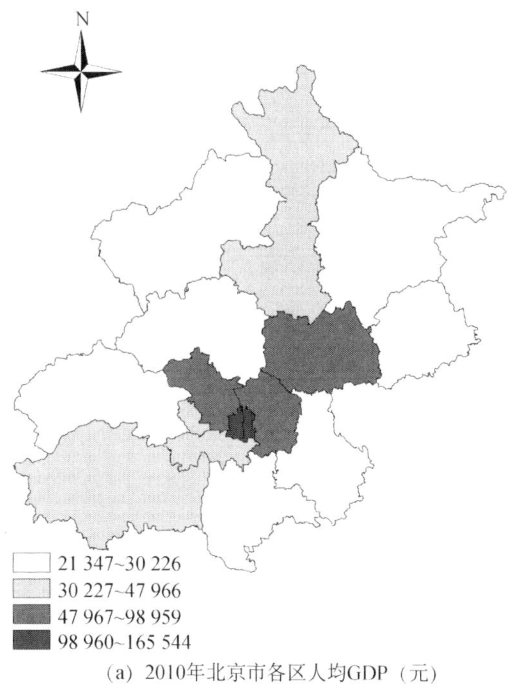

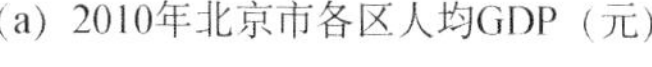
(a) 2010年北京市各区人均GDP（元）

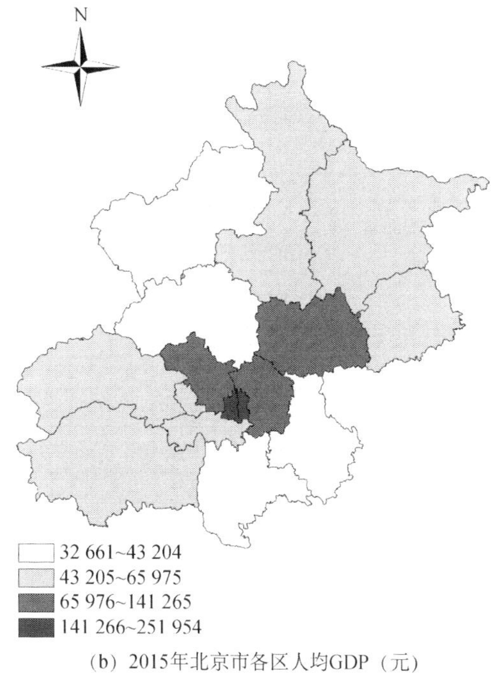

(b) 2015年北京市各区人均GDP（元）

图 5-2 2010 年、2015 年北京市各区人均 GDP

资料来源：《北京区域统计年鉴》（2011 年、2016 年）

态涵养发展区各区的 GDP 增长率相对较低。2010 年北京市经济增长呈现圈层结构（图 5-3）。2015 年，城市发展新区 GDP 增长率仍然相对领先，其中通州区以 GDP 增长率 8.5%居全市之首；首都功能核心区、城市功能拓展区和生态涵养发展区 GDP 增长率相对较低。2015 年北京市经济增长的圈层结构仍然显著。

从四大功能区对全市经济增长贡献率来看，各功能区经济运行态势基本符合其功能定位，进行重点开发的城市功能拓展区的经济增长贡献率占比最高且整体上持续上升，其中 2008 年和 2014 年经济增长贡献率达到 50%以上，符合其成为首都经济辐射力和控制力主要支撑区的发展定位（图 5-4）。2011 年以后城市发展新区和首都功能核心区经济增长贡献率均大致稳定于 20%左右。限制开发的生态涵养发展区对全市的经济增长贡献率始终低于其他功能区。

从产业空间整体分布来看，首都功能核心区和城市功能拓展区仍然是北京市经济的主要集聚区域，城市经济空间构架仍然表现为以东城区、西城区、

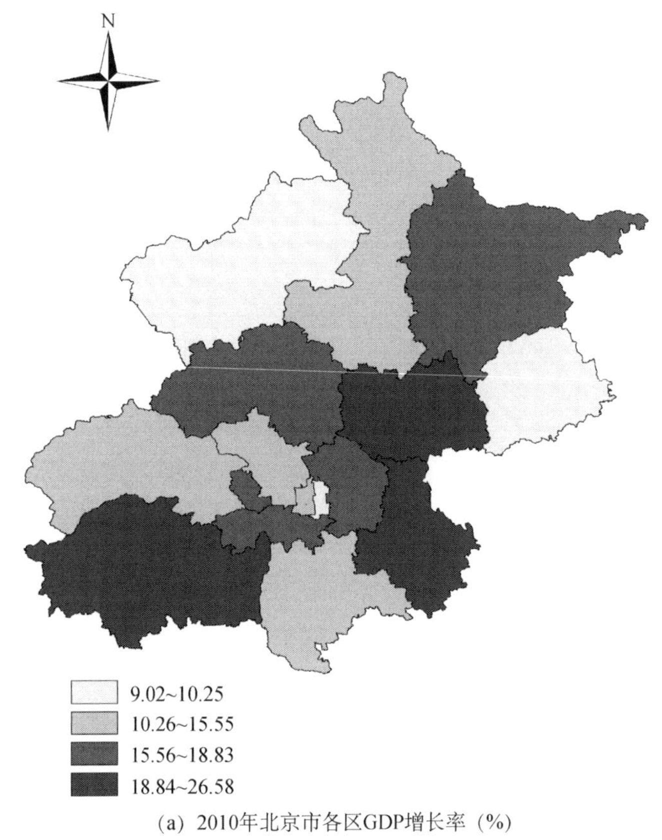

(a) 2010年北京市各区GDP增长率（%）

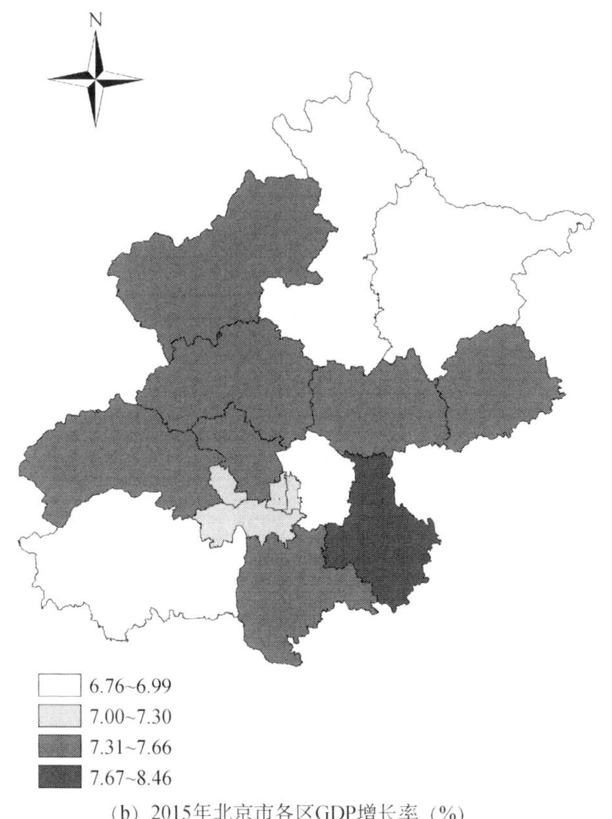

(b) 2015年北京市各区GDP增长率（%）

图 5-3 2010 年、2015 年北京市各区 GDP 增长率

资料来源：《北京区域统计年鉴》（2011 年、2016 年）

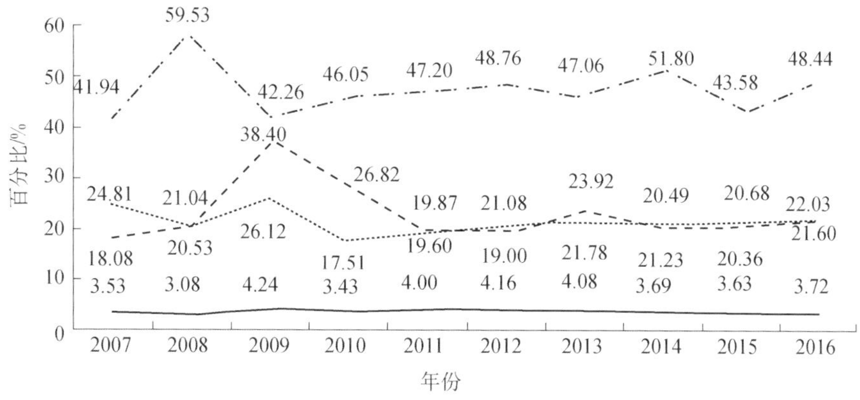

图 5-4 2007～2016 年北京市各主体功能区经济增长贡献度

资料来源：《北京区域统计年鉴》（2008～2017 年）

朝阳区和海淀区为中心，逐步向外围渐次递减的态势。同时，全市经济发展的核心优势区域范围正逐渐向外围区扩散或转移，特别是城市发展新区跨越式发展成果显著，成为各区发展的领头羊。

从产业结构调整进程来看，以第三产业增加值占 GDP 比重为指标，四大功能区第三产业增加值占比均有较快提升，标志着产业结构逐步向高端化、服务化、合理化转变。其中，城市功能拓展区和城市发展新区的产业结构转变最快，2007 年以来第三产业增加值占比增长幅度接近 10%（图 5-5）。相比于第二产业，目前北京市第三产业仍高度集中在首都功能核心区和城市功能拓展区，分散化程度有限；同时生产性服务业和生活性服务业开始呈现由核心区向远郊地区扩散发展的态势。

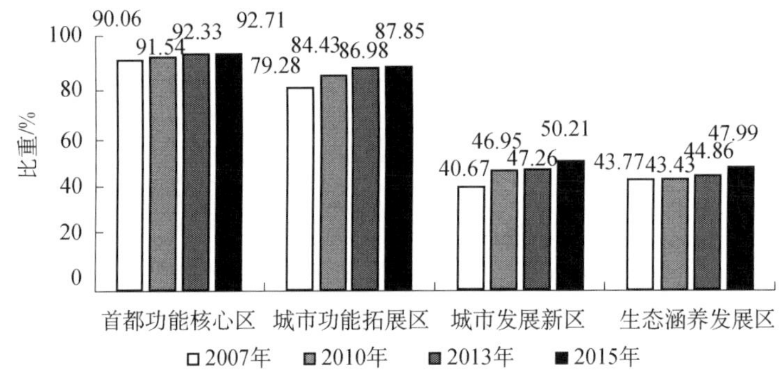

图 5-5　2007 年、2010 年、2013 年、2015 年北京四大主体功能区第三产业增加值占当年北京市 GDP 比重变动情况

资料来源：《北京区域统计年鉴》（2008 年、2011 年、2014 年、2016 年）

二、人口圈层化结构显著

从常住人口密度的分布来看，北京市常住人口的分布呈现圈层化特征，其中首都功能核心区人口密度最高，2015 年东城、西城两区常住人口密度均超过 20 000 人/平方千米（图 5-6）。生态涵养发展区人口密度最低，其中延庆区人口密度不足 200 人/平方千米，尚不足全市平均水平的 20%。

从常住人口占比来看，北京市人口分布主要集中在城市功能拓展区，其 2016 年常住人口占比达到将近 50%（图 5-7）。从常住人口年均增速来看，北京市各区人口增长空间差异显著，人口持续向城市发展新区、城市功能拓展区集中，两功能区人口集聚态势显著，特别是“十二五”时期，城市发展新区各区增

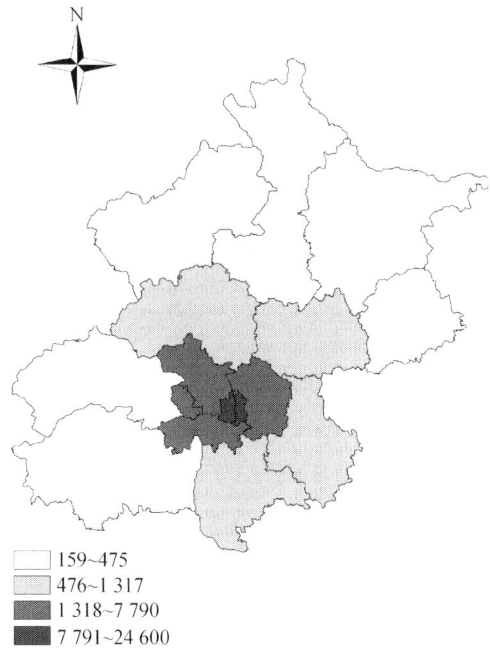

(a) 2010年北京市各区常住人口密度（人/平方千米）

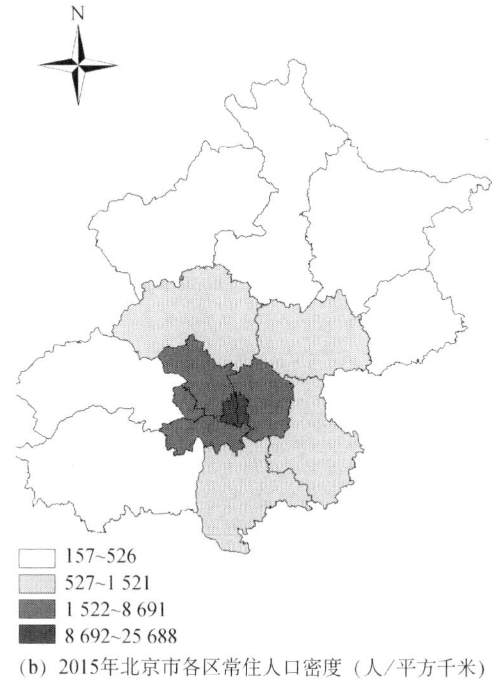

(b) 2015年北京市各区常住人口密度（人/平方千米）

图 5-6　2010 年、2015 年北京市各区常住人口密度

资料来源：《北京区域统计年鉴》（2011 年、2016 年）

速均明显高于其他各区，发挥了较强的人口承载功能（图 5-8）。首都功能核心区和生态涵养发展区人口增长较为缓慢，其中东城区、延庆区出现负增长。

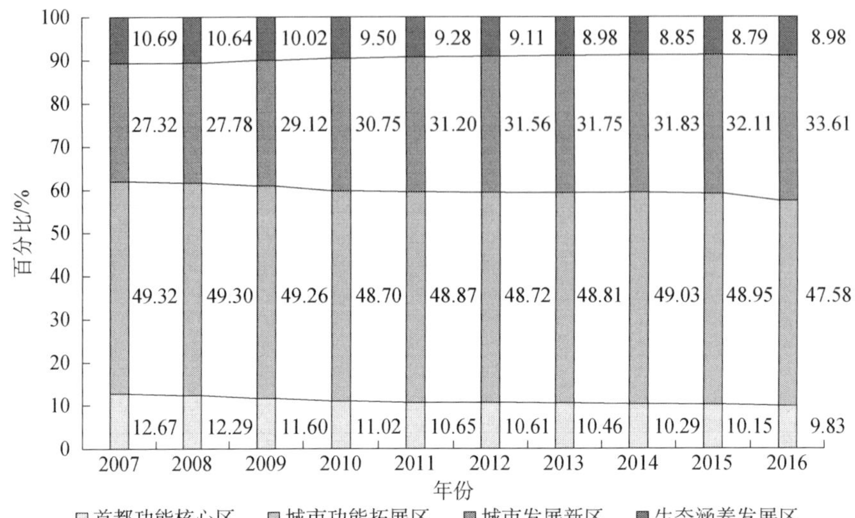

图 5-7　2007～2016 年北京市各功能区常住人口占全市人口比重

资料来源：《北京区域统计年鉴》（2008～2017 年）

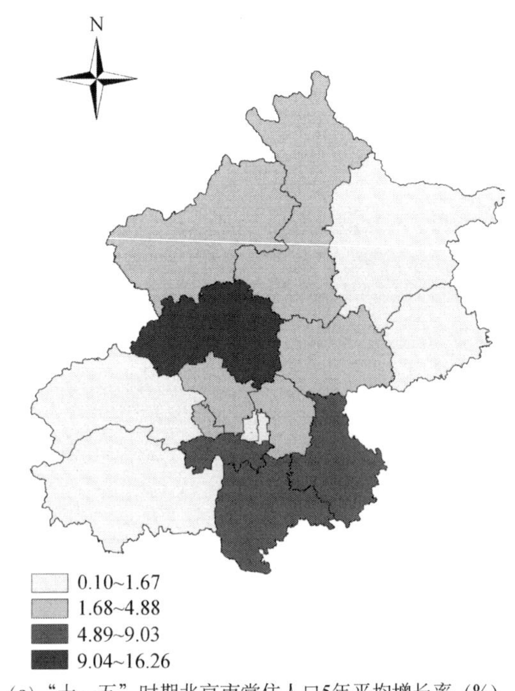

(a)“十一五”时期北京市常住人口5年平均增长率（%）

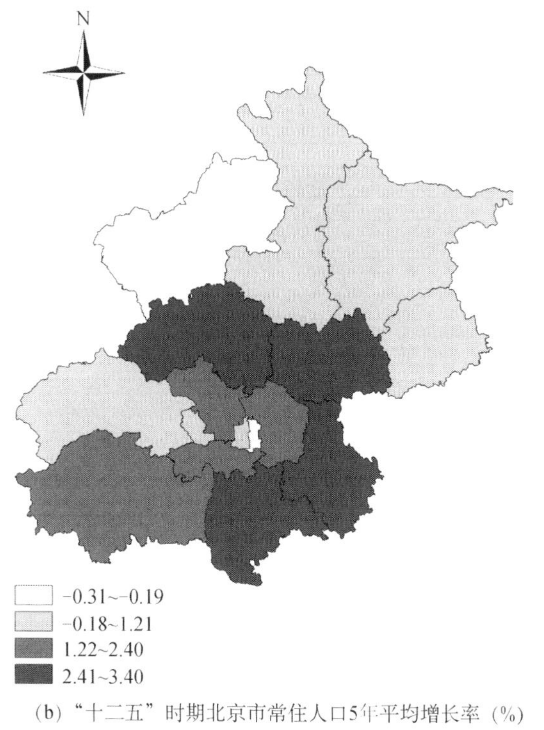

（b）“十二五”时期北京市常住人口5年平均增长率（%）

图 5-8　“十一五”“十二五”时期北京市各区常住人口年均增速

资料来源：《北京区域统计年鉴》（2006～2016 年）

三、平原地区开发强度高

为了精确识别北京市城市与土地开发的空间格局，此处分别以 1992 年、2000 年、2010 年、2013 年的 DMSP/OLS 夜间灯光遥感数据评估城市开发的强度与广度，其指数越大则表明城市总体开发程度越高（图 5-9）。

20 世纪 90 年代，北京市开发强度最大的区域主要集中在五环之内，五环之外只有郊区各区的区政府所在地及首都机场是开发强度较大的地区，其他地区开发强度则相对较低。

21 世纪初，北京市开发强度最大的区域已经突破五环，并且与通州区、大兴区、顺义区等邻近的城市发展新区形成连片发展的状态，其他郊区各区也有不同程度的扩张。

2013 年，北京市东南平原地区大部分开发强度较高，只有顺义西部、平谷西部、房山、大兴与通州南部地区一部分开发强度相对较低。整体而言，首都功能核心区和城市功能拓展区处于高强度开发区域；城市发展新区的通州、顺义两区基本呈现全域开发的状态，而大兴区开发强度相对较低，房山、

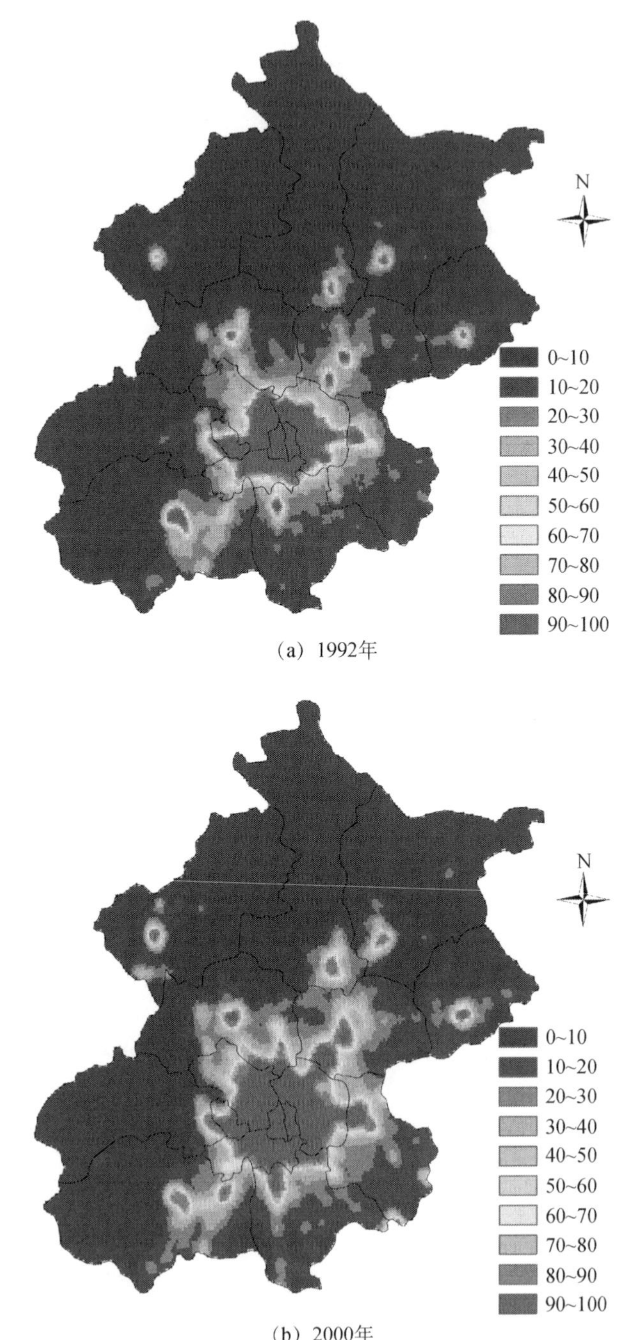

（a）1992年

（b）2000年

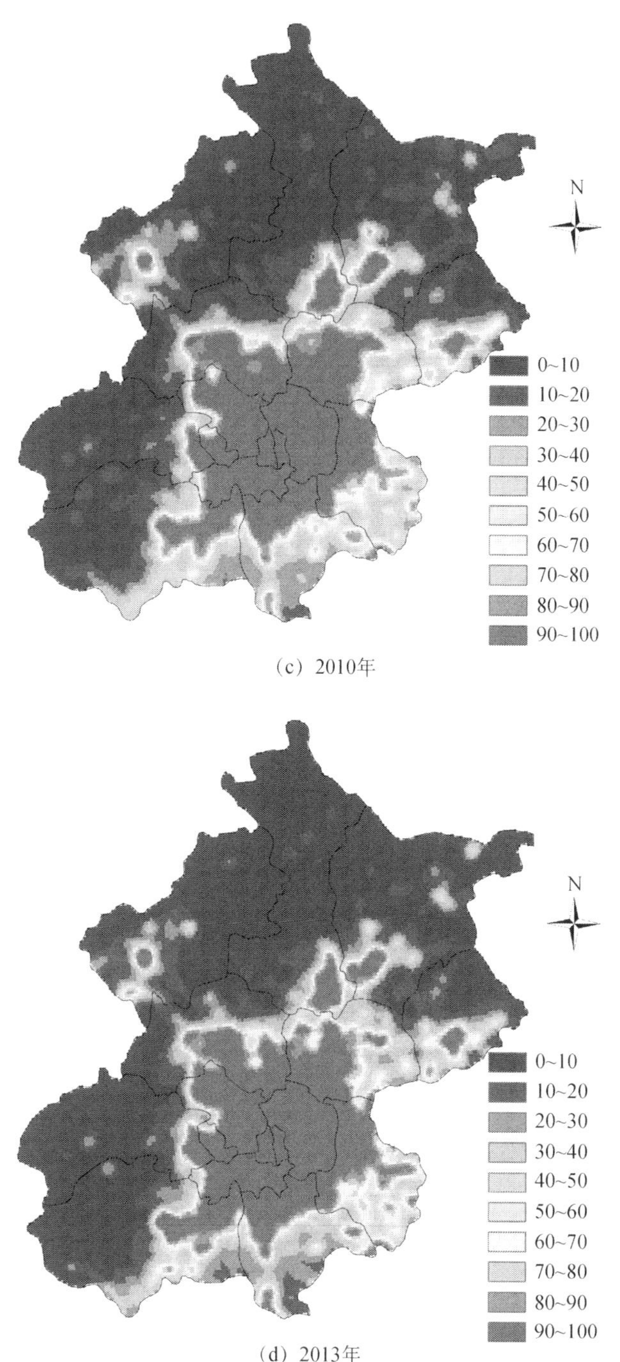

（c）2010年

（d）2013年

图 5-9　1992 年、2000 年、2010 年、2013 年北京市开发强度演化（详见 231 页彩图）

昌平由于地形限制只有平原地区开发强度较大；生态涵养发展区总体开发强度较低，只有各区的平原地区（即各区区政府所在地）开发强度较高。

四、科技资源分布较集中

北京市科技服务业及其相关资源的空间分布相对集中，尤其集中在城市功能拓展区，相比之下生态涵养发展区科技研发机构与科技服务业的发展严重滞后，科技资源分布不均衡现象极为突出。从普通高等学校的空间分布来看，北京市的高校资源主要集中在城市功能拓展区，区内建有 19 所教育部直属高校、9 所国务院委办属高校、24 所市属高校，位列各功能区之首；城市发展新区的高校数量也相对较多，共建有 15 所高等学校；生态涵养发展区的高校数量较少，仅建有 3 所市属高校（表 5-1）。

表 5-1　2016 年北京市各功能区普通高等学校数量　　单位：所

功能区	教育部直属高校	国务院委办属高校	市属高校	合计
首都功能核心区	3	3	2	8
城市功能拓展区	19	9	24	52
城市发展新区	3	0	12	15
生态涵养发展区	0	0	3	3

资料来源：北京市教育委员会网站

从市级企业科研机构的空间分布来看，北京市的企业科研机构主要集中于城市发展新区和城市功能拓展区，分别设有 178 家和 136 家市级企业科研机构，科研基础较好；而首都功能核心区和生态涵养发展区的科研机构数量则相对较少，分别拥有 15 家和 9 家市级企业科研机构，科研基础相对薄弱，其中门头沟、怀柔、平谷三区均未设立任何的科研机构（表 5-2）。

表 5-2　2016 年北京市各功能区市级企业科研机构数量　　单位：家

功能区	市级企业科研机构数量
首都功能核心区	15
城市功能拓展区	136
城市发展新区	178
生态涵养发展区	9

资料来源：北京市科学技术委员会网站

北京市科技服务业持续发展，科技服务业增加值从 2010 年的 941.1 亿元增长到 2015 年的 1820.6 亿元，“十二五”期间基本上翻番。从空间分布看，科技服务业主要集中在中心城区，以位于城市功能拓展区的海淀、朝阳两区科技服务业发展尤为突出，2015 年两区分别占到全市科技服务业的 34.82%、20.10%，两区占比总数超过全市一半（图 5-10）。

技术交易市场愈加活跃。技术合同成交额从 2010 年的 1580 亿元增长到 2015 年的 3453 亿元，“十二五”期间增长幅度超过 100%。从空间分布来看，技术合同成交额主要集中在城市功能拓展区，2015 年技术合同成交项目数和成交总额占全市的比例分别达到了 80.9%和 76.5%；其中，海淀区占全市比重超过一半，海淀区技术合同成交额占全市比重超过一半，朝阳区、丰台区位列第二、第三位（图 5-11、表 5-3）。城市发展新区中，昌平、通州、大兴各区占比较高，生态涵养发展区技术交易活动则相对较少，2015 年技术合同成交项目数和成交总额分别仅占全市比例的 0.6%和 0.4%，技术交易的空间分布极不平衡。

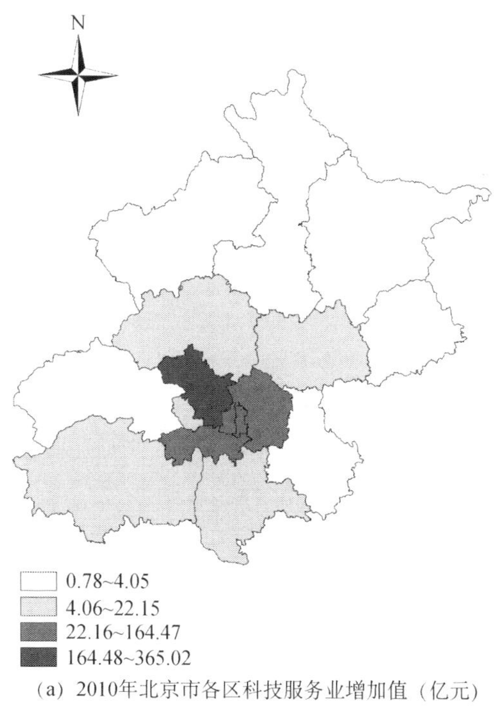

(a) 2010年北京市各区科技服务业增加值（亿元）

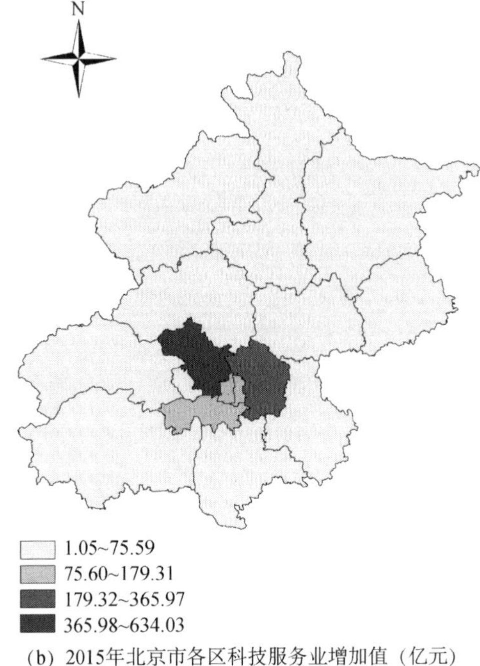

(b) 2015年北京市各区科技服务业增加值（亿元）

图 5-10　2010 年、2015 年北京市各区科技服务业增加值

资料来源：《北京区域统计年鉴》(2011 年、2016 年)

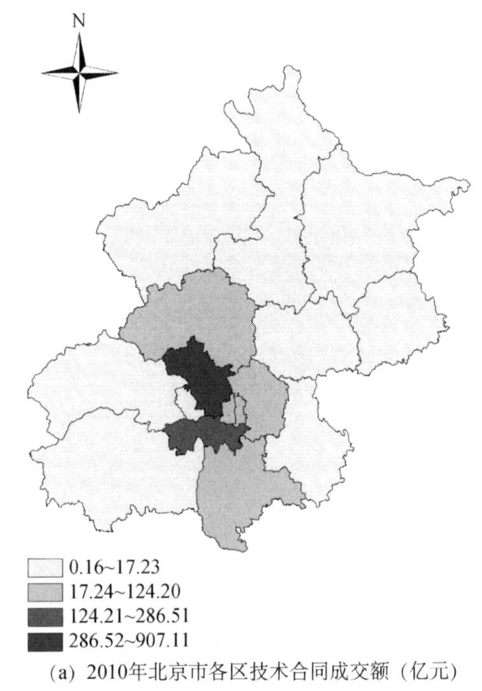

(a) 2010年北京市各区技术合同成交额（亿元）

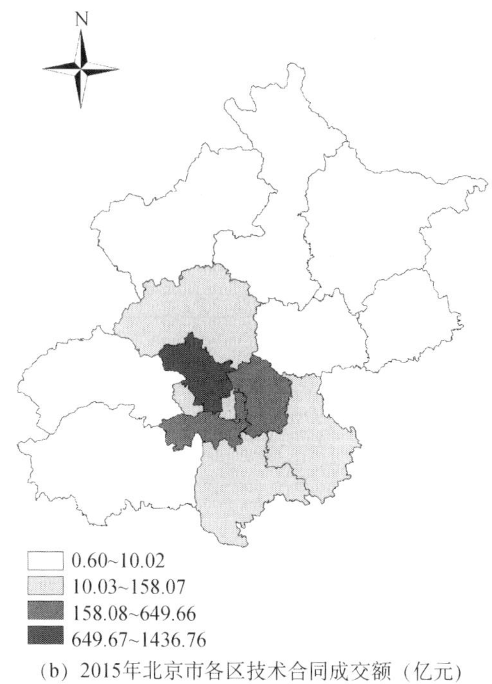

（b）2015年北京市各区技术合同成交额（亿元）

图 5-11　2010 年、2015 年北京市各区技术合同成交额

资料来源：《北京区域统计年鉴》（2011 年、2016 年）

表 5-3　2015 年北京市各功能区技术合同成交项目数及成交总额占全市份额

单位：%

功能区	技术合同成交项目数占比	技术合同成交总额占比
首都功能核心区	12.1	16.8
城市功能拓展区	80.9	76.5
城市发展新区	6.4	6.3
生态涵养发展区	0.6	0.4

资料来源：《北京区域统计年鉴 2016》

与此同时，北京市各区交易专利申请量和授权量也呈现出高速增长的趋势，专利申请量从 2010 年的 57 296 项增长到 2015 年的 156 312 项，专利授权量从 2010 年的 33 511 项增长到 2015 年的 94 031 项，五年间都增长了不到 2 倍。从区域来看，专利申请量与专利授权量呈“昌平—中心城区—大兴”的轴带状分布，其中，海淀区和朝阳区占比最高（图 5-12）。2015 年城市功能拓展区专利申请量和授权量占全市的比例分别达到了 61.3%和 57.7%，遥遥

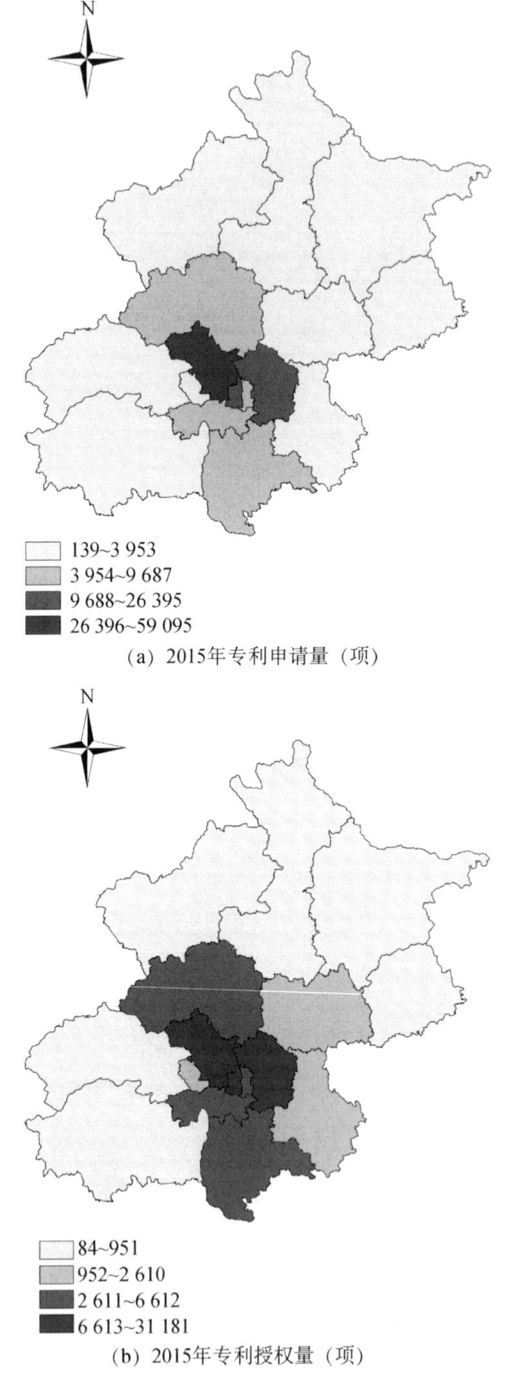

(a) 2015年专利申请量（项）

(b) 2015年专利授权量（项）

图 5-12 2015 年北京市各区专利申请量、专利授权量

资料来源：《北京区域统计年鉴 2016》

领先于其他功能区，属于专业技术集聚区域；而生态涵养发展区的专利申请量和授权量则非常少，占全市比例分别仅为 1.6% 和 1.8%，专利技术的空间分布同样呈极度不均衡态势（表 5-4）。

表 5-4 2015 年北京各功能区专利申请及授权量占全市份额 单位：%

功能区	专利申请量占比	专利授权量占比
首都功能核心区	20.8	22.9
城市功能拓展区	61.3	57.7
城市发展新区	16.3	17.6
生态涵养发展区	1.6	1.8

资料来源：《北京区域统计年鉴 2016》

五、公共服务差距突出

北京市公共服务在不同区域间的分布差异较为显著，教育、医疗、文化等公共服务资源特别是优质公共服务资源过度集中在中心城区。从重点中学数量来看，首都功能核心区的重点中学分布最为集中，东城区和西城区分别拥有 12 所和 15 所，城市功能拓展区的海淀区和朝阳区重点中学分布也相对集中，城市发展新区和生态涵养发展区的重点中学数量相对较少（图 5-13）。从每万人拥有重点中学数量来看，首都功能核心区的东城、西城两区每万人重点中学数量均高于 0.1 所，城市功能拓展区、城市发展新区和生态涵养发展区的人均优质教育资源则相对不足。

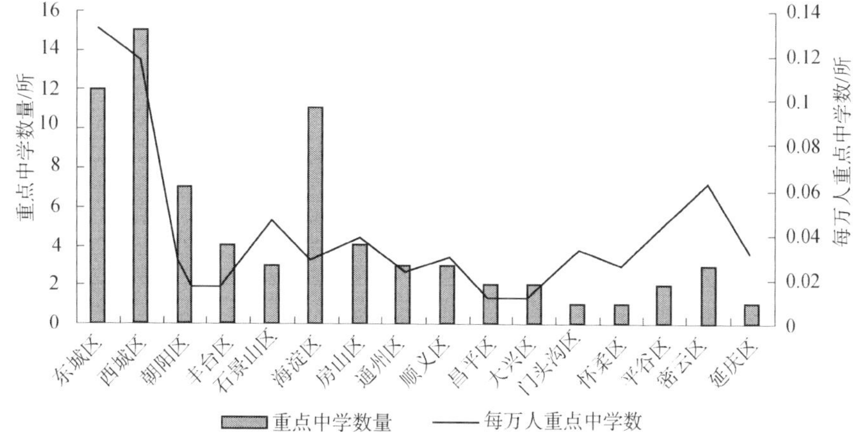

图 5-13 2015 年北京市各区重点中学数量和每万人拥有重点中学数量

资料来源：北京市教育委员会网站

从卫生机构数量来看，朝阳区、海淀区数量最多，而延庆区、门头沟区等数量较少；代表优质医疗资源的三甲医院在城六区（东城区、西城区、朝阳区、海淀区、丰台区、石景山区）的集中态势尤为显著（图 5-14）。

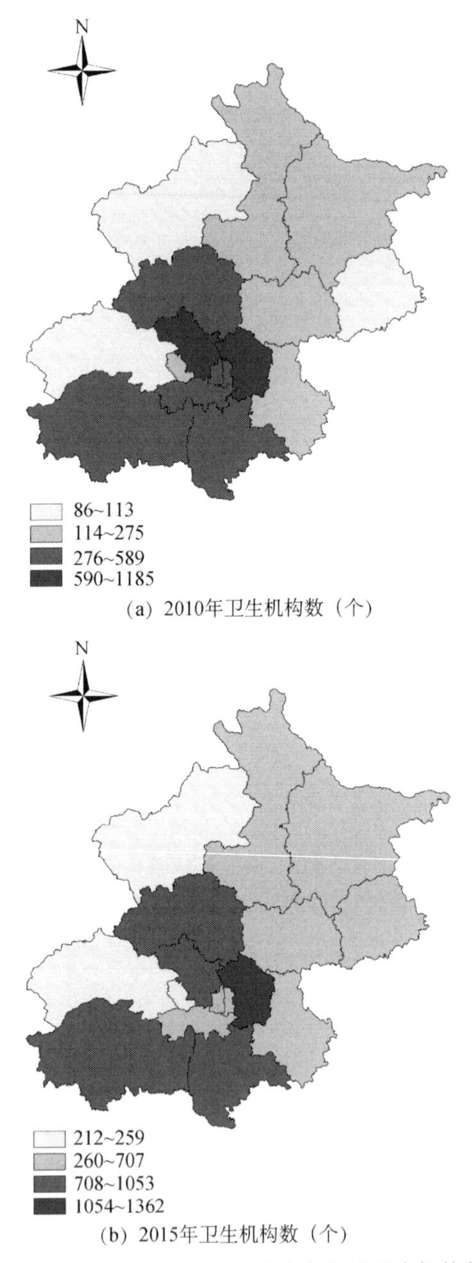

(a) 2010年卫生机构数（个）

(b) 2015年卫生机构数（个）

图 5-14　2010 年、2015 年北京市各区卫生机构数

资料来源：《北京区域统计年鉴》(2011 年、2016 年)

从以公共图书馆总藏数作为公共文化服务资源的代表来看，2007～2015年城市功能拓展区藏书量始终高于其他功能区，生态涵养发展区藏书量增幅最大（图 5-15）。虽然各主体功能区公共图书馆总藏数均总体上保持稳步增长态势，但公共文化服务资源的空间分布不均衡现象仍然突出。

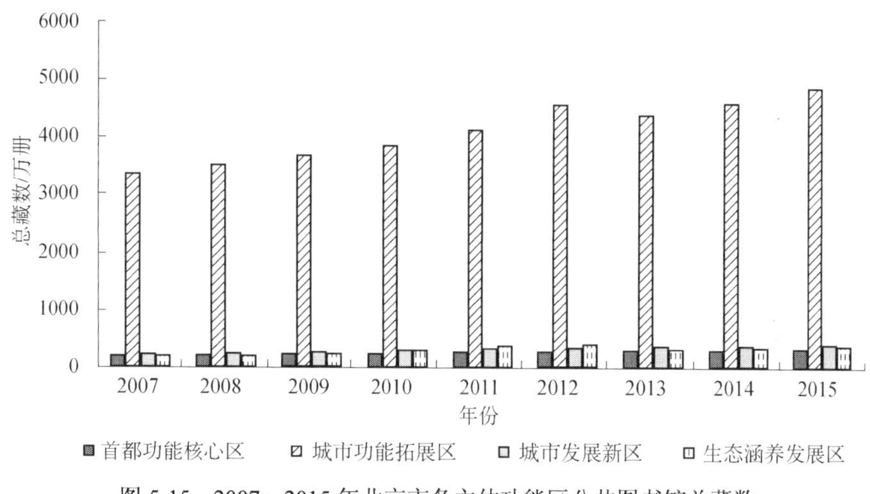

图 5-15　2007～2015 年北京市各主体功能区公共图书馆总藏数

资料来源：《北京区域统计年鉴》（2008～2016 年）

六、生态环境逐步改善

随着产业结构持续优化和生态环境治理保护工作的不断加强，北京市生态环境整体呈现逐步改善态势。从单位 GDP（万元 GDP）能耗变化情况来看，2011～2015 年各功能区能耗均保持持续降低态势，其中以城市功能拓展区和城市发展新区能耗下降率最高；生态涵养发展区能耗下降率近年总体呈上升趋势，从 2011 年的 5.44%上升至 2015 年的 6.97%（图 5-16）。

2007～2015 年全市林木绿化率不断提高，生态环境整体有所改善，尤其是生态涵养发展区的林木绿化优势显著（表 5-5）。北京山区地区承载着北京地区及整个京津冀地区的水源涵养、生态保障的功能，其中地处京津冀西北生态涵养发展区的门头沟区、平谷区、怀柔区、密云区和延庆区林木绿化率水平均呈显著上升趋势，生态建设成效显著（图 5-17）。

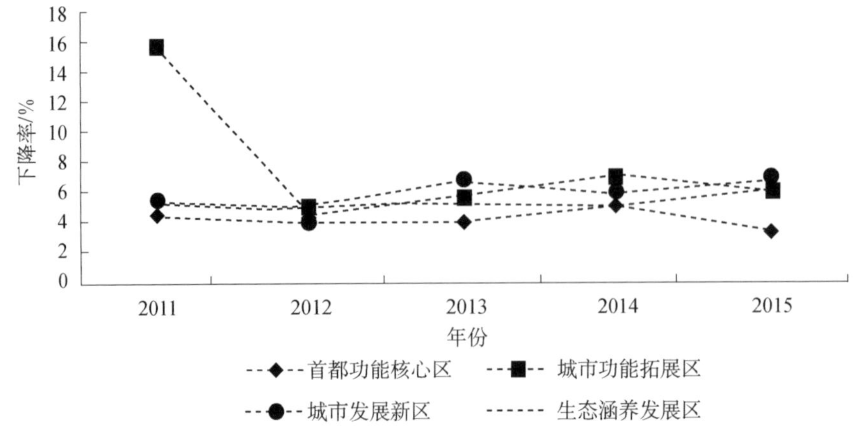

图 5-16 2011～2015 年北京各功能区万元 GDP 能耗下降率

资料来源：《北京区域统计年鉴》（2012～2016 年）

表 5-5 2007～2015 年北京市各区林木绿化率 单位：%

区域	2007 年	2008 年	2009 年	2010 年	2011 年	2012 年	2013 年	2014 年	2015 年
全市	51.6	52.1	52.6	53.0	54.0	55.5	57.4	58.4	59.0
首都功能核心区									
东城区				19.1	19.1	19.1	19.1	19.1	19.1
西城区				14.6	14.6	14.6	14.6	14.6	14.6
城市功能拓展区									
朝阳区	23.0	23.6	22.4	23.0	23.3	23.3	23.7	24.0	24.9
丰台区	37.45	38.1	38.8	39.0	39.0	39.7	40.7	39.5	39.7
石景山区	42.79	42.6	40.1	40.1	40.2	40.4	40.4	40.6	40.6
海淀区	38.33	38.3	42.2	42.3	42.3	42.6	43.1	38.6	40.6
城市发展新区									
房山区	51.65	52.1	53.3	54.5	54.7	56.5	58.4	58.5	59.9
通州区	21.79	22.2	23.4	23.4	23.9	27.2	31.0	31.3	32.4
顺义区	28.40	28.5	26.6	26.6	26.7	28.3	30.9	34.5	35.6
昌平区	59.07	60.1	60.6	61.2	61.8	64.1	65.9	66.4	66.7
大兴区	28.76	28.8	25.5	25.8	26.0	26.7	29.7	27.3	29.5
生态涵养发展区									
门头沟区	54.52	54.6	56.6	57.5	58.2	60.1	62.5	64.3	65.9
怀柔区	75.30	75.3	75.4	75.6	75.6	76.4	77.7	78.4	78.9
平谷区	63.82	63.9	66.1	66.4	66.8	68.1	69.7	70.5	71.3
密云区	62.84	62.9	64.0	64.8	65.5	66.7	68.6	72.2	72.5
延庆区	60.81	61.8	62.8	65.3	65.8	66.1	68.1	69.2	70.0

资料来源：《北京区域统计年鉴》（2008～2016 年）

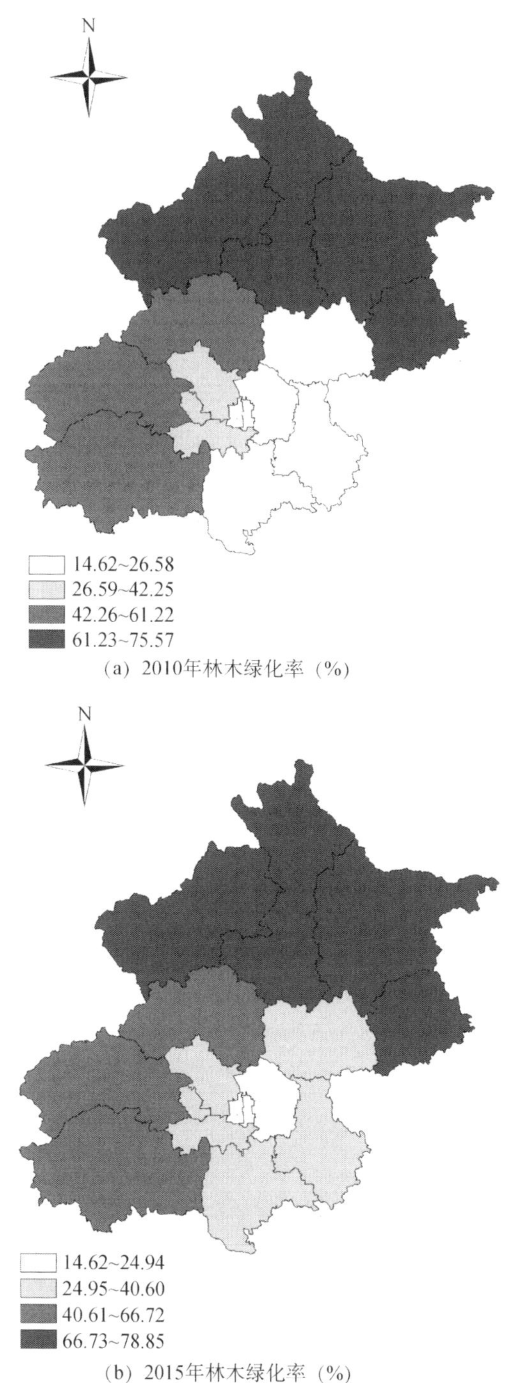

图 5-17　2010 年、2015 年北京市各区林木绿化率

资料来源：《北京区域统计年鉴》(2011 年、2016 年)

第二节　各功能区发展现状特征

一、首都功能核心区

首都功能核心区包括东城区和西城区，土地面积 92.4 平方千米，是目前北京市开发强度最高的完全城市化地区。这一功能区的发展定位为优化开发，同时为了保护区域内故宫等禁止开发区域，应适度限制与首都功能核心区不匹配的相关功能。2011～2015 年，首都功能核心区的经济增长明显放缓，产业结构调整成果显著，尤其是服务业呈良性稳步发展趋势，人口集聚程度则显著下降。

（一）经济增长显著放缓

2011～2016 年，首都功能核心区经济增长率呈明显下降趋势，经济增长率从 2011 年的 12.80%降至 2016 年的 6.50%（图 5-18）。从占全市 GDP 份额来看，区域占比呈缓慢降低趋势，2016 年已降至 22.26%。

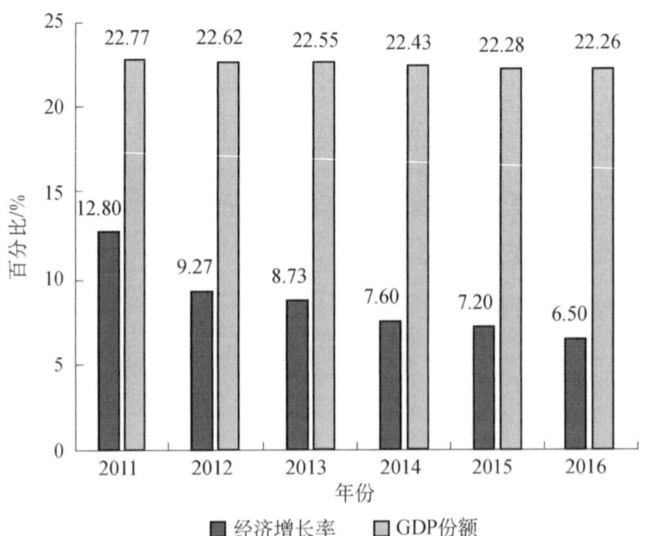

图 5-18　2011～2016 年首都功能核心区经济变化情况

资料来源：《北京区域统计年鉴》（2012～2017 年）

（二）第三产业主导地位突出

从产业结构变动来看，首都功能核心区的第三产业始终处于绝对主导地位且保持上升趋势，第三产业比重从 2011 年的 91.93%提高到 2015 年的 92.71%（表 5-6）。

表 5-6　2011～2015 年首都功能核心区产业结构变动情况　　单位：%

产业比重	2011 年	2012 年	2013 年	2014 年	2015 年	2011～2015 年比重变化
第一产业	0	0	0	0	0	0
第二产业	8.07	8.03	7.67	7.69	7.29	-0.78
第三产业	91.93	91.97	92.33	92.31	92.71	0.78

资料来源：《北京区域统计年鉴》（2012～2016 年）

在首都功能核心区第三产业内部，金融业发展规模始终处于优势地位，2015 年在第三产业中占比达 44.90%（图 5-19）。其次为租赁和商务服务业、批发与零售业，两类 2015 年占比均超过 10%。信息传输、软件和信息技术服务业，以及科技服务业两类高端服务业分别居第四、第五位，2015 年占比分别为 7.44%、7.38%。

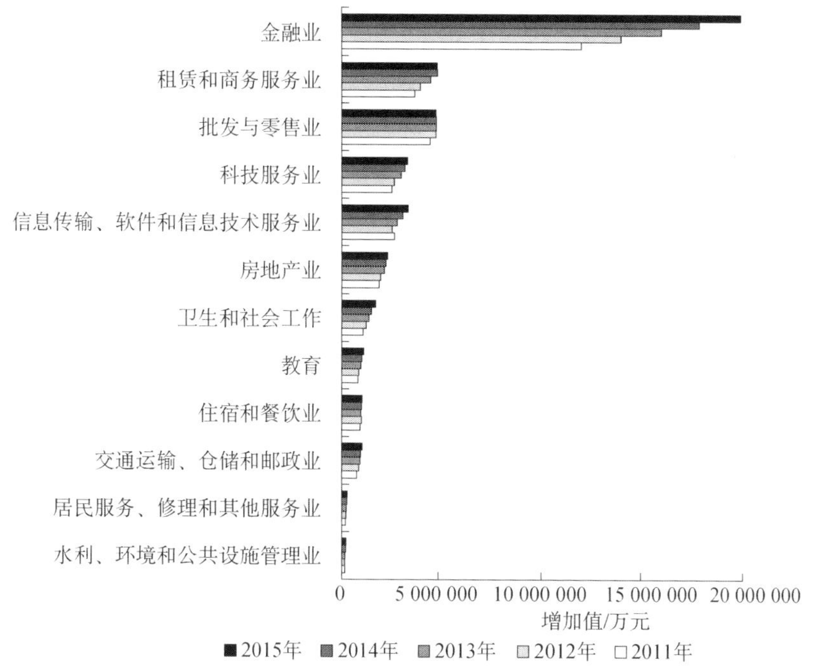

图 5-19　2011～2015 年首都功能核心区第三产业增加值变动情况

资料来源：《北京区域统计年鉴》（2012～2016 年）

在首都功能核心区历史文化资源得到妥善保护和充分挖掘的同时，也存在文化产业化发展相对滞后的问题，表现为文化创意产业收入占全市文化创意产业收入比重从 2011 年的 21.28%下降到 2015 年的 19.90%; 旅游业综合收入占全市旅游业综合收入比重从 2011 年的 35.74%下降到 2015 年的 33.49%; 同时首都功能核心区科技服务业，信息传输、软件和信息技术服务业两个产业门类在该区第三产业和在全市同类产业中的发展地位也都有所下降，高端服务业发展速度有待提高。2011～2015 年，首都功能核心区科技服务业增加值逐步提高，但在该区第三产业中所占比重从 2011 年的 7.32%下降到 2015 年的 6.86%，占全市该产业比重从 2011 年的 21.94%下降到 2015 年的 17.92%; 信息传输、软件和信息技术服务业增加值有所提高，但占该区第三产业比重从 2011 年的 7.64%下降到 2015 年的 6.91%，占全市该产业比重从 2011 年的 17.39%下降到 2015 年的 13.78%。

（三）人口集聚程度显著下降

2011～2016 年，首都功能核心区常住人口增长率呈明显放缓趋势，截止到 2016 年已降至-3.00%。从区域常住人口全市占比来看，首都功能核心区常住人口比重有所下降，从 2011 年的 10.65%降至 2016 年的 9.83%（图 5-20），与《京津冀协同发展规划纲要》中疏解非首都功能的定位相一致。

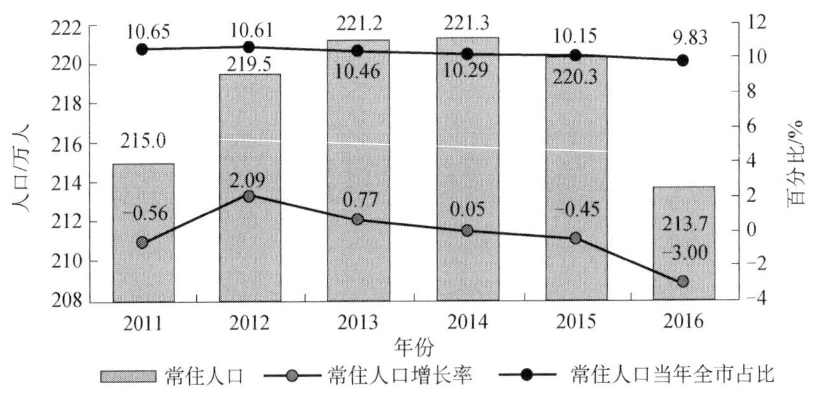

图 5-20 2011～2016 年首都功能核心区人口变化情况

资料来源：《北京区域统计年鉴》（2012～2017 年）

（四）开发强度得到有效控制

从全社会房屋建筑施工面积占全市比重来看，2011～2015 年，首都功能核心区从 2011 年的 5.52%降至 2015 年的 2.58%（图 5-21）。从全社会房屋建筑施工面积来看，2011 年区域施工面积为 997 万平方米，2015 年已降至 515.9 万平方米，下降了约 48%。

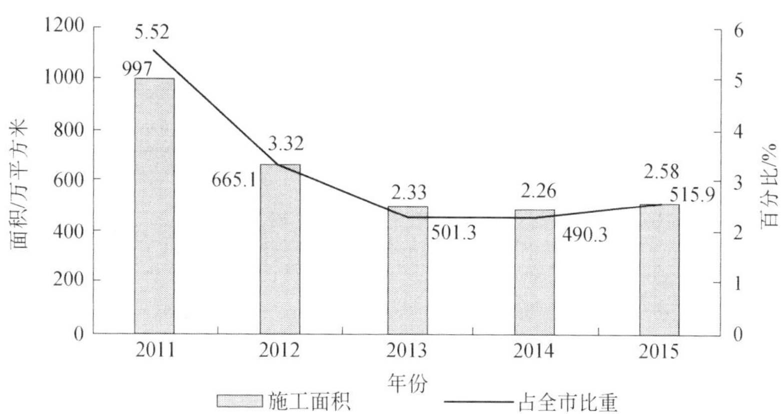

图 5-21　2011～2015 年全社会房屋建筑施工面积及占全市比重

资料来源：《北京区域统计年鉴》（2012～2016 年）

二、城市功能拓展区

城市功能拓展区包括朝阳区、海淀区、丰台区、石景山区，土地面积 1275.9 平方千米。该区域是北京市开发强度相对较高、但未完全城市化的地区，其主体功能是坚持产业高端化、发展国际化，加快城乡一体化发展。2011～2015 年，城市功能拓展区在全市经济发展中地位有所提升，第三产业持续稳步发展，但人口数量和占比仍然呈现不断增长的态势，有待进一步强化非首都功能疏解，优化人口承载功能。

（一）经济发展趋于平稳

2011～2016 年，城市功能拓展区经济增长率从 15.30%下降至 7.00%，经济发展趋于平稳（图 5-22）。GDP 占全市 GDP 份额从 2011 年的 46.86%增长至 2016 年的 47.26%，在全市经济发展中地位有所提升。

（二）高端服务业比重较大

城市功能拓展区第三产业比重从 2011 年的 85.45%上升到 2015 年的

87.85%，占全市第三产业比重略有下降（表 5-7）。

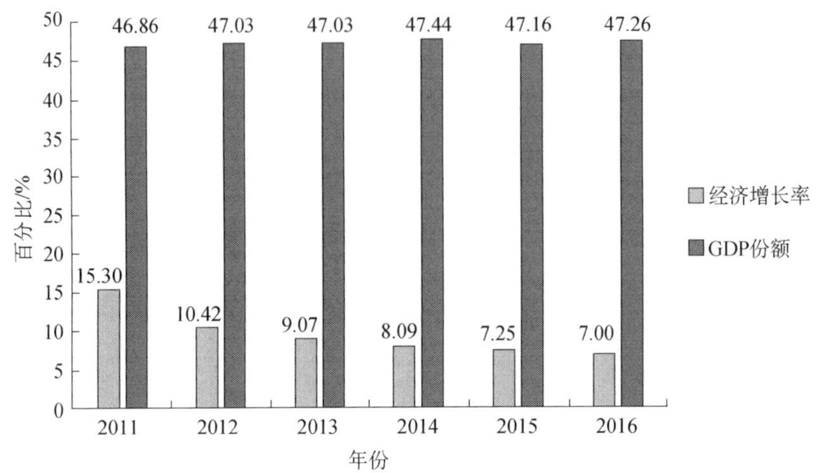

图 5-22 2011～2016 年城市功能拓展区经济变化情况

资料来源：《北京区域统计年鉴》（2012～2017 年）

表 5-7 2011～2015 年城市功能拓展区产业结构变动情况 单位：%

产业比重	2011 年	2012 年	2013 年	2014 年	2015 年	2011～2015 年比重变化
第一产业	0.05	0.06	0.05	0.04	0.03	−0.02
第二产业	14.51	14.13	12.97	12.95	12.12	−2.39
第三产业	85.45	85.81	86.98	87.01	87.85	2.41

注：表中 2011 年三大产业比重之和为 100.01%，由四舍五入原因造成，下表余同

资料来源：《北京区域统计年鉴》（2012～2016 年）

从第三产业内部各行业比重来看，以信息服务业、科技服务业和金融业为代表的高端服务业增加值占第三产业比重较大，并呈现持续稳步增长的态势。2015 年，城市功能拓展区信息传输、计算机服务和软件业占第三产业比重超过 15%；批发与零售业、金融业、科技服务业及租赁和商务服务业占比均达到 10%以上（图 5-23）。

城市功能拓展区文化创意产业收入增速快于第三产业增速，但在全市文化创意产业收入中占比从 2011 年的 71.05%下降到 2015 年的 68.45%。同时，科技服务业增加值逐年增加，占该区第三产业比重从 2011 年的 11.85%提高到 2015 年的 12.63%，但在全市科技研究与技术服务业中的比重从 2011 年的 67.89%下降到 2015 年的 66.17%。

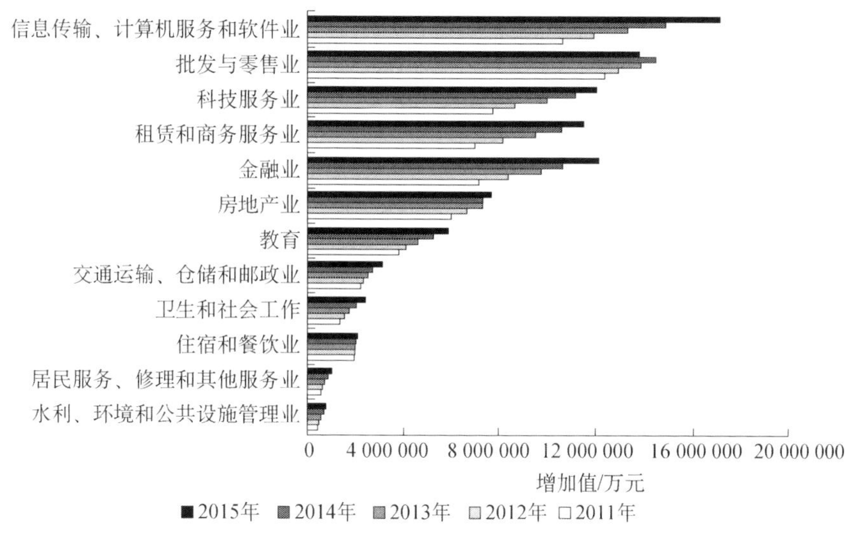

图 5-23　2011～2015 年城市功能拓展区第三产业增加值变动情况

资料来源：《北京区域统计年鉴》（2012～2016 年）

（三）常住人口不降反增

从人口总数来看，城市功能拓展区常住人口呈上升趋势，从 2011 年的 986.4 万上升至 2016 年的 1033.8 万，增长幅度达 4.8%（图 5-24）。同时从全市占比来看，城市功能拓展区承载全市人口份额基本维持在 48%左右。常住人口增长率有所放缓，从 2011 年的 3.24%下降至 2016 年的-2.70%，人口增速得到一定的控制，但从整体来看，当前承载人口情况与常住人口比重下调的要求及疏解非首都功能定位目标尚有很大差距。

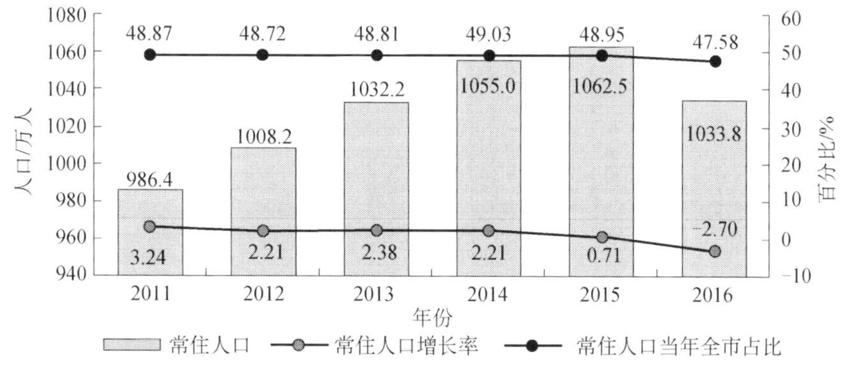

图 5-24　2011～2016 年城市功能拓展区人口变化情况

资料来源：《北京区域统计年鉴》（2012～2017 年）

（四）公共服务水平显著提高

从参加事业保险人数来看，社会保障能力覆盖面不断拓展，城市功能拓展区参加失业保险人数自 2011 年的 428 万增长至 2015 年的 532 万，增长幅度为 24.3%（图 5-25）。从生产安全事故处理方面来看，事故管控处理效果明显，2015 年共发生 22 起事故，较 2011 年下降 51%；从医疗卫生保障角度来看，医疗卫生保障能力明显提升，每千人拥有床位数近年来同样呈上升趋势，从 2011 年的 3.58 张增长至 2015 年的 4.29 张。总体来看，区域内社会治理水平与社区和人口管理能力均有所提升。

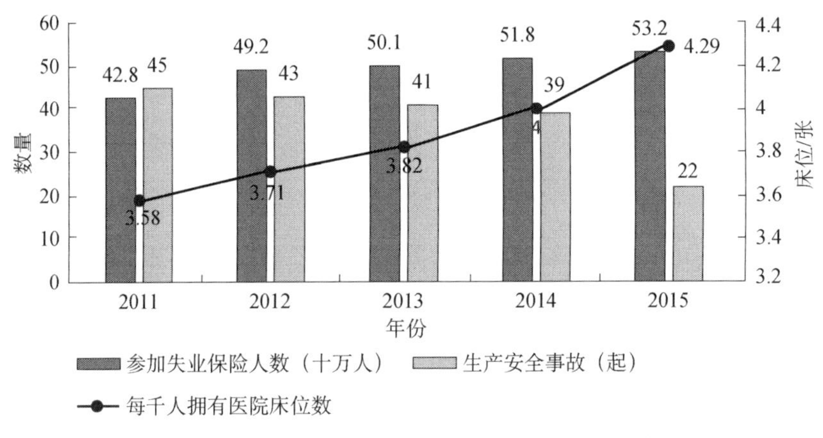

图 5-25　2011～2015 年城市功能拓展区社会管理情况

资料来源：《北京区域统计年鉴》（2012～2016 年）

三、城市发展新区

城市发展新区包括通州区、顺义区、大兴区（北京经济技术开发区），以及昌平区和房山区的平原地区，土地面积 3782.9 平方千米。这一区域是北京市开发潜力最大、城市化水平有待提高的地区，主体功能是加快重点新城建设，优化提升临空经济区和北京经济技术开发区等基本成熟的高端产业功能区，严格保护汉石桥湿地自然保护区等禁止开发区。2011～2015 年，城市发展新区的经济发展水平略有提升，产业结构呈现不断优化态势，人口集聚功能和人口承载能力得到进一步强化。

（一）经济发展水平略有提升

从经济发展情况来看，2011～2016 年城市发展新区经济增长率有所下降，截至 2016 年维持在 7.90%（图 5-26）。GDP 占全市 GDP 份额略有上升但并不明显，始终保持在 21%左右，与成为全市经济发展重心的发展目标还存在一定差距。

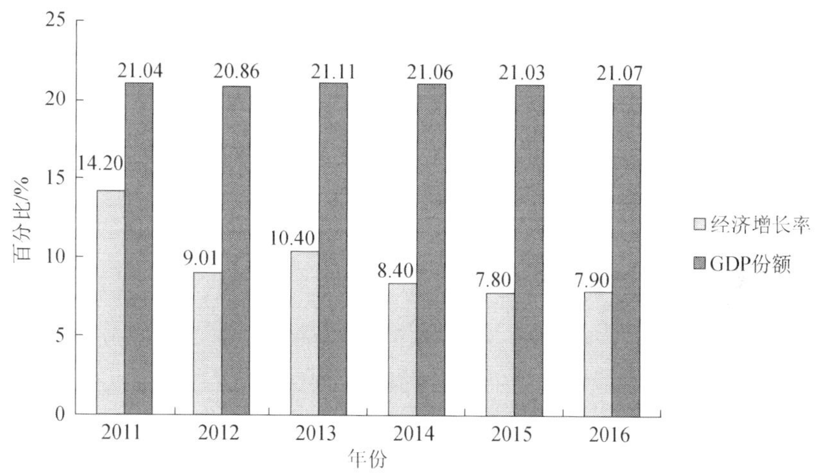

图 5-26　2011～2016 年城市发展新区经济变化情况

资料来源：《北京区域统计年鉴》（2012～2017 年）

（二）产业结构高端化发展

城市发展新区产业结构不断优化，第二产业和第三产业均呈现高端化发展态势。从三次产业结构来看，第二产业依然占主导地位但呈现逐年下降趋势，2015 年第二产业占比已经从 2011 年的 51.21%下降到 48.03%（表 5-8）。同时，第三产业的比重稳步上升，从 2011 年的 46.41%提高到 2015 年的 50.21%。

表 5-8　2011～2015 年城市发展新区产业结构变动情况　　单位：%

	2011 年	2012 年	2013 年	2014 年	2015 年	2011～2015 年比重变化
第一产业比重	2.38	2.42	2.32	2.21	1.76	-0.62
第二产业比重	51.21	51.18	50.42	50.02	48.03	-3.18
第三产业比重	46.41	46.41	47.26	47.77	50.21	3.80

资料来源：《北京区域统计年鉴》（2012～2016 年）

从第二产业内部结构变动情况来看，高技术制造业已经成为城市发展新区制造业转型发展的主要方向。根据《高技术产业（制造业）分类（2013）》，将北京市第三次全国经济普查数据三位码行业就业人数进行叠加，2013 年城市发展新区就业人口达 246.92 万人，其中高技术制造业就业人数达 12.93 万人，占该区总就业人口的 5.24%，占该区制造业就业人口的 25.72%。

从第三产业的各行业占比来看，2015 年，第三产业中的交通运输、仓储和邮政业，批发与零售业占比均达到 15%以上，分别为 19.47%和 16.16%；房地产业、金融业占比达到 10%以上，分别为 14.43%和 11.10%（图 5-27）。以科技服务业为代表的高端服务业发展迅速，2011～2015 年科技服务业占该区第三产业比重从 6.83%提高到 8.15%，在全市该产业中的比重从 2011 年的 9.54%提高到 2015 年的 10.88%，一定程度上反映出城市发展新区创新驱动能力的提高。

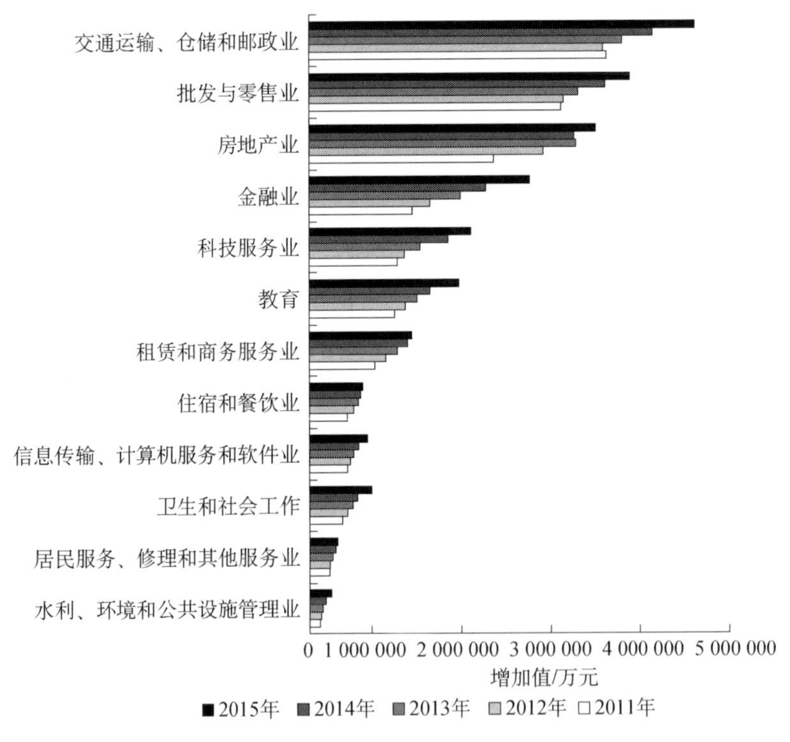

图 5-27 2011～2015 年城市发展新区第三产业增加值变动情况

资料来源：《北京区域统计年鉴》（2012～2016 年）

（三）人口集聚功能进一步强化

从人口总量来看，2011～2016 年城市发展新区人口呈较快增长趋势，截至 2016 年已达 730.3 万人，较 2011 年的 629.9 万人上升 15.9%（图 5-28）。从常住人口占比来看，2011 年为 31.20%，2016 年增长至 33.61%，人口集聚趋势明显，与城市发展新区承接中心城区人口转移的功能目标一致。从常住人口增长率来看，2011～2015 年区域内人口增长率有所下降，从 4.43%下降至 1.75%，与整个北京人口增长率放缓态势一致；2016 年又增长至 4.79%，人口集聚功能进一步得到强化。

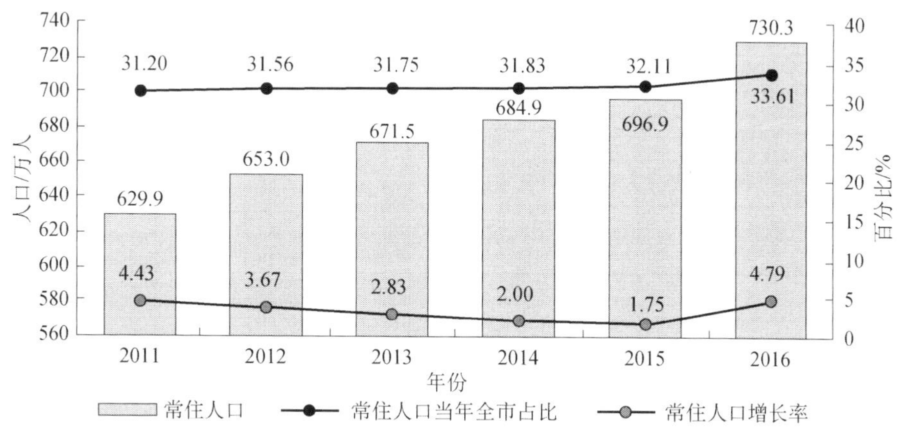

图 5-28　2011～2016 年城市发展新区人口变化情况

资料来源：《北京区域统计年鉴》（2012～2017 年）

（四）城镇化进程不断加快

2011～2015 年城市发展新区内各地区城镇化率均有不同程度的提升。从整体来看，城市发展新区城镇化率从 2011 年的 68.9%增长至 2015 年的 70%。其中，昌平区城镇化率最高，2011～2015 年一直维持在 81%左右；顺义区城镇化率较低，截至 2015 年达到 54.3%，远低于其他地区水平（图 5-29）。

（五）生态环境持续改善

从环境整体质量来看，城市发展新区环境总体呈不断改善趋势。各区二氧化硫（SO_2）年均浓度值呈明显下降趋势，其中昌平区下降最为显著；从二氧化氮（NO_2）年均浓度来看，除昌平区外，各区均呈下降趋势，大兴区改善最为显著；同时，除通州区外，城市发展新区内可吸入颗粒物年均浓度值

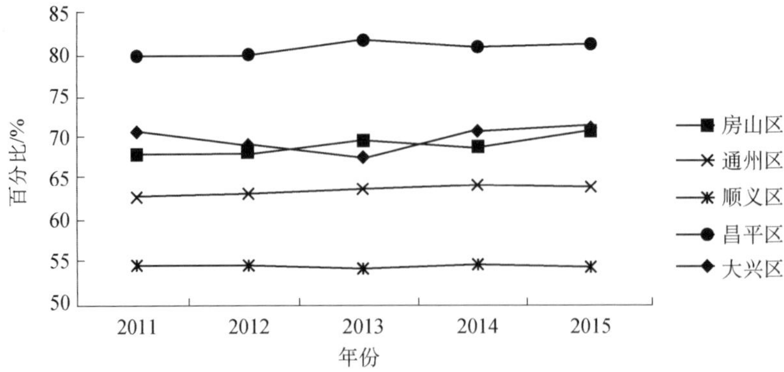

图 5-29 2011～2015 年城市发展新区城镇化率

资料来源：《北京区域统计年鉴》（2012～2016 年）

均已进入负增长阶段（表 5-9）。从整体来看，城市发展新区环境宜居水平提高趋势明显，但仍有较大提升空间。

表 5-9 2012 年、2015 年城市发展新区环境质量变化情况

区域	二氧化硫年均浓度/（微克/立方米）		二氧化氮年均浓度/（微克/立方米）		可吸入颗粒物年均浓度/（微克/立方米）		变化率/%		
	2012 年	2015 年	2012 年	2015 年	2012 年	2015 年	二氧化硫	二氧化氮	可吸入颗粒物
房山区	35.8	15.6	59.3	56	122.0	112.2	−56.4	−5.6	−8.0
通州区	42.2	20.1	55.9	55.7	119.0	122.4	−52.4	−0.4	2.9
顺义区	22.9	11	45.2	43.3	98.0	93.9	−52.0	−4.2	−4.2
昌平区	28.5	12.1	40.3	42.7	97.0	93.3	−57.5	6.0	−3.8
大兴区	34.5	18.3	63.9	55.1	124.0	119.2	−47.0	−13.8	−3.9

资料来源：《北京区域统计年鉴》（2013 年、2016 年）

从生活垃圾无害化处理率来看，城市发展新区整体呈上升趋势，其中顺义区发展最快。截至 2015 年，房山区已率先完成生活垃圾无害化 100%处理（图 5-30）。从污水处理率来看，城市发展新区内各地区均有所提升，截至 2015 年，房山区、顺义区污水处理率处于领先水平，其他地区仍有很大的提升空间（图 5-31）。

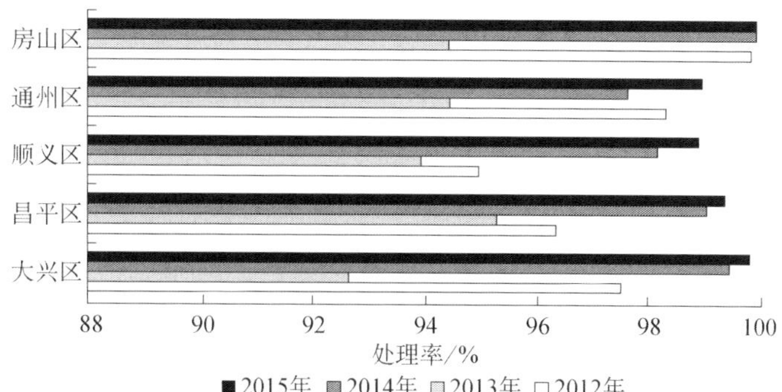

图 5-30　2012～2015 年城市发展新区生活垃圾无害化处理率

资料来源：《北京区域统计年鉴》（2013～2016 年）

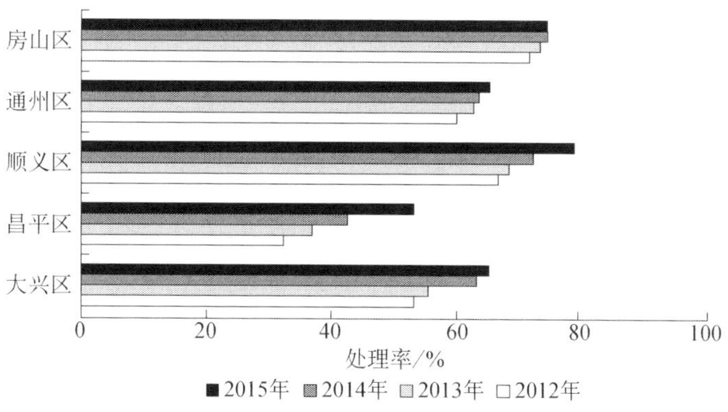

图 5-31　2012～2015 年城市发展新区污水处理率

资料来源：《北京区域统计年鉴》（2013～2016 年）

四、生态涵养发展区

生态涵养发展区包括门头沟区、平谷区、怀柔区、密云区、延庆区及昌平区和房山区的山区部分，土地面积 11 259.3 平方千米，该区域是保障北京市生态安全和水资源涵养的重要区域。这一区域的主体功能是限制大规模高强度工业化城镇化开发，重点培育旅游、休闲、康体、文化创意、沟域等产业，推进新城、小城镇和新农村建设，同时严格保护长城、八达岭、十三陵风景名胜区等各类禁止开发区。2011～2015 年，生态涵养发展区经济发展保持平稳，第二产业比重仍然较大，产业结构有待进一步优化，人口密度有所提高。

（一）经济发展保持平稳

从经济发展情况来看，2011～2016 年生态涵养发展区 GDP 份额基本保持不变，始终维持在 3.98%左右，在全市功能区中始终是份额最小地区（图 5-32）。同时，该区经济增长率与全市其他功能区一样呈放缓趋势，截止到 2016 年已降至 7.10%。

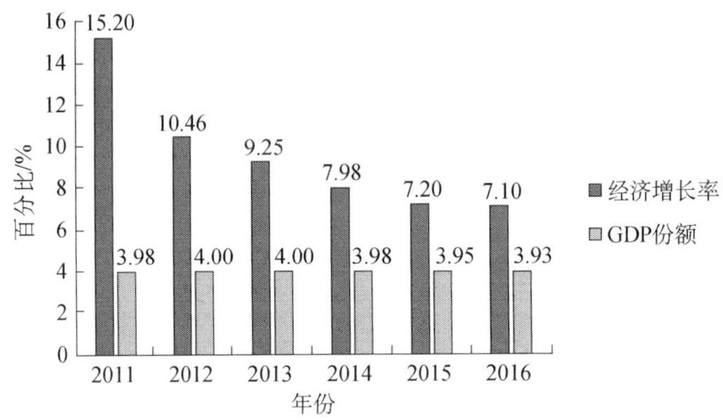

图 5-32　2011～2016 年生态涵养发展区经济变化情况

资料来源：《北京区域统计年鉴》（2012～2017 年）

（二）产业结构仍有待调整

从三次产业结构的变化来看，生态涵养发展区第二产业整体呈现下降的趋势，从 2011 年的 48.74%下降到 2015 年的 46.42%，但下降速度较为缓慢（表 5-10）。虽然 2015 年第二产业份额已经低于第三产业，但依然占有将近一半的比例，第二产业仍然是生态涵养发展区经济的支柱，与"生态友好型经济成为主导"的区域发展目标尚存在差距，亟待进一步加快推动第三产业发展。

表 5-10　2011～2015 年生态涵养发展区产业结构变动情况　单位：%

产业比重	2011 年	2012 年	2013 年	2014 年	2015 年	2011～2015 年比重变化
第一产业	7.87	7.70	7.46	6.49	5.59	−2.28
第二产业	48.74	47.68	47.68	48.50	46.42	−2.32
第三产业	43.39	44.63	44.86	45.01	47.99	4.60

资料来源：《北京区域统计年鉴》（2012～2016 年）

从第三产业内部结构来看，房地产业对生态涵养发展区第三产业发展的支撑能力最为突出，2015 年增加值达到 16.65%，高于服务业其他行业（图 5-33）。信息传输、计算机服务和软件业、科技服务业等高端服务业的比重仍然相对较低，第三产业内部结构需要进一步以高端化发展为目标进行优化调整。

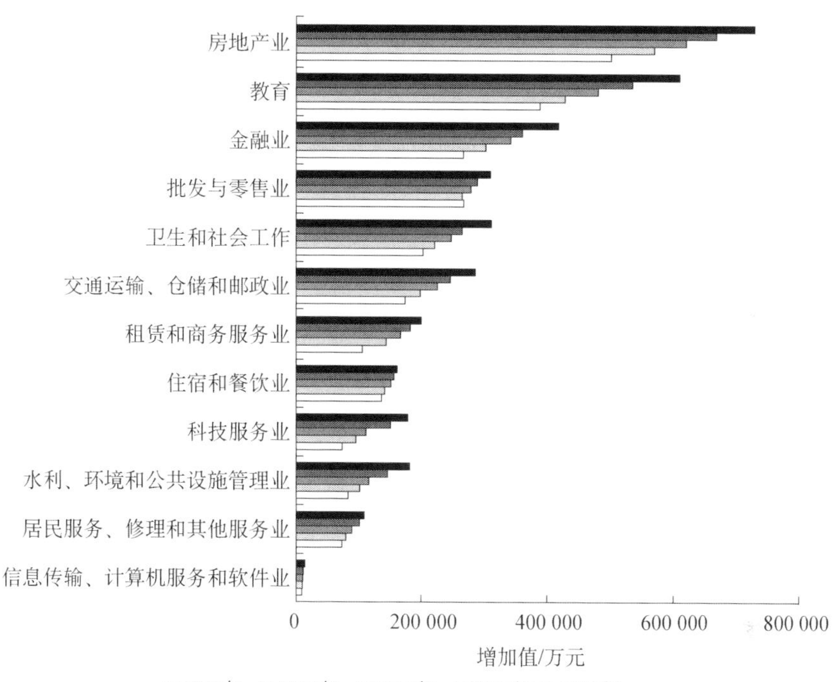

图 5-33　2011～2015 年生态涵养发展区第三产业增加值变动情况

资料来源：《北京区域统计年鉴》（2012～2016 年）

（三）人口增长态势放缓

从常住人口来看，2011～2016 年，生态涵养发展区人口从 187.3 万人增加至 195.1 万人，增长率为 4.2%，增长态势并不明显；从人口增长率与人口占比来看，近年来生态涵养发展区人口增长始终处于较低水平，2011～2015 年增速呈现下降趋势，2015～2016 年增速明显提升，2011 年常住人口占全市比重的 9.28%，2016 年已下降至 8.98%，下降趋势较为明显（图 5-34）。

从人口密度来看，生态涵养发展区除延庆区以外人口密度有所提高，但变化并不明显。这与该区域人口适度集聚的发展目标相背离（图 5-35）。

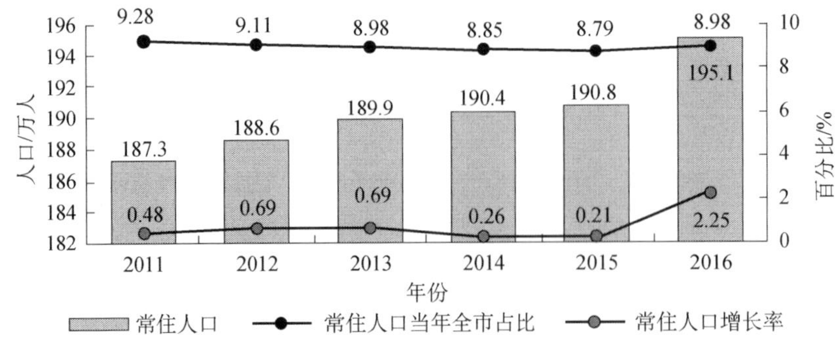

图 5-34 2011～2016 年生态涵养发展区人口变化情况

资料来源：《北京区域统计年鉴》（2012～2017 年）

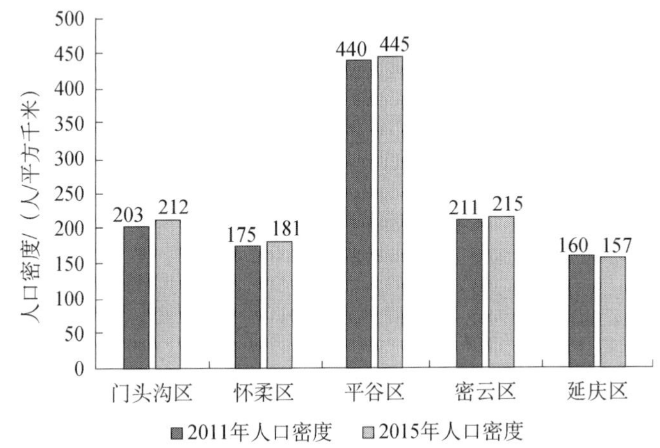

图 5-35 2011 年、2015 年生态涵养发展区人口密度

资料来源：《北京区域统计年鉴》（2012、2016 年）

（四）环境质量不断改善

从各项环境指标来看，2012～2015 年生态涵养发展区环境质量得到了初步提升。二氧化硫年均浓度下降趋势明显，各地区均保持 44.6%～62.2%不等的下降率，其中门头沟区下降幅度最大；从二氧化氮年均浓度来看，各区均已处于下降阶段，其中延庆区二氧化氮年均浓度下降 21.6%；从可吸入颗粒物年均浓度来看，除平谷区、密云区以外，生态涵养发展区各区均呈下降趋势，其中门头沟区的下降幅度最大，达 10.7%（表 5-11）。

表 5-11　2012 年、2015 年生态涵养发展区环境质量变化情况

区域	二氧化硫年均浓度/（微克/立方米）		二氧化氮年均浓度/（微克/立方米）		可吸入颗粒物年均浓度/（微克/立方米）		变化率/%		
	2012 年	2015 年	2012 年	2015 年	2012 年	2015 年	二氧化硫	二氧化氮	可吸入颗粒物
门头沟区	29.1	11	51.5	41.2	109.0	97.3	−62.2	−20	−10.7
怀柔区	22.5	9.2	30.0	29.1	87.0	84.6	−59.1	−3	−2.8
平谷区	24.0	13.3	34.7	33.2	98.0	100.3	−44.6	−4.3	2.3
密云区	28.7	11.9	40.0	34.2	85.0	87.6	−58.5	−14.5	3.1
延庆区	25.7	11.7	39.3	30.8	82.0	80.3	−54.5	−21.6	−2.1

资料来源：《北京区域统计年鉴》（2013 年、2016 年）

第三节　各区功能发展现状评价

为了综合评价北京市各主体功能区及各区的发展状况，通过选取经济、人口、开发强度、科技、公共服务、生态环境等六个方面的指标，构建评价指标体系测度发展水平，对 2015 年北京市各区及其所处的主体功能区进行评价，从而在横向与纵向的比较中发现各主体功能区及各区的短板，为北京市各区功能分工和定位提供依据与支撑。

一、评价指标

（一）评价指标选取基本原则

科学的指标设置和遴选原则是北京市各区及主体功能区发展状况评估工作得以顺利开展的基础，本小节将根据如下原则构建评价指标体系。

1）科学性原则。评价指标筛选方法、权重确定方法和指标信息采集方法要科学可行；指标的内涵要明确，计算方法要简便；指标权重要合理，要能真实、客观地反映和描述北京市各区及主体功能区发展状况。

2）系统性原则。北京市分区绩效评价指标体系的设计首先需要遵循系统性原则，所选择的评价指标体系要能够反映出充分的信息量，每个指标相互独立。不同的指标之间具有内在的逻辑关系，能全面、系统地反映北京市各

区及主体功能区各个方面的发展状况，以及内部之间的协调互动关系。

3）可操作性原则。多指标综合评价是一种实用性很强的方法，其构建必须考虑可行性和可操作性。这要求评价指标的数据易于采集、便于量化，确定的计算方法科学合理、便于操作，评价过程逻辑明晰、简练易行，形成的评价结果清晰易懂，能直接服务于科学决策和工作实践。

（二）评价指标体系与数据来源

在上述构建原则的基础上，北京市分区发展状况的评价指标体系包括经济、人口、开发强度、科技、公共服务与生态环境六项一级指标（表 5-12）。这一评价指标体系能够比较全面地反映北京市各区及主体功能区的发展水平，从而为全面、系统、综合地评价北京市各区及主体功能区发展状况提供科学合理的评价基础。

表 5-12　北京市分区发展状况评价指标体系

一级指标	权重	二级指标	权重	三级指标	权重	性质
经济	1/6	规模	1/12	2010～2015 年 GDP 年均增长率/%	1/12	(+)
		效率	1/12	人均 GDP/（万元 / 人）	1/12	(+)
人口	1/6	密度	1/6	人口密度偏离度/（人 / 平方千米）	1/6	(*)
开发强度	1/6	土地	1/12	建设用地占土地面积比重/%	1/12	(−)
		房产	1/12	房地产施工面积占全市比重/%	1/12	(−)
科技	1/6	产出	1/12	技术市场合同成交额比重/%	1/12	(+)
		研发	1/12	专利申请量/项	1/24	(+)
				专利授权量/项	1/24	(+)
公共服务	1/6	教育	1/18	每万常住人口重点中学数/个	1/18	(+)
		医疗	1/18	每万常住人口执业（助理）医师数/人	1/72	(+)
				每万常住人口注册护士数/人	1/72	(+)
				每万常住人口医院床位数/张	1/72	(+)
				每万常住人口三甲医院数/个	1/72	(+)
		文化	1/18	每万常住人口博物馆数/个	1/72	(+)
				每万常住人口图书馆数/个	1/72	(+)
				每万常住人口图书馆藏书数/万册	1/72	(+)
				每万常住人口体育场数/个	1/72	(+)

续表

一级指标	权重	二级指标	权重	三级指标	权重	性质
生态环境	1/6	能耗	1/18	万元 GDP 能耗下降率/%	1/18	(+)
		环境	1/18	林木绿化率/%	1/18	(+)
		大气	1/18	二氧化硫年均浓度/（微克/立方米）	1/72	(-)
				二氧化氮年均浓度/（微克/立方米）	1/72	(-)
				可吸入颗粒物年均浓度/（微克/立方米）	1/72	(-)
				细颗粒物（$PM_{2.5}$）年均浓度/（微克/立方米）	1/72	(-)

注：(+) 表示正向指标，(-) 表示负向指标，(*) 表示适度指标

资料来源：《北京区域统计年鉴》，除了建设用地占土地面积比重（2012 年）、每万常住人口体育场数（2013 年）外，其他数据均为 2015 年数据

二、评价方法

评价方法包括对原始数据的标准化及各评价指标权重的确定。

1. 标准化处理

依据评价指标体系搜集相关数据后，需要进行原始数据的无量纲化处理。本书采用最为常用的 z-score 标准化法，具体步骤如下。

第一，求出各指标的算术平均值$\bar{x}$和标准差 S;

第二，进行标准化处理：

$$z_i = (x_i - \bar{x}) / s$$

其中，z_i 为标准化后的指标值；x_i 为实际指标值。

第三，将逆向指标前的正负号对调。

标准化后的变量值围绕 0 上下波动，大于 0 说明高于平均水平，小于 0 说明低于平均水平。

2. 确定权重

由于北京市已经进入后工业化发展阶段，经济、人口、开发强度、科技、公共服务、生态环境等各个方面都很重要，因此对各级指标进行等比例赋权，将 6 个一级指标的权重设定为 1/6，而 13 个二级指标和 23 个三级指标则分别根据所从属的上一级指标平分权重，即下级从属指标的权重之和就是上级指

标权重。

3. 计算得分

根据设置的评价指标体系，计算北京市各区的综合得分。综合得分的计算公式为

$$P_j = \sum w_{ij} \cdot z_{ij}$$

其中，P_j 代表各区在各领域（经济、人口、开发强度、科技、公共服务、生态环境等）的综合得分，w_{ij} 是各三级指标的权重。

三、评价结果

通过选取 6 项一级指标对应的 23 项三级指标，可对各区及主体功能区的发展水平做出总体评价，评价结果见表 5-13，表中显示出各区各指标的排名及分级状况。

表 5-13　北京各区分领域评价排名

区域	经济	人口	开发强度	科技	公共服务	生态环境
东城区						
西城区						
朝阳区						
丰台区						
石景山区						
海淀区						
房山区						
通州区						
顺义区						
昌平区						
大兴区						
门头沟区						
怀柔区						
平谷区						
密云区						
延庆区						

注：■代表最优，▩代表较优，▨代表一般，□代表较差

从经济指标来看，城市功能拓展区和首都功能核心区的经济发展水平较高，生态涵养发展区则相对较低，其中西城区、顺义区、海淀区、朝阳区居全市领先地位，丰台区、石景山区、房山区、延庆区的经济实力最为薄弱。具体来说，西城区的人均 GDP 与增速均高于东城区，由此可知，虽同属首都功能核心区，西城区的经济水平略高于东城区；城市功能拓展区的丰台区和石景山区经济指标排名较为靠后，主要由于其人均 GDP 不高，增速也较低；顺义区的经济势头良好，其人均 GDP 仅次于东城区和西城区，增速也很快。

从人口指标来看，城市功能拓展区的人口状况最为优良，密度相对适中，其中丰台区和石景山区的人口指标排名全市领先。首都功能核心区的人口密度过大，人口指标的排名最为靠后，急需向外疏解人口，才能完成努力打造国际一流的和谐宜居之都的发展目标；生态涵养发展区的人口密度最小，有待加强适度开发，吸引人口与社会经济活动的进一步集聚。

从开发强度指标来看，生态涵养发展区开发强度较小，而城市功能拓展区的土地利用已接近饱和。具体来说，东城区与西城区建设用地的比重接近100%，城市发展新区与生态涵养发展区仍有待开发；朝阳区房地产施工面积占全市比重尤其高，达到 15.69%；通州区、昌平区、丰台区也均超过 10%。

从科技指标来看，城市功能拓展区的科技水平遥遥领先，海淀区、丰台区、朝阳区、西城区的科研能力最为突出；而生态涵养发展区整体上比较薄弱，各区的专利申请量和专利授权量差距很大，平谷区、密云区与海淀区相差百倍；从技术市场合同成交额比重这一指标来看，城市功能拓展区也远高于其他主体功能区，资金实力与科技实力十分雄厚。

从公共服务指标来看，城市功能拓展区与城市发展新区的人均公共服务水平相对较低，首都功能核心区的公共服务水平最高。具体来说，东城区、西城区的示范高中、三甲医院数量最多；生态涵养发展区的学校和医院则相对较少，优质教育资源和医疗资源的地域分布极不均衡；朝阳区常住人口较多，因而人均拥有的公共服务资源较少，其教育与文化设施的人均水平低下现象尤其突出；丰台区的医疗水平远低于城市功能拓展区的其他各区，其文化设施的数量也偏低，因而公共服务水平整体较为落后。

从生态环境指标来看，生态涵养发展区的生态环境最为优良，首都功能核心区开发强度过大、经济人口密集，导致生态压力十分巨大。具体来说，生态涵养发展区的林木绿化率均超过 70%，而东、西两城区仅不足 20%；大兴、通州的 $PM_{2.5}$、二氧化硫、二氧化氮、PM_{10} 浓度极高，整个城市发展新区的生态环境质量都较为恶劣；石景山区、通州区、昌平区、怀柔区的能耗下降率比较高，均超过 10%，环境污染的强度有所降低。

表 5-14 中列出了各区发展中的突出问题。首都功能核心区经济、科技、公共服务排名次序靠前，但人口、生态环境、开发强度三个领域平均排名超出前十名。人口、生态环境这两个领域是首都功能核心区发展最为不足的领域，开发强度是其发展较为不足的领域。因此，建设良好的生态宜居环境、向外疏解核心区的人口和产业活动是首都功能核心区亟待加强的领域。从分区来看，首都功能核心区内部东城区、西城区差别并不显著，仅在经济指标方面稍有差别，西城区经济水平略高于东城区。

表 5-14　北京市各区发展相对状况

指标	西城	东城	朝阳	丰台	石景山	海淀	房山	通州	顺义	昌平	大兴	门头沟	怀柔	平谷	密云	延庆
经济				▒	■		■						▒			▒
人口	■	■										▒		■	▒	
开发强度	▒	▒	■	■		■		▒								
科技							▒					■	▒	■	▒	■
公共服务			▒	▒		▒		■	▒	■	■					
生态环境	■	■	▒	▒		▒					▒					

注：黑色图块代表各区问题最为突出的领域，灰色图块代表各区问题相对突出的领域

与首都功能核心区相比，城市功能拓展区在开发强度、公共服务两个领域发展相对不足，其中，开发强度是其最为突出的短板，存在着过度开发的问题。从城市功能拓展区内部来看，各区发展状况存在一定差异，其中石景山区经济发展问题最为突出，指标位于最末位，石景山区发展状况不理想，与首钢搬迁后其产业转型升级缓慢有一定相关性，也是其今后需要着力提升的领域。

城市发展新区最为突出的问题是公共服务水平较低，各区均处于较差或一般的相对发展水平。一方面，城市发展新区人口集聚较快；另一方面，城市发展新区的人均公共服务水平还有待提升。从分区来看，房山在经济领域的问题最为突出，其经济指标排名第 15 位，提升空间较大；通州公共服务与开发强度指标分别为第 15 位、第 13 位，是两个需要补齐的短板，尤其是在通州加快建设北京城市副中心的背景下，土地过度开发与公共服务质量尚低的问题是需要警惕和预防的；大兴区公共服务、生态环境排名分别为第 16 位、第 14 位，这表明除了城市发展新区共有的公共服务问题外，生态环境问题是

大兴区发展需要关注的重点领域。

生态涵养发展区在开发强度和生态环境两个领域发展较好，这与生态涵养发展区的资源禀赋、发展定位有着极大的关系。从问题来看，生态涵养发展区的科技发展最为不足，这是未来该功能区应当重点发展的方向；从分区来看，怀柔、延庆两区的经济指标排名较为靠后，主要原因是受生态涵养发展区功能定位的限制，怀柔、延庆两区均是具有一定面积的平原地区，未来经济发展有进一步提升的空间。

本 章 小 结

明确北京市各区发展现状特征和突出短板，确定各区差异化、特色化的功能定位，是在 2014 年 2 月 26 日和 2017 年 2 月 24 日习近平视察北京重要讲话的指引下，围绕推进京津冀协同发展、强化首都“四个中心”功能定位和布局优化调整、建设国际一流和谐宜居之都的核心要务之一，也是进一步优化北京市产业空间格局的重要基础和前提。从北京市现有四个功能区的发展来看，各主体功能区整体发展与功能定位基本一致，经济总量分布格局与区域功能定位更加相符，表现为：城市功能拓展区和城市发展新区 GDP 份额上升及首都功能核心区 GDP 份额下降；人口分布的圈层化特征显著，首都功能核心区仍然是人口密度最高的区域；四个功能区之间的科技资源和公共服务资源分布不均衡现象仍然较为突出。

从各功能区发展情况来看，首都功能核心区虽然是北京市经济较为发达、人口最为集中、公共服务资源较为丰富的区域，但仍需进一步向外围各区疏解高密度的人口和产业活动，进一步提高城市宜居水平；城市功能拓展区的经济增长趋于平稳，产业结构持续优化，但仍然存在过度开发和人口过于集中的问题，这与承载人口现状和疏解非首都功能定位不符；城市发展新区人口集聚功能不断强化，经济发展水平有所提高，产业结构也呈现不断优化态势，但公共服务水平仍然有待大幅度提升，以满足城市不断发展和人民生活水平不断提升的需求；生态涵养发展区的开发强度控制和生态环境改善均取得了较为突出的成效，与其功能定位要求相符，但产业结构仍然亟待优化调整，科技资源分布严重不足，公共服务水平也需进一步提高。

第六章
北京市产业布局现状与趋势

为推进“四个中心”和“一个目标”建设，破解制约可持续发展的重大问题，优化提升首都核心功能，北京市产业结构和空间布局在不断调整和发展。本章从产业总体空间布局、三次产业空间布局、“高精尖”产业空间布局等方面把脉北京市产业空间布局现状和发展趋势。本章的数据分析主要来自历年《北京区域统计年鉴》的统计数据和北京市第三次全国经济普查数据。

第一节　产业总体布局现状与趋势

一、区级尺度产业布局特征

（一）朝阳区、大兴区、顺义区经济发展较快

如图 6-1 所示，2015 年北京市各区产业发展存在较大的差距。其中，朝阳区、海淀区的 GDP 最高，朝阳区 GDP 达到 4640 亿元，占全市的份额为 21.35%，海淀区次之，占全市 GDP 的 21.23%。东城区、西城区产值也较高，分别占全市 GDP 的 8.55%、15.05%。生态涵养发展区是保障本市生态安全和

水资源涵养的重要区域，由于限制大规模、高强度工业化、城镇化开发，各区产值均远远低于全市其他区，其中门头沟区、怀柔区、平谷区、密云区、延庆区的GDP分别仅占全市GDP的0.66%、1.08%、0.91%、1.04%和0.49%。

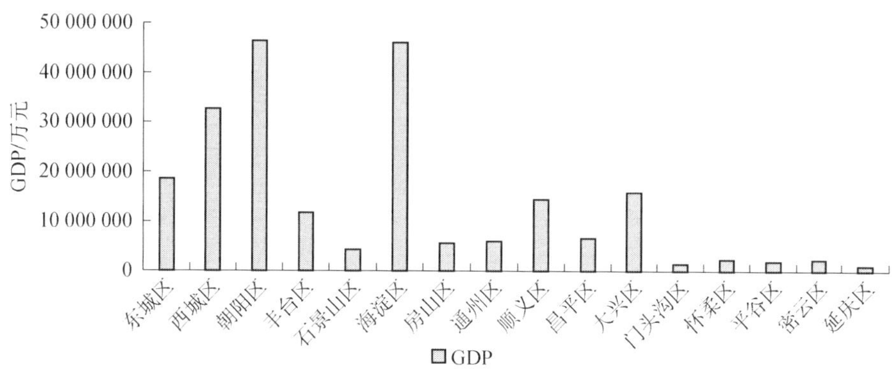

图6-1　2015年北京市各区GDP

资料来源：《北京区域统计年鉴2016》

对比2001年和2015年的各区GDP，发现15年以来，北京市GDP的空间格局变化主要体现在朝阳区、城市发展新区中大兴区和顺义区的份额上升显著，占全市GDP的份额分别上升了4.0个、4.6个、2.2个百分点。

三次产业结构也表现出很大的区域差异，2015年全市三次产业结构为0.6∶19.7∶79.7，第三产业已经占到全市的近80%。如图6-2所示，全市16区仅平谷、密云和延庆三个区的第一产业产值占到了地区GDP的7%以上，其余各区的第一产业比例均较低；城市发展新区和生态涵养发展区的各区第二产业比重较高，房山、大兴、怀柔三个区的第二产业占比超过了55%，门头沟、通州、平谷、密云、顺义五个区的第二产业份额也均超过了40%；第三产业发展方面，首都功能核心区、城市功能拓展区份额较高，东城区、朝阳区和西城区的第三产业占比均超过了90%，分别为95.81%、92.26%、90.95%，海淀区第三产业份额也较高，占比为87.7%，其余各区的第三产业占比约为地区GDP的39.08%～65.52%。其中，房山区、大兴区、怀柔区、平谷区四个区仍处于第二产业为主导的阶段，第二产业比重分别超过第三产业比重19.27、14.49、15.59、1.44个百分点。

（二）就业人口由城市中心区向郊区扩散

北京市各区就业人口份额变动数据显示，2004～2013年，各个功能区就

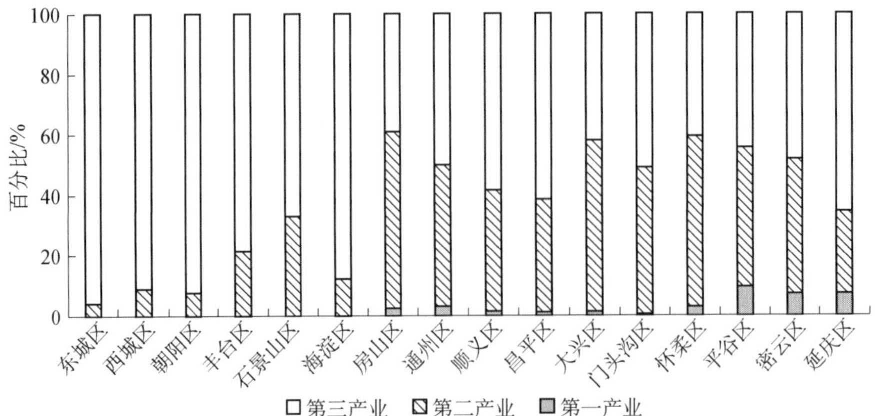

图 6-2　2015 年北京市各区三次产业占比

资料来源：《北京区域统计年鉴 2016》

业人口份额的变动趋势没有发生显著变化，城市功能拓展区与城市发展新区的就业人口份额增大，首都功能核心区与生态涵养发展区份额降低。2008～2013 年北京市就业人口由城市中心区向郊区扩散，城市就业空间结构出现了向外疏解的变化特征，从北京市第三次全国经济普查数据变动比例上看，2004～2008 年城市就业人口的疏解主要发生在城市功能扩展区，2008～2013 年，城市功能拓展区的城市就业人口疏解作用降低，城市发展新区对城市就业人口的吸纳能力显著增强。从各区就业人口比重的变动幅度来看，中心城区（城六区）经历着就业人口分布的剧烈变动，变动幅度超过 1%（表 6-1）。

表 6-1　2004～2013 年北京市分区就业人口份额变动情况　单位：%

区域	2004～2008 年份额变动	2008～2013 年份额变动
首都功能核心区	**−1.61**	**−2.32**
东城区	−0.08	−0.54
西城区	−1.53	−1.78
城市功能拓展区	**2.29**	**1.26**
朝阳区	0.91	1.05
丰台区	0.81	−1.24
石景山区	−0.41	0.34
海淀区	0.98	1.1
城市发展新区	**0.45**	**1.11**
房山区	−1.05	0.05

续表

区域	2004～2008 年份额变动	2008～2013 年份额变动
通州区	-0.03	-0.08
顺义区	0.86	0.28
昌平区	-0.42	0.33
大兴区	1.08	0.52
生态涵养发展区	**-1.13**	**-0.05**
门头沟区	-0.13	-0.15
怀柔区	-0.27	0.11
平谷区	-0.29	-0.06
密云区	-0.29	-0.02
延庆区	-0.15	0.07

资料来源：北京市第三次全国经济普查数据

（三）六大高端产业功能区产业集聚能力增强

在产业空间集聚上，北京市已经形成以中关村国家自主创新示范区、金融街、北京商务中心区、北京经济技术开发区、临空经济区、奥林匹克中心区六大高端产业功能区（以下简称“六高”）为核心的空间发展格局。“六高”已经成为北京市高端产业发展的引领区，在北京市经济发展中所占据的位置越来越重要。北京市第三次全国经济普查数据显示，“六高”以全市 10%的法人单位，创造了全市 30%以上的收入和利润。2013 年，“六高”共有第二、第三产业法人单位 6.3 万个，比 2008 年末增加 2.8 万个；从业人员 322.8 万人，比 2008 年末增加 140.0 万人；实现收入 53 034.3 亿元、利润 7143.1 亿元，为北京市创新产业集群培育奠定了良好的基础。

二、街道乡镇尺度产业布局特征

为了更深入地认识北京市产业空间布局特征，本小节采用乡镇街道尺度的北京市第三次全国经济普查数据，对就业人口和主营业务收入的空间布局特征和变动趋势进行分析。

（一）主营业务收入集聚程度高于就业人口

从就业人口来看，北京市中心城区（城六区）拥有 71.83%的就业人口，集聚了全市绝大部分的经济活动。城市功能拓展区拥有最高比例的就业人口，超过全市就业人口的一半（份额达 53.60%），其次为城市发展新区（22.22%）与首都功能核心区（18.23%），生态涵养发展区就业人口比例最小，为 5.94%；在区级层面上，朝阳区与海淀区拥有最多的就业人口，所占份额均超过 20%，其次为西城区（10.52%），其余各区的就业人口比重均小于 10%（表 6-2、图 6-3）。

表 6-2　2013 年北京市分区就业人数、主营业务收入占比情况　单位：%

区域	就业人数份额	主营业务收入份额
首都功能核心区	**18.23**	**27.64**
东城区	7.71	12.25
西城区	10.52	15.39
城市功能拓展区	**53.60**	**51.95**
朝阳区	20.56	23.78
丰台区	8.40	4.93
石景山区	2.81	2.26
海淀区	21.83	20.98
城市发展新区	**22.22**	**17.91**
房山区	2.48	2.22
通州区	3.63	2.19
顺义区	5.39	4.69
昌平区	4.18	3.17
大兴区	6.54	5.64
生态涵养发展区	**5.94**	**2.50**
门头沟区	0.93	0.37
怀柔区	1.45	0.83
平谷区	1.23	0.48
密云区	1.52	0.64
延庆区	0.81	0.18

资料来源：北京市第三次全国经济普查数据

从主营业务收入来看，北京市产业空间布局显示出中心集聚的特征，中心城区（城六区）拥有 79.58%的主营业务收入，集聚程度高于就业人口分布。城市功能拓展区拥有最高比例的主营业务收入，份额高达 51.95%，其次为首

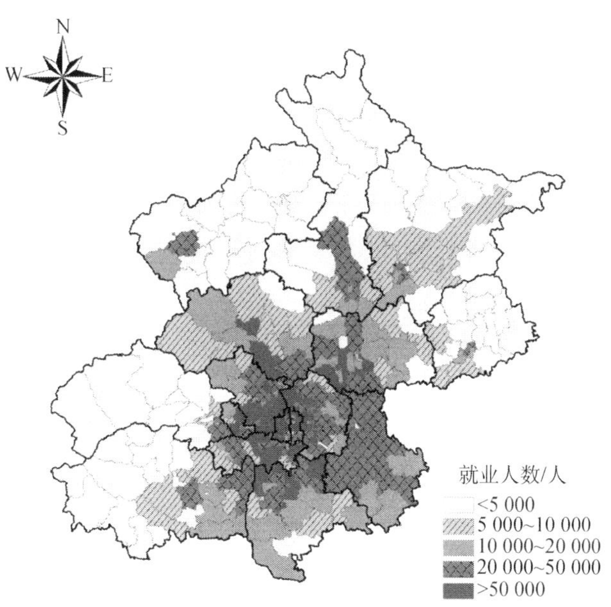

图 6-3　北京市街道乡镇就业人口分布情况

资料来源：北京市第三次全国经济普查数据

都功能核心区（27.64%）与城市发展新区（17.91%），生态涵养发展区主营业务收入最低，份额仅为 2.50%。首都功能核心区的就业人口占比低于城市发展新区，但主营业务收入却相反，这说明首都功能核心区单位从业人员产出效率高于城市发展新区。在区级层面上，朝阳区与海淀区拥有最多的主营业务收入，所占份额超过 20%，其次为西城区（15.39%）与东城区（12.25%），其余各区主营业务收入比重均小于 10%，生态涵养发展区各区主营业务收入比重不足 1%（表 6-2、图 6-4）。

（二）经济空间分布持续向城市外围区扩散

为刻画北京市就业空间布局变动趋势，对各街道乡镇就业密度、就业人口占北京市总就业人口的份额应用非参数估计的 LOESS 方法，通过曲线拟合各街道乡镇就业密度、就业人口份额随到城市中心距离变化的规律。为方便比较，将 LOESS 曲线的平滑系数设置为 0.5。通过对比 2008 年和 2013 年拟合的 LOESS 曲线（图 6-5、图 6-6），可以发现不同空间范围内产业集聚和扩散的趋势特征。

各街道乡镇就业密度 LOESS 曲线（图 6-5）显示，2008～2013 年北京市

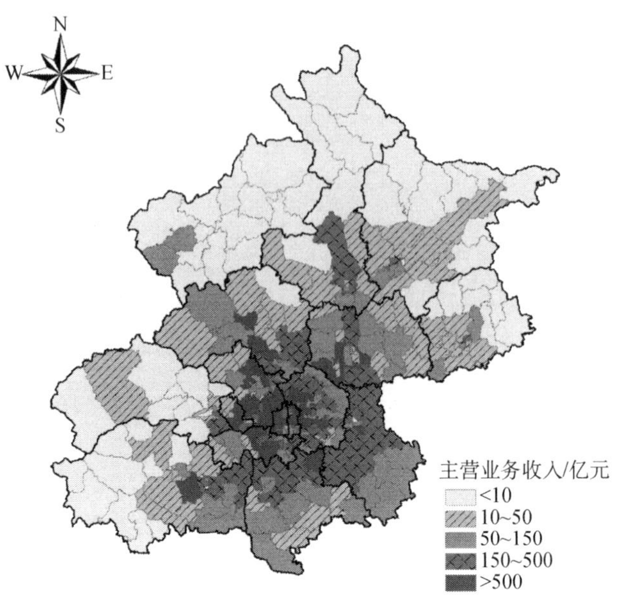

图 6-4　北京市街道乡镇主营业务收入分布情况

资料来源：北京市第三次全国经济普查数据

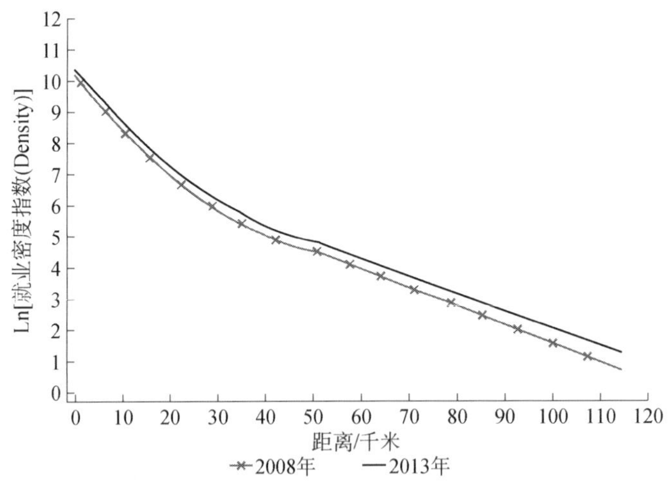

图 6-5　2008 年、2013 年城市就业密度 LOESS 曲线

资料来源：北京市第三次全国经济普查数据

就业密度在全市范围内进一步上升，但中心与外围的上升幅度有一定差别。北京市就业密度从中心向外围变化幅度不断增大，这说明整体上北京市经济空间分布仍然持续向城市外围区扩散，城市中心的集聚程度降低。

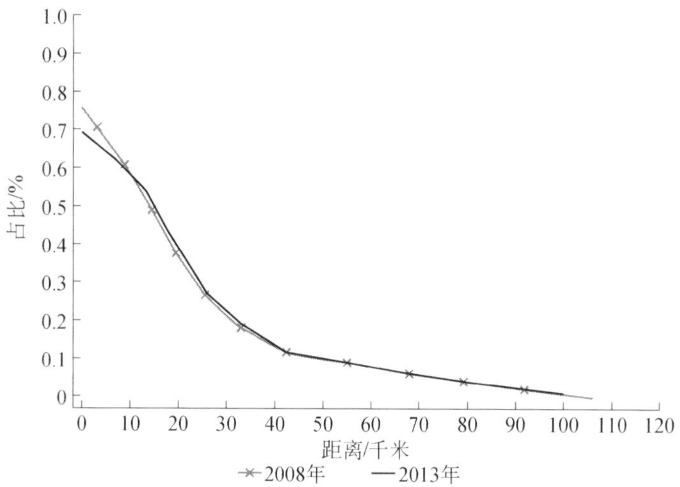

图 6-6　2008 年、2013 年城市就业人口份额 LOESS 曲线

资料来源：北京市第三次全国经济普查数据

各街道乡镇就业人口占北京市总就业人口份额的 LOESS 曲线（图 6-6）显示，2008～2013 年北京市各街道乡镇就业人口份额随到城市中心距离变化分为小于 10 千米、10～40 千米、大于 40 千米三段。在距离市中心 10 千米以内，2008 年街道乡镇的就业人口份额高于 2013 年；在距离市中心 10～40 千米处，2013 年街道乡镇的就业人口份额高于 2008 年；大于 40 千米的区域街道乡镇的就业人口份额基本无变化。由此可知，北京市街道乡镇的就业人口份额呈现向外扩散的趋势，就业人口主要由 10 千米以内的区域疏解到 10～40 千米范围的区域，呈现出明显的向郊区疏解的趋势，这与近年来北京市通过多中心空间结构疏解和抑制中心城区就业过度集中的意图相符合。

为更好地分析北京市产业空间分布变动趋势的空间特征，我们绘制了 2008～2013 年各街道乡镇的就业人口占全市份额变动的空间分布及 IDW 插值分布图（图 6-7、图 6-8）。图 6-7 显示了北京市街道乡镇就业人口份额变动的环状分布与组团式特征，中心城区（城六区）中除海淀山后地区和朝阳中部地区外，就业人口份额整体下降；在中心城区以外，南北方向具有两个半环状增长带，一条是在北部地区自上地街道向东经过昌平东南部至顺义的双丰街道的增长带，另一条是在南部地区自房山东部地区向东经过大兴中心城区至亦庄地区的增长带。从就业人口的疏解来看，就业人口比重升高的街道乡镇主要集中在南、北两个方向，由此可见，南北方向是目前北京市产业疏解的主要方向。

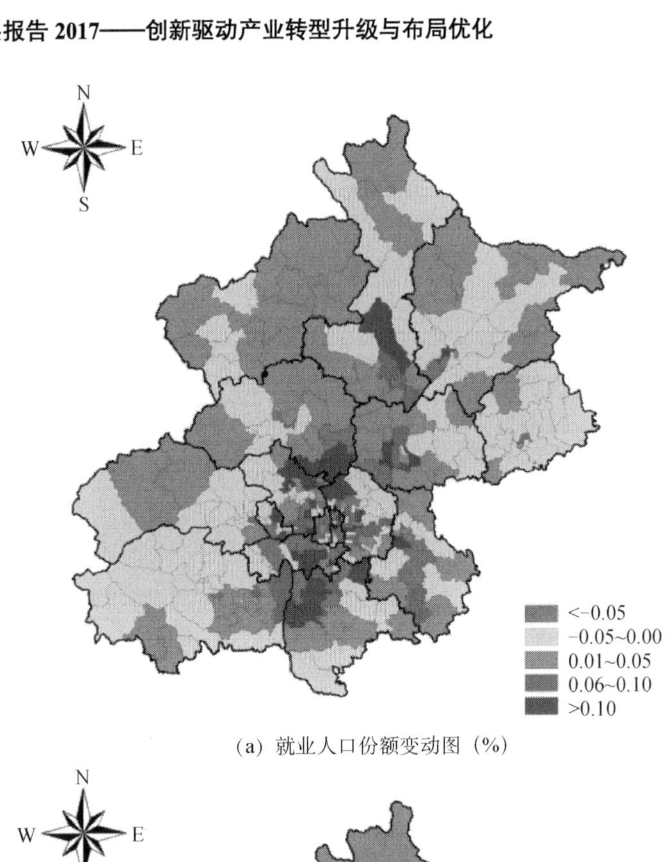

(a) 就业人口份额变动图（%）

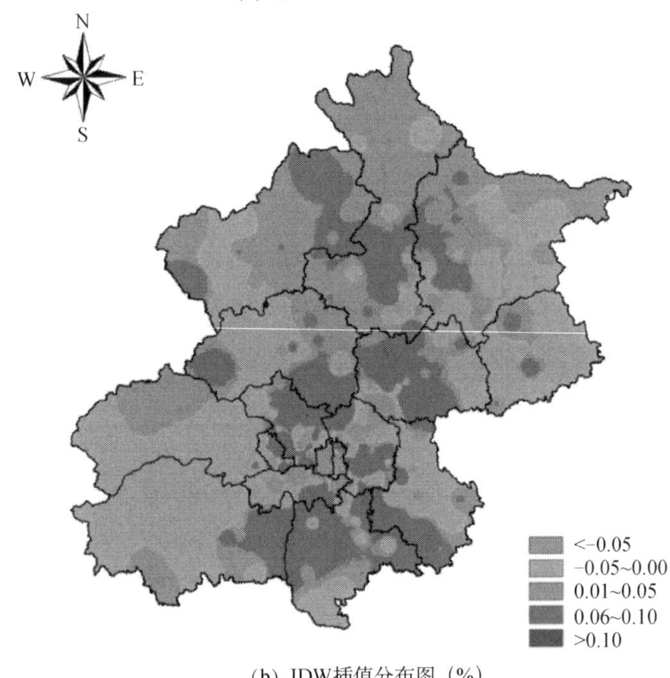

(b) IDW插值分布图（%）

图 6-7 北京市街道乡镇就业人口占全市份额变动的空间分布（详见 232 页彩图）

资料来源：北京市第三次全国经济普查数据

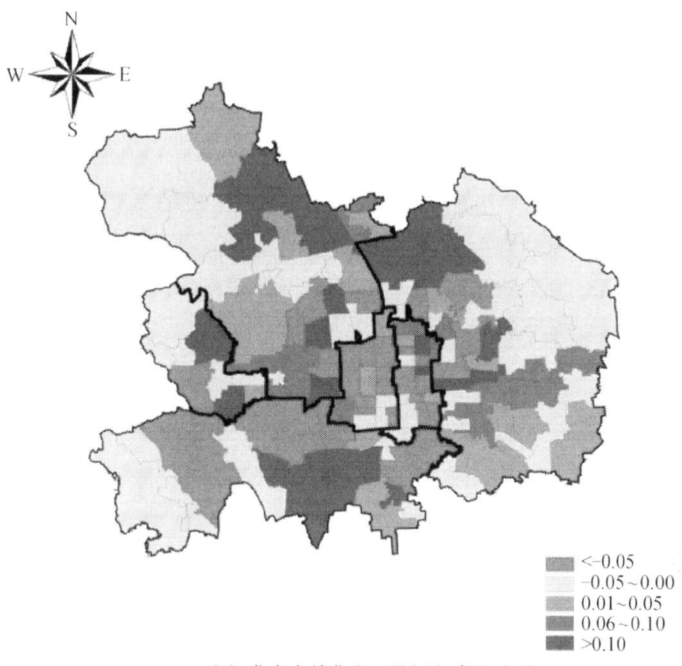

（a）北京市就业人口份额变动图（%）

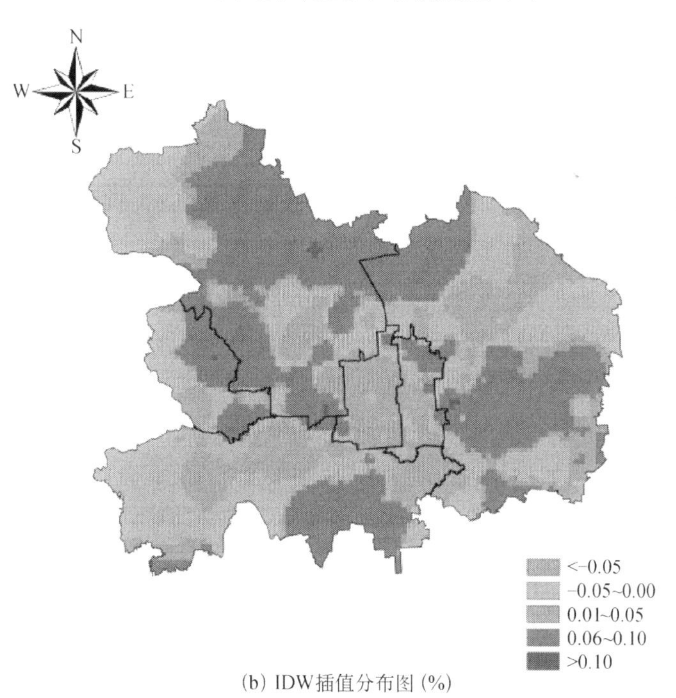

（b）IDW插值分布图（%）

图 6-8　北京市中心城区各街道乡镇就业人口占全市份额变动的空间分布（详见 232 页彩图）

资料来源：北京市第三次全国经济普查数据

从街道乡镇来看，建国门外街道、上地街道、羊坊店街道、苹果园街道就业人口份额增长最大，涨幅在 0.5%以上；丰台区的大红门街道、卢沟桥街道与东铁匠营街道是就业人口份额降幅最大的区域；此外，月坛街道、牛街街道、东华门街道、甘家口街道、望京街道、广安门内街道等就业人口份额也有不同程度的降低。由图 6-8 可见，就业人口份额显著变动的区域主要集中在中心城区及周围临近地区，距离城市中心 40 千米范围内，这和 LOESS 曲线分析得到的城市就业人口分布分散化及就业密度的梯度变化特征相吻合。

第二节　三次产业布局现状与趋势

一、第一产业布局

（一）集中分布于城市发展新区和生态涵养发展区

2015 年，北京市第一产业集中分布在城市发展新区和生态涵养发展区，分别占全市第一产业的 61.01%和 36.42%，中心城区的第一产业已基本退出。大兴区和顺义区的第一产业增加值最高，分别占全市的 15.71%、15.68%；通州区、平谷区、密云区、房山区的第一产业增加值也较高，占全市比重达 10%以上；东城区、西城区和石景山区的第一产业已完全退出（图 6-9）。

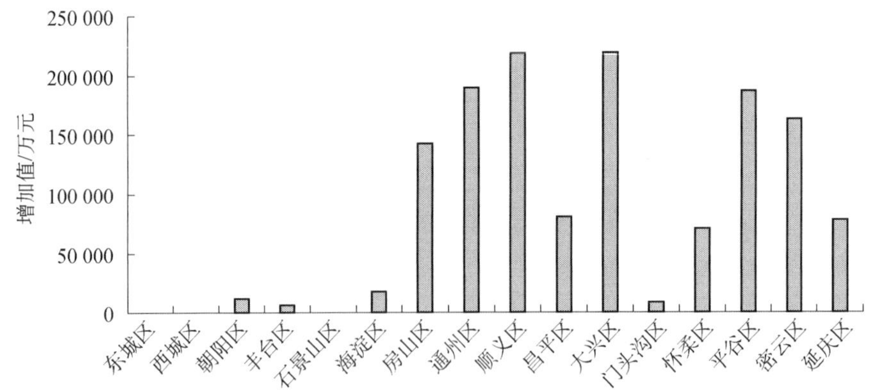

图 6-9　2015 年北京市各区第一产业增加值

资料来源：《北京区域统计年鉴 2016》

（二）生态涵养发展区第一产业增长最快

2001年以来，北京市第一产业已几乎全部分布在外围地区，2015年城市发展新区和生态涵养发展区第一产业增加值占全市的比重高达97.43%。生态涵养发展区的第一产业在这15年增长最快，占全市份额由2001年的30.76%上升到2015年的36.42%，城市功能拓展区第一产业份额不断降低，由2001年的6.78%下降到2015年的2.57%（图6-10）。

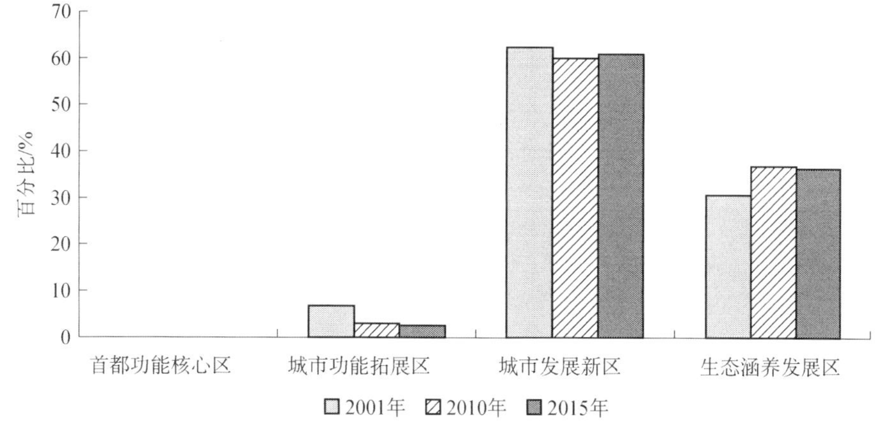

图6-10　2001年、2010年、2015年北京市各功能区第一产业份额

资料来源：《北京市区域统计年鉴》（2002年、2011年、2016年）

从区级层面来看，2001年以来，顺义区在全市农业发展中的领先地位不断弱化，占全市的份额由2001年的20.44%下降到2015年的15.68%（全市第二位）；延庆区、朝阳区和丰台区第一产业退出的幅度也比较大，占全市的份额分别减少了2.94%、1.94%、1.25%；平谷区和密云区的第一产业发展相对较快，占全市的份额分别上升了4.47%和3.45%；大兴区第一产业占全市的份额上升了1.9个百分点，取代顺义区成为全市第一产业比重（15.71%）最高的区（图6-11）。

二、第二产业布局

（一）主要分布于城市发展新区和城市功能拓展区

2015年，北京市第二产业主要分布在城市发展新区和城市功能拓展区，其第二产业增加值分别占全市的52.41%、36.42%。其中，包含北京经济技术

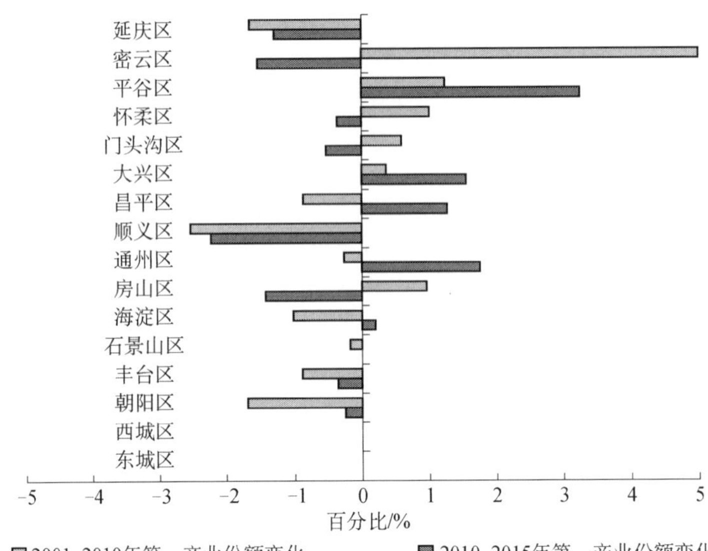

图 6-11　2001～2010 年、2010～2015 年北京市各区第一产业占全市份额变化

资料来源：《北京市区域统计年鉴》（2002 年、2011 年、2016 年）

开发区的大兴区第二产业增加值所占份额最高，高达 20.29%；顺义区、海淀区次之，其第二产业增加值占全市的份额分别为 13.02%、12.76%（图 6-12）。

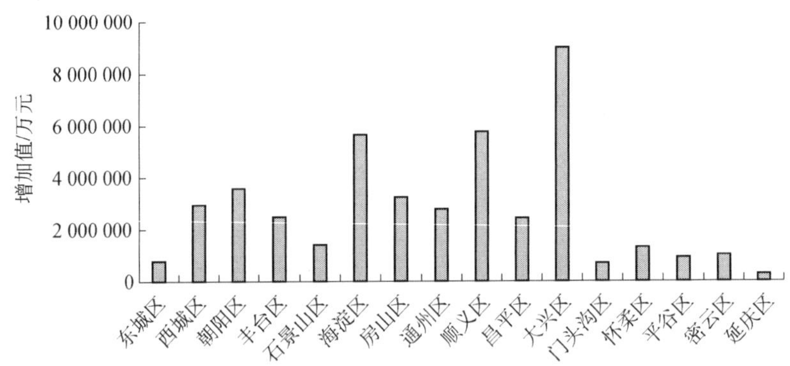

图 6-12　2015 年北京市各区第二产业增加值

资料来源：《北京区域统计年鉴 2016》

（二）制造业呈现出郊区化发展特征

从动态变化上看，2001～2015 年，第二产业空间分布变动主要体现在首都功能核心区和城市功能拓展区第二产业不断退出，而城市发展新区第二产业份额不断增加（图 6-13）。城市功能拓展区第二产业占全市份额由 2001 年

的 53.50%下降到了 2015 年的 29.65%；而城市发展新区第二产业所占份额则急剧上升，由 2001 年的 24.49%上升到了 2015 年的 52.41%；生态涵养发展区第二产业占全市的份额变动不大，占比在 9%左右。

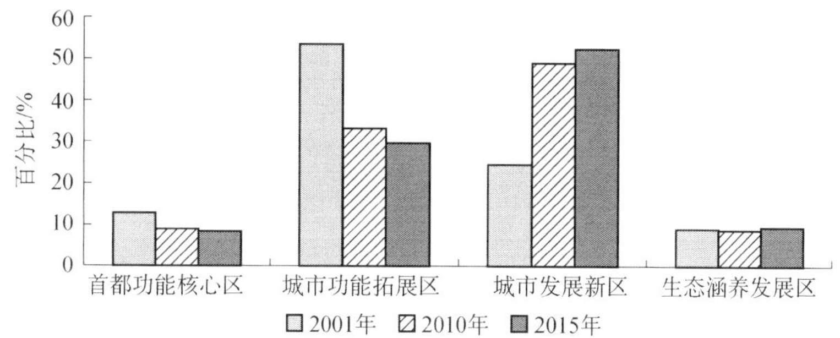

图 6-13　2001 年、2010 年、2015 年北京市各功能区第二产业份额

资料来源：《北京市区域统计年鉴》（2002 年、2011 年、2016 年）

将这种空间变动细分到区级层面来看，主要体现在城市功能拓展区的海淀区、朝阳区和石景山区第二产业占全市份额的下降，以及城市发展新区的大兴区、顺义区第二产业所占份额的大幅度上升，且 2001～2010 年第二产业份额的变动幅度更大（图 6-14）。

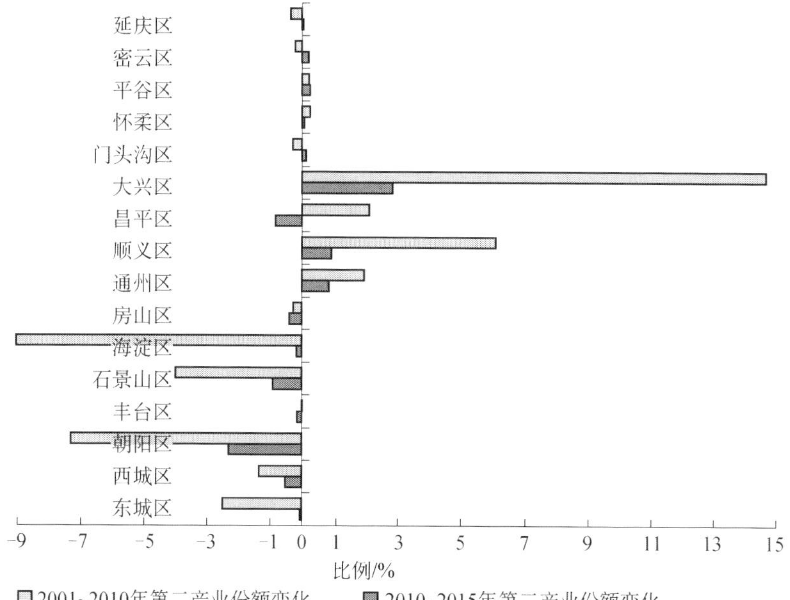

图 6-14　2001～2010 年、2010～2015 年北京市各区第二产业占全市份额变化

资料来源：《北京市区域统计年鉴》（2002 年、2011 年、2016 年）

北京市制造业就业人口份额分布显示，北京市制造业郊区化特征明显，城市发展新区拥有最高比例的制造业就业人口，制造业就业人口比例达64.05%；海淀区、大兴区、通州区、顺义区、昌平区制造业就业人口比重均在10%以上；城市功能拓展区制造业就业人口占比为22.73%；首都功能核心区制造业就业人口比重最小，为 1.13%。制造业正在经历从城市中心区向郊区转移的分散化过程（图 6-15、图 6-16）。

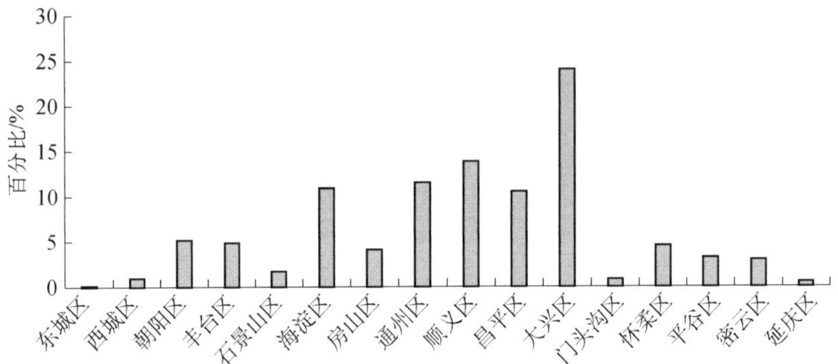

图 6-15　北京市分区制造业就业人口占比情况

资料来源：北京市第三次全国经济普查数据

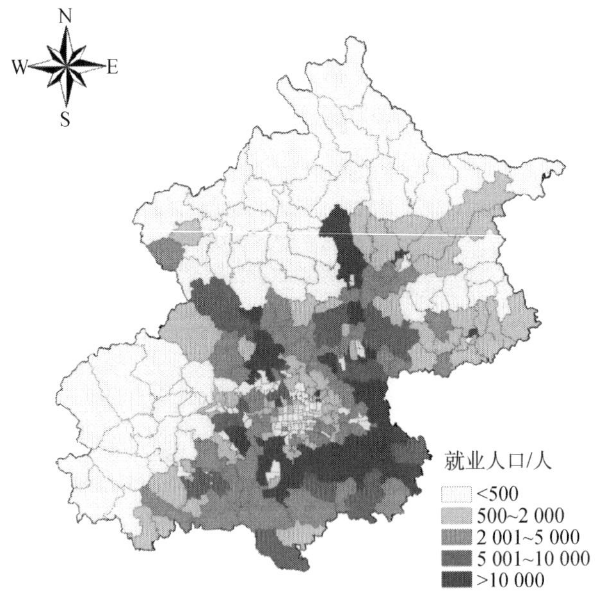

图 6-16　北京市街道乡镇制造业就业人口分布

资料来源：北京市第三次全国经济普查数据

三、第三产业布局

按照国民经济行业分类，共有 15 个服务业行业门类，本小节所指服务业包括除国际组织以外的 14 个行业门类。将 14 个服务业行业门类分为生产性服务业、生活性服务业和社会公共服务业三类。本小节具体分析北京市第三产业总体、三大服务业部门及其各行业的空间分布特征与趋势。

（一）第三产业呈现出明显的中心集聚特征

2015 年，北京市第三产业主要集中在首都功能核心区和城市功能拓展区，其第三产业增加值分别占全市的 27.71%、55.58%，生态涵养发展区第三产发展薄弱，仅占全市的 2.54%。其中，朝阳区第三产业所占份额最高，高达 24.95%；海淀区次之，第三产业份额为 23.58%；西城区、东城区第三产业增加值也较高。这四个区第三产业增加值占全市的份额共计 76.24%（图 6-17）。

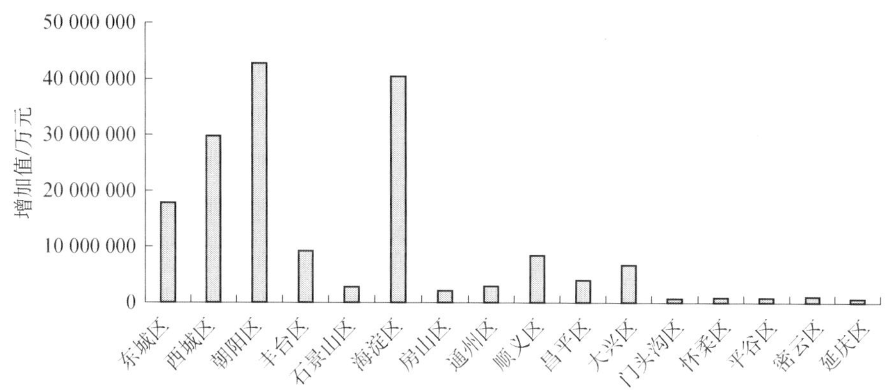

图 6-17　2015 年北京市各区第三产业增加值

资料来源：《北京区域统计年鉴 2016》

从动态变化上看，2001～2015 年，城市功能拓展区一直是全市第三产业的主要集聚区，且集聚力不断增强，占比在 55%左右。而首都功能核心区和生态涵养发展区第三产业所占份额则有所下降，分别下降了 5.04%、2.05%；2001～2010 年，朝阳区、顺义区、大兴区第三产业份额大幅度提升，其他各区第三产业份额均有所下降，2010 年以来，城市功能拓展区和城市发展新区的第三产业份额不断提升。其中，朝阳区第三产业份额大幅度上升，由2001 年的 17.91%上升到 2015 年的 24.95%，城市发展新区的顺义区和大兴区第三产业份额也有所上升，东城区和西城区第三产业占全市份额一直在下降（图 6-18、图 6-19）。

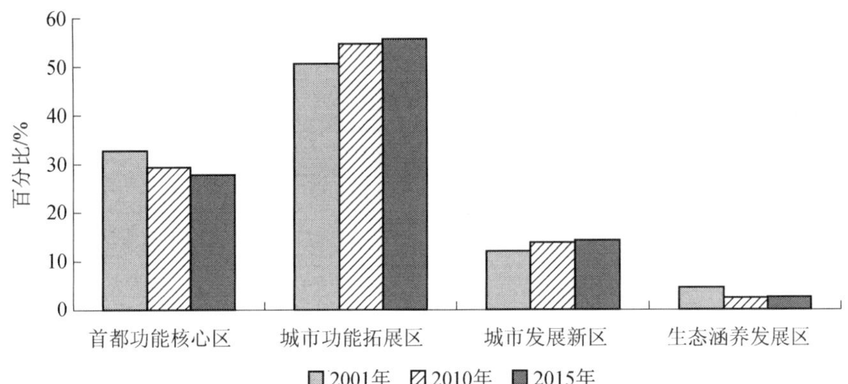

图 6-18　2001 年、2010 年、2015 年北京市各功能区第三产业份额

资料来源：《北京区域统计年鉴》（2002 年、2011 年、2016 年）

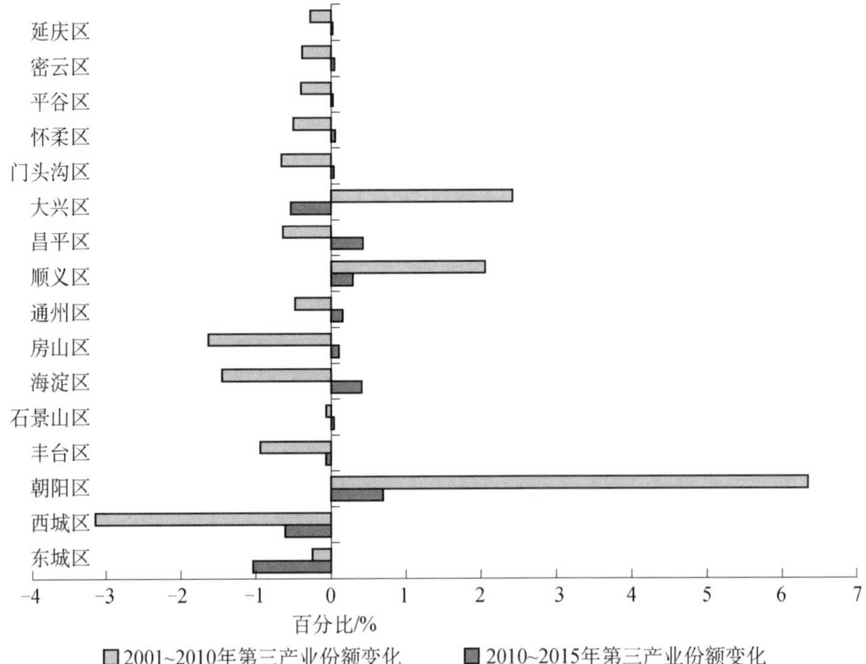

图 6-19　2001～2010 年、2010～2015 年北京市各区第三产业占全市份额变化

资料来源：《北京区域统计年鉴》（2002 年、2011 年、2016 年）

从服务业就业人口份额指标来看，北京市服务业呈现出明显的中心集聚特征，城六区服务业就业人口占北京市的 80%以上，城市发展新区与生态涵养发展区服务业就业人口较少。其中，朝阳区、海淀区服务业就业人口比重大于 20%，东城区、西城区、丰台区服务业就业人口比例也相对较高。城市中心区仍然具有很强的集聚经济效应，相比于制造业，服务业整体上更加依赖城市中心区提供的集聚经济效应（图 6-20、图 6-21）。

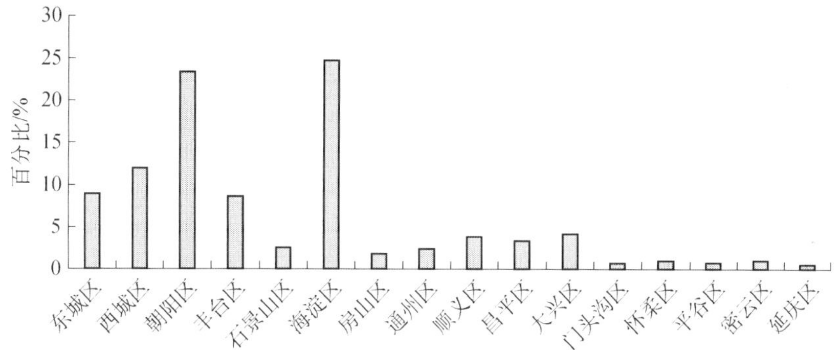

图 6-20　北京市各区服务业就业人口占比情况

资料来源：北京市第三次全国经济普查数据

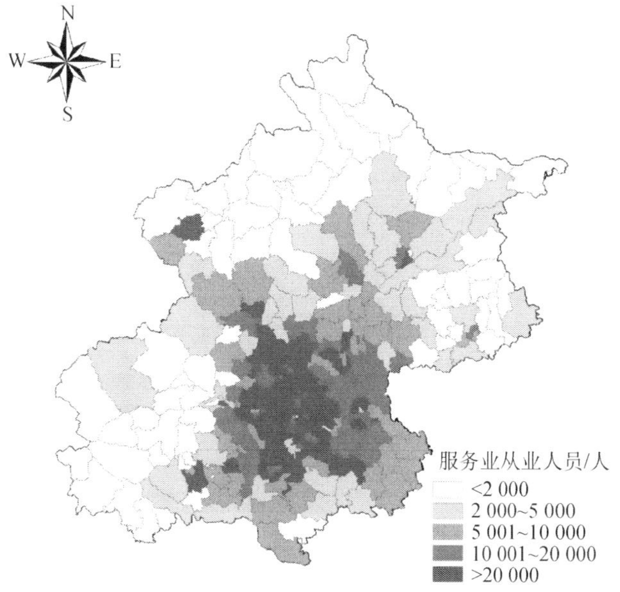

图 6-21　北京市街道乡镇服务业就业人口分布图

资料来源：北京市第三次全国经济普查数据

（二）生产性服务业高度集中在中心城区

生产性服务业是为生产者提供服务产品和劳动的部门，包括交通运输、仓储和邮政业，信息传输、软件和信息技术服务业，金融业，房地产业，租赁和商务服务业，科技服务业。2015 年，北京市生产性服务业占全市第三产业的比重为 67.15%；首都功能核心区和城市功能拓展区占全市生产性服务业的份额达 85.42%；生态涵养发展区占全市份额仅为 1.58%。从 16 区的分布情况来看，生产性服务业主要集中在海淀区、朝阳区和西城区，三个区生产性服务业增加值占全市的份额共计 68.23%，其中海淀区生产性服务业增加值所占份额最高，高达 25.04%（图 6-22）。

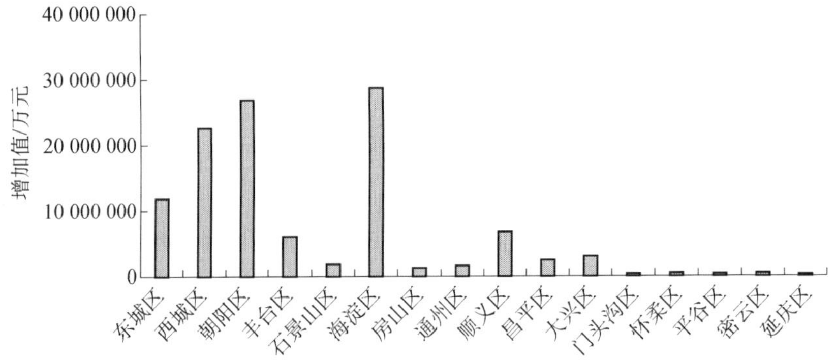

图 6-22　2015 年北京市各区生产性服务业增加值

资料来源：《北京区域统计年鉴 2016》

由表 6-3 和图 6-23 可见，2006～2015 年，全市生产性服务业空间分布变动主要体现在首都功能核心区与城市发展新区之间，总体表现为首都功能核心区生产性服务业比重下降，城市发展新区的比重大幅度上升，各行业变动较大，但生产性服务业整体份额变动不大。

表 6-3　2015 年生产性服务业各行业增加值在各功能区的份额　单位：%

行业	首都功能核心区	城市功能拓展区	城市发展新区	生态涵养发展区
交通运输、仓储和邮政业	11.14	34.08	51.69	3.09
信息传输、软件和信息技术服务业	15.57	80.97	3.39	0.07
金融业	56.62	34.49	7.70	1.18
房地产业	16.09	54.01	24.77	5.13
租赁和商务服务业	26.80	64.98	7.12	1.11
科技服务业	18.68	68.97	11.35	1.00

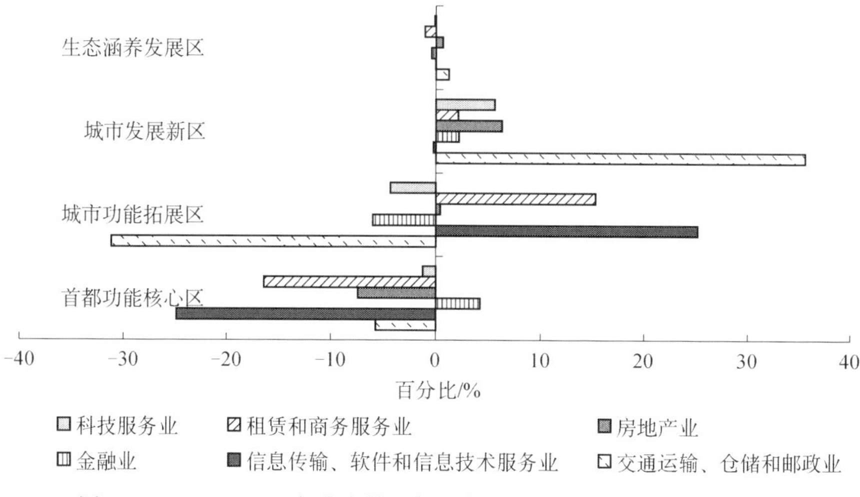

图 6-23　2006～2015 年生产性服务业各行业增加值在各功能区的变化

具体到各行业来看，信息传输、软件和信息技术服务业，租赁和商务服务业在首都功能核心区的比重大幅度下降（分别下降 24.85、15.30 个百分点），而在城市功能拓展区比重明显上升（分别上升 25.12、16.38 个百分点），呈现出近郊化的发展趋势；交通运输、仓储和邮政业在首都功能核心区和城市功能拓展区的比重分别下降了 5.69%、31.17%，但在城市发展新区的比重大幅度上升（上升 35.61 个百分点），呈现出向远郊平原区发展的郊区化趋势；房地产业也同样呈现出郊区化趋势；金融业则呈现出进一步向首都功能核心区集中的发展态势，2006～2015 年首都功能核心区比重上升了 4.24%；科技服务业在各功能区的分布虽有波动，但分布格局相对稳定，主要呈现出城市功能拓展区主导地区稍微弱化，城市发展新区的份额上升 5.63%。总体上，生产性服务业中金融业仍高度集聚在城市中心区，而与制造业相关的传输（信息产业）、租赁和商务服务业等随着近年来近郊科技园区和工业园区不断强化商务服务职能，呈现出向近郊区转移的趋势，同时交通运输服务业（现代物流业）随着围绕首都机场的顺义临空经济区等的发展，呈现出向远郊转移的趋势。

（三）生活性服务业空间分布均衡程度提高

生活性服务业是直接面向个体消费者的服务部门，包括批发与零售业，住宿和餐饮业，居民服务、修理和其他服务业。2015 年，北京市生活性服务业占全市第三产业的比重为 16.58%。从 16 区的分布情况来看，朝阳区集聚了最多的生活性服务业，增加值占全市的份额高达 39.26%；海淀区、西城区、东城区和大兴区生活性服务业增加值占全市份额也较高，分别为 13.48%、11.42%、9.61%和 9.68%。从功能区来看，生活性服务业也主要分布在首都功能核心区和城市功能拓展区，这两个功能区占全市生活性服务业的份额达 80.52%，生态涵养发展区的五个区占全市份额仅为 2.02%（图 6-24）。

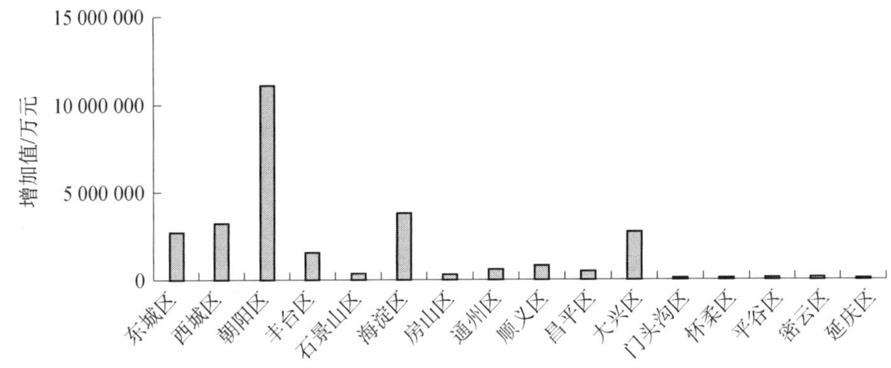

图 6-24 2015 年北京市各区生活性服务业增加值

2006～2015 年，生活性服务业总体表现为首都功能核心区集聚程度下降明显，产值占全市份额大幅度下降，城市功能拓展区和城市发展新区的比重显著上升。将这种空间变动细分到区级层面来看，主要体现在东城区和西城区生活性服务业占全市份额下降明显，而大兴区生活性服务业占全市份额则上升了6.4%。虽然城市功能拓展区整体上生活性服务业占全市份额变化不大，但从内部看，朝阳区生活性服务业份额大幅度上升，而海淀区的生活性服务业份额明显下降。

从细分行业看，批发与零售业、居民服务、修理和其他服务业在首都功能核心区的比重下降，而在城市功能拓展区和城市发展新区的比重大幅度上升，呈现出向近郊区和远郊区扩散的趋势。其中，首都功能核心区批发与零售业份额下降了 11.60%，而城市发展新区份额上升了 11.65%，居民服务、修理和其他服务业在首都功能核心区的比重下降了 17.12%，在城市功能拓展区和城市发展新区分别上升了 9.19%、7.25%，而住宿和餐饮业在各功能区中的分布格局则相对比较稳定。总体上，由于人口的持续郊区化和分散化，与居民相关的商业和居民服务业也呈现出了明显的郊区化发展趋势（表 6-4、图 6-25）。

表 6-4　2015 年生活性服务业各行业增加值在各功能区的份额　单位：%

行业	首都功能核心区	城市功能拓展区	城市发展新区	生态涵养发展区
批发与零售业	20.58	60.71	17.35	1.36
住宿和餐饮业	25.97	53.20	16.79	4.03
居民服务、修理和其他服务业	15.64	57.86	20.31	6.19

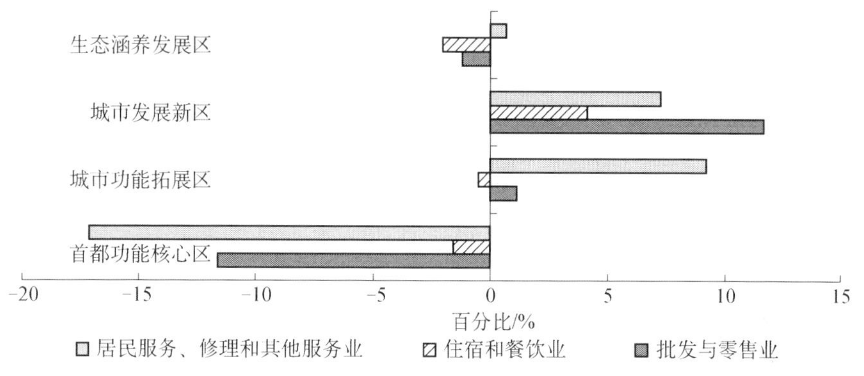

图 6-25　2006～2015 年生活性服务业各行业增加值在各功能区的变化

（四）社会公共服务业由核心区向外围扩散

社会公共服务业是为改善和发展社会成员生活福利而提供服务的部门，该类服务多由政府提供和经营，包括教育，卫生、社会保障和社会福利业，文化、体育和娱乐业，水利、环境和公共设施管理业，公共管理和社会组织业。2015 年，北京市社会公共服务业占全市第三产业的比重为 16.27%，与生活性服务业的份额相当。社会公共服务业主要分布在首都功能核心区和城市功能拓展区，但集中程度明显低于生产性服务业和生活性服务业，生态涵养发展区占全市份额为 7.11%。从区级层面看，社会公共服务业份额最高的是海淀区，该区社会公共服务业增加值占全市的份额高达 28.60%；朝阳区、西城区和东城区社会公共服务业增加值占全市份额也较高，分别为 15.11%、14.23%和 11.69%（图 6-26）。

2006～2015 年，社会公共服务业各行业在首都功能核心区的份额均下降，其他三个功能区的份额有不同程度的增加，表明核心区的社会公共服务业呈现向周边地区扩散的态势，外围地区更加重视对社会公共服务业的供给。其中，卫生和社会工作，水利、环境和公共设施管理业以及文化、体育和娱乐业均在首都功能核心区比重有较大幅度的下降，而在城市功能拓展区比重明显上升，呈现出近郊化发展趋势；公共管理和社会组织业也呈现出一定程度

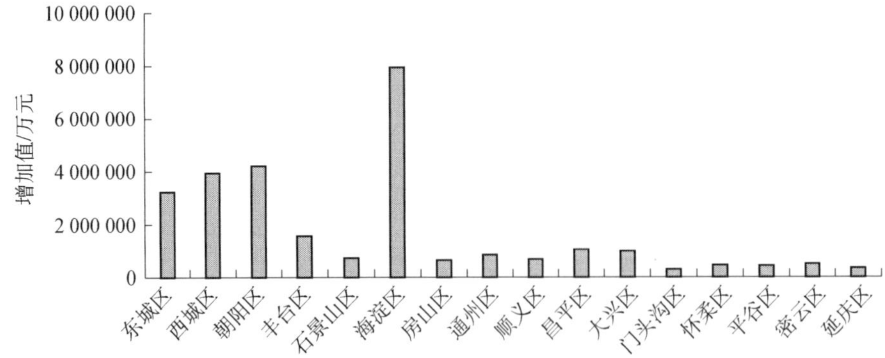

图 6-26 2015 年北京市各区社会公共服务业增加值

的近郊化发展趋势；教育业在首都功能核心区、城市功能拓展区的份额均下降，在生态涵养发展区和城市发展新区的份额上升，呈现出远郊化的发展趋势（表 6-5、图 6-27）。

表 6-5 2015 年社会公共服务业各行业增加值在各功能区的份额 单位：%

行业	首都功能核心区	城市功能拓展区	城市发展新区	生态涵养发展区
水利、环境和公共设施管理业	13.95	55.31	18.58	12.15
教育	11.60	62.34	19.57	6.48
卫生、社会保障和社会福利业	32.41	46.80	14.83	5.95
文化、体育和娱乐业	32.03	62.60	2.28	3.10
公共管理和社会组织业	38.98	32.58	17.57	10.87

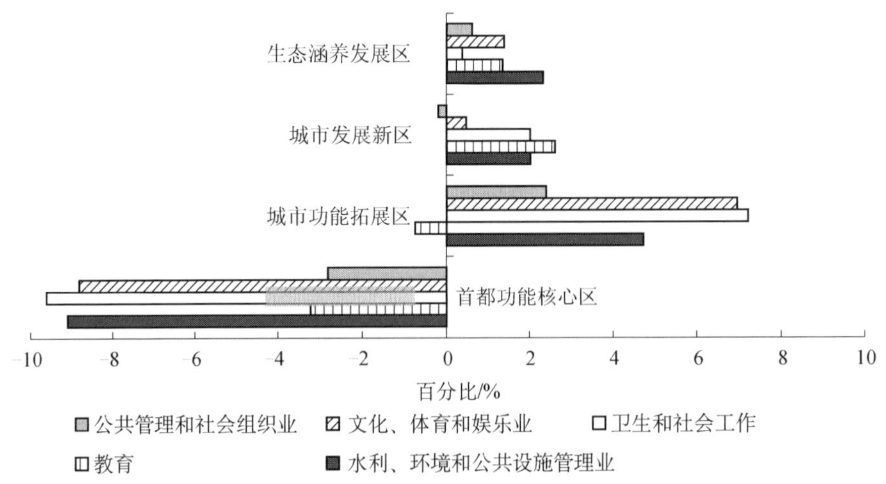

图 6-27 2006～2015 年社会公共服务业各行业增加值在各功能区的变化

第三节　“高精尖”产业布局现状与趋势

依据北京市第三次全国经济普查各街道乡镇各产业的就业人口数据，测算六大“高精尖”产业（科技服务业、金融服务业、新一代信息技术产业、生物医药产业、新能源与新材料产业、节能环保产业）的区位熵，从而识别出具有比较优势的街道乡镇，明确重点产业的空间布局特征和规律，进而与北京市第二次全国经济普查数据进行对比，分析“高精尖”产业的空间布局变动趋势。

采用赫芬达尔系数（HHI）来测度六大“高精尖”产业的集聚程度。赫芬达尔系数是一种测量集中程度的综合指数，它是指一组数据中不同个体占总体的比重的平方和，公式如下

$$HHI=\sum_{i=1}^{N}(X_i/X)^2$$

其中，X 指第 i 个街道乡镇某行业就业人数占北京市该行业的比重。HHI 越大，该行业的集聚程度越高；反之，HHI 越小，该行业的集聚程度越低。

结果显示，2013 年北京市金融服务业空间集聚程度最为显著，HHI 高达 41.87，远远高于其他产业；新能源与新材料产业、新一代信息技术产业空间集聚程度较为突出，HHI 分别为 6.31 和 5.13。从变动趋势看，2008～2013 年，科技服务业空间集聚程度有所下降，HHI 从 2008 年的 2.14 下降到 2013 年的 1.59；其他产业空间集聚程度都有一定程度的提高，其中，金融服务业、新能源与新材料产业的 HHI 均增长一倍左右，而金融服务业集聚程度提高更为明显（图 6-28）。

一、科技服务业布局

科技服务业是典型的智力密集型产业，包括研究与试验、设计与咨询、产品与服务、技术与推广等领域和环节。由于北京市中心城区聚集了大量高等院校、科研院所等智力资源，加之科技服务业具有集聚发展、面对面交流以降低交易成本的内在要求，大量科技型企业集聚在中心城区，尤其是朝阳区、海淀区和丰台区集聚特征显著。北京市科技服务业已经形成了较稳定的“七二一”格局，城市功能拓展区占据近 70%的份额，首都功能核心区和城市

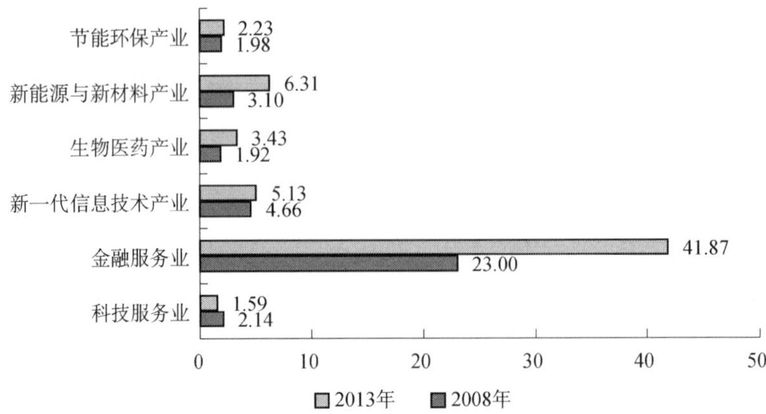

图 6-28　2008 年、2013 年北京市“高精尖”产业集中程度（赫芬达尔系数）

资料来源：北京市第三次全国经济普查数据

发展新区大致各占 20%和 10%，生态涵养发展区科技服务业占全市比重不足 1%。其中，2013 年朝阳区、海淀区、丰台区科技服务业就业人口占全市比重分别为 29.62%、29.17%、15.37%，三区占比接近全市的 3/4。相应地，科技服务业区位熵大于 1.5 的街道乡镇，即其发展具有比较优势的街道乡镇也集中分布在中心城区，重点集聚在朝阳区、海淀区和丰台区（图 6-29）。

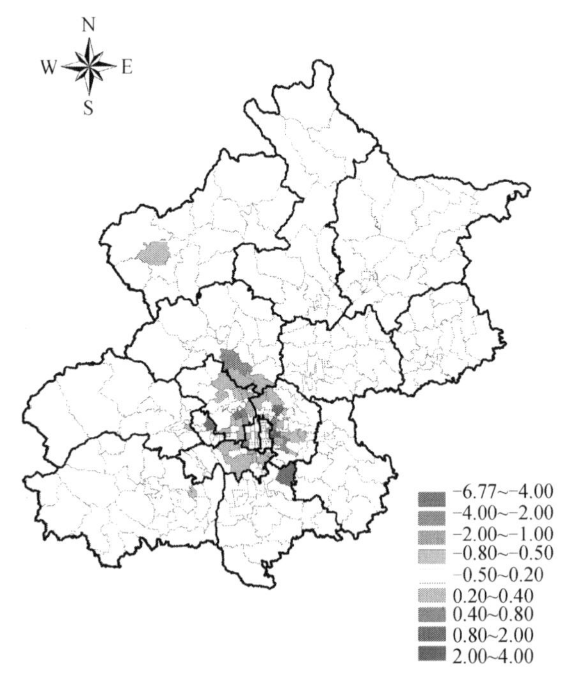

(a) 2008~2013年科技服务业就业份额变化（%）

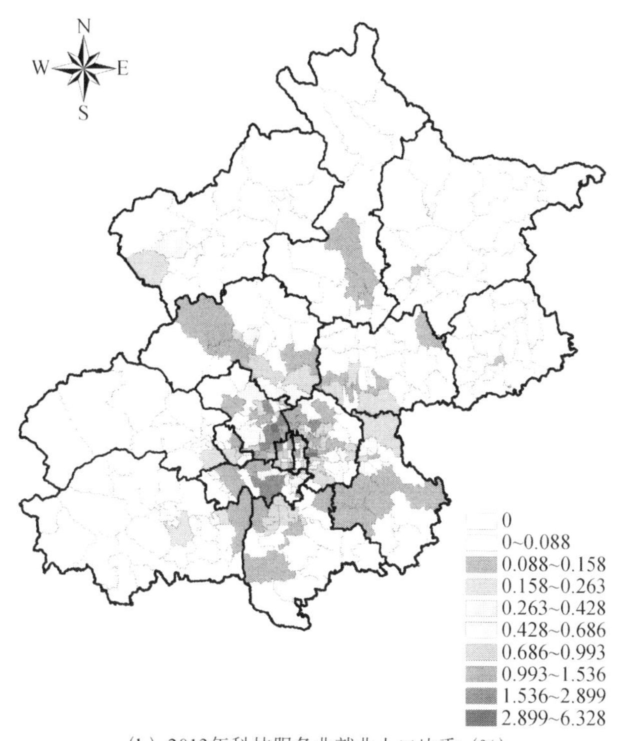

（b）2013年科技服务业就业人口比重（%）

图 6-29　科技服务业空间分布及变动情况（详见 233 页彩图）

资料来源：北京市第三次全国经济普查数据

科技服务业是 2013 年北京市“高精尖”产业中集聚程度最低的产业，这既反映在 HHI 上，也反映在街道乡镇就业人数占比最大值这一指标上，科技服务业就业人数占比最大的建外街道就业人数占比仅为 6.33%，低于其他五大产业该值。

从变动趋势看，科技服务业的 HHI 从 2008 年的 2.14 下降到 2013 年的 1.59，是“高精尖”产业中唯一一个集聚程度有所下降的产业。科技服务业空间变动呈现出以海淀区、西城区、东城区为中心向外扩散趋势，海淀区、西城区、东城区科技服务业就业人口比重均有所下降，而首都功能核心区外围的朝阳区、丰台区、昌平区、石景山区均有所提高（表 6-6）。其中，海淀区从 2008 年的 41.02%下降到 2013 年的 29.17%，下降幅度达 11.85%；朝阳区从 2008 年的 19.43%增长到 2013 年的 29.62%，上升幅度达 10.19%，成为北京市科技服务业就业人口占比最大的区。2013 年，朝阳区的建外街道取代海淀区的海淀街道，成为科技服务业就业人口占比最大的乡镇街道，这反映出科技服务业的重心开始从海淀区向朝阳区转移。

表 6-6 2008 年、2013 年科技服务业就业人口占全市比例及变动情况 单位：%

区域	2008 年	2013 年	变动比例
海淀区	41.02	29.17	−11.85
西城区	9.14	5.81	−3.33
东城区	9.47	6.72	−2.75
朝阳区	19.43	29.62	10.19
丰台区	10.06	15.37	5.31
昌平区	2.48	4.01	1.53
石景山区	1.15	2.18	1.03
合计	92.75	92.88	0.13

资料来源：北京市第三次全国经济普查数据

区位熵指标表现出同样的特征。2008 年，北京市科技服务业具有绝对比较优势（区位熵大于 1.5）的街道乡镇集中在中心城区，尤其是海淀区东南部的花园路街道、北太平庄街道、中关村街道、北下关街道、海淀街道、紫竹院街道、曙光街道、田村路街道、八里庄街道、甘家口街道、永定路街道、万寿路街道等十余个街道连成一片，并且在科技服务业各个领域和环节都拥有一定数量的就业人口，明显优于其他街道乡镇。而到 2013 年，北京市科技服务业的空间布局出现两个变化：一是虽然海淀区科技服务业就业人口数量占据绝对优势，但是科技服务业发展的相对地位有所下降；二是市域范围内具有比较优势的街道乡镇的分散化特征显著，从集中在中心城区特别是海淀区向朝阳区，以及外围的昌平区、门头沟区、延庆区、密云区等郊区扩散。

二、金融服务业布局

金融服务业是“高精尖”产业中集聚态势最为显著的产业，它以金融街和商务中心区两大高端产业集聚区为双核心集聚分布在中心城区的西城区、东城区、朝阳区和海淀区。其中，2013 年，金融街高端产业集聚区的核心区域金融街街道集聚了北京市金融服务业 63.63%的就业人口，商务中心区高端产业集聚区的核心区域建外街道集聚了北京市金融服务业 9.55%的就业人口（图 6-30）。

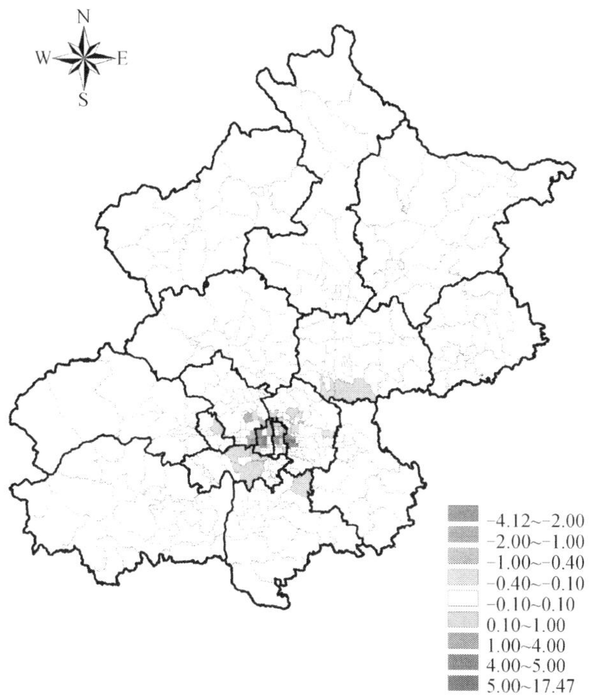

（a）2008~2013年金融服务业就业份额变化（%）

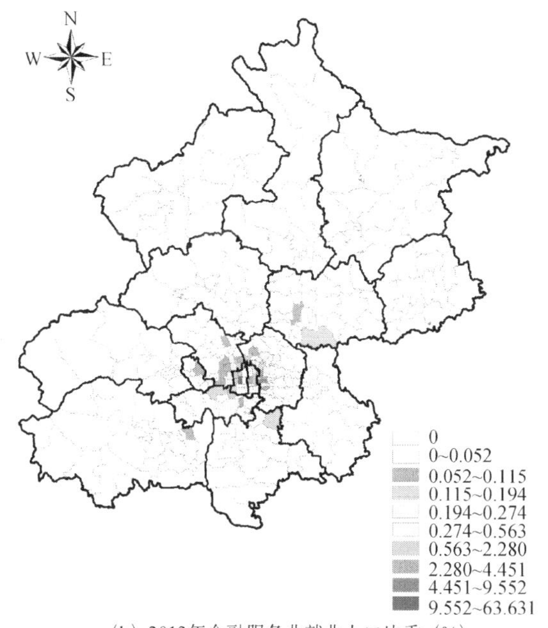

（b）2013年金融服务业就业人口比重（%）

图 6-30　2008 年、2013 年北京市金融服务业空间分布（详见 233 页彩图）

资料来源：北京市第三次全国经济普查数据

从发展的比较优势来看，2013 年北京市有 12 个金融服务业区位熵大于 1 的街道乡镇。西城区的金融街街道为 19.25，说明金融街街道在北京市金融服务业中占据绝对优势地位。金融街街道在银行业、证券业、信托业、保险业等金融服务业产业链的各领域都吸纳了成千上万的就业人口，其中在货币银行服务（103 763 人）、证券市场服务（22 367 人）、人身保险服务（27 232 人）领域的优势尤为突出（表 6-7）。

东城区的东直门街道、朝阳门街道、建国门街道和朝阳区的呼家楼街道、建外街道、朝外街道、双井街道、亚运村街道连成一体，依托商务中心区成为北京市金融服务业的又一集聚区。其中，东直门街道以金融信托与管理服务（2317 人）为主，占比 89.42%；朝阳门街道以证券市场服务为主，占比 98.30%；建国门街道以银行服务（包括货币银行服务和非货币银行服务）为主，占比 96.19%；建外街道以保险服务为主，占比 56.20%；朝外街道以证券市场服务为主，占比 56.79%；呼家楼街道、双井街道均以人身保险为主，占比分别为 65.18%、60.49%；亚运村街道以证券市场服务为主，占比 92.26%（表 6-7）。

此外，海淀区的海淀街道以非金融机构支付服务和证券市场服务为主，占比 74.38%；北太平庄街道以保险经纪与代理服务为主，占比 89.48%（表 6-7）。

表 6-7　金融服务业集聚区域状况

<table>
<tr><th colspan="2">区域</th><th>街道</th><th>金融服务业就业人口/人</th><th>优势领域（就业人口/人）</th><th>优势领域就业人口占比/%</th></tr>
<tr><td rowspan="2">金融街</td><td rowspan="2">西城区</td><td>金融街街道</td><td>175 172</td><td>货币银行服务（103 763）、证券市场服务（22 367）、人身保险（27 232）</td><td>87.55</td></tr>
<tr><td>月坛街道</td><td>2 618</td><td>货币银行服务（2 202）</td><td>84.11</td></tr>
<tr><td rowspan="8">商务中心区</td><td rowspan="3">东城区</td><td>东直门街道</td><td>2 591</td><td>金融信托与管理服务（2 317）</td><td>89.42</td></tr>
<tr><td>建国门街道</td><td>6 277</td><td>银行服务（货币银行服务 5 029、非货币银行服务 1 009）</td><td>96.19</td></tr>
<tr><td>朝阳门街道</td><td>5 308</td><td>证券市场服务（5 218）</td><td>98.30</td></tr>
<tr><td rowspan="5">朝阳区</td><td>建外街道</td><td>26 295</td><td>保险服务（财产保险 9 412、人身保险 5 365）</td><td>56.20</td></tr>
<tr><td>朝外街道</td><td>4 008</td><td>证券市场服务（2 276）</td><td>56.79</td></tr>
<tr><td>呼家楼街道</td><td>12 253</td><td>人身保险（7 987）</td><td>65.18</td></tr>
<tr><td>双井街道</td><td>1 420</td><td>人身保险（859）</td><td>60.49</td></tr>
<tr><td>亚运村街道</td><td>3 205</td><td>证券市场服务（2 957）</td><td>92.26</td></tr>
<tr><td colspan="2" rowspan="2">海淀区</td><td>海淀街道</td><td>8 194</td><td>非金融机构支付服务（3 985）、证券市场服务（2 110）</td><td>74.38</td></tr>
<tr><td>北太平庄街道</td><td>2 558</td><td>保险经纪与代理服务（2 289）</td><td>89.48</td></tr>
</table>

资料来源：北京市第三次全国经济普查数据

从变动趋势来看，北京市金融服务业仍表现为集聚发展。2008～2013 年，北京市金融服务业区位熵大于 1 的街道乡镇一直集中在中心城区，并且以金融街、商务中心区两大高端产业集聚区为中心进一步集聚，这一方面表现在金融街街道金融服务业就业人口比重从 2008 年的 46.16%上升到 2013 年的 63.63%，集聚程度大幅度提高；另一方面表现在金融服务业区位熵大于 1 的街道乡镇从 2008 年的 18 个减少到 2013 年的 12 个，具有比较优势的街道乡镇数量减少。

从驱动因素来看，近年来，影响中国金融业集聚的因素包括经济发展、工业支撑、知识溢出、储蓄水平、规模经济、城市环境及政府行为等。北京市金融服务业的集聚特征既与金融服务业本身要求集聚经济的特性有关，也与政策引导相一致。一方面，金融服务业具有占地面积小、知识密集度高、溢出效应大等特性，因而要求集聚发展；另一方面，北京市金融服务业的集聚发展是国家和北京市政策支持和引导的结果。以金融街为例，金融街的发展得到国家和北京市的强力支持，1993 年，经国务院批复的《北京城市总体规划（1991 年—2010 年）》明确提出“在西二环阜成门至复兴门一带，建设国家级金融管理中心，集中安排国家级银行总行和非银行金融机构总部”；2005 年，经国务院批复的《北京城市总体规划（2004 年—2020 年）》再次明确金融街是国家金融管理中心的地位。目前，金融街已经发展成为中国的金融决策监管中心、资产管理中心、金融支付结算中心、金融信息中心，集聚了中国人民银行、中国银行业监督管理委员会（简称中国银监会）、中国证券监督管理委员会（简称中国证监会）、中国保险监督管理委员会（简称中国保监会）等中国金融决策和监管的最高机构及大量内外资银行、保险、证券等金融机构。政府的规划和政策对于金融街金融服务业发展的作用不言而喻。

三、新一代信息技术产业布局

新一代信息技术产业是典型的高新技术产业，在中关村科技园的集聚最为突出，在经济技术开发区和临空经济区也有集聚。海淀区是新一代信息技术产业占绝对优势的区域，2013 年以上地街道、海淀街道、中关村街道为中心的海淀区的新一代信息技术产业就业人口占比达 60.60%（图 6-31）。从比较优势角度看，就业人口区位熵大于 1.5 的 21 个街道乡镇中有 2/3 的街道乡镇位于海淀区，包括上地街道、清华园街道、西北旺地区、花园路街道、燕

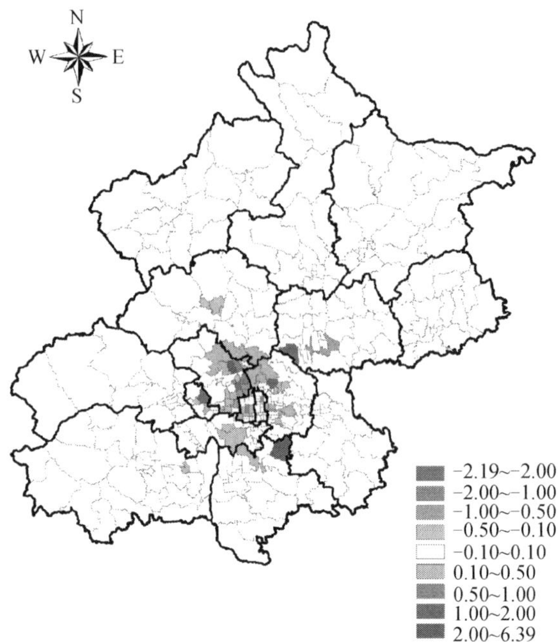

（a）2008~2013年新一代信息技术产业就业份额变化（%）

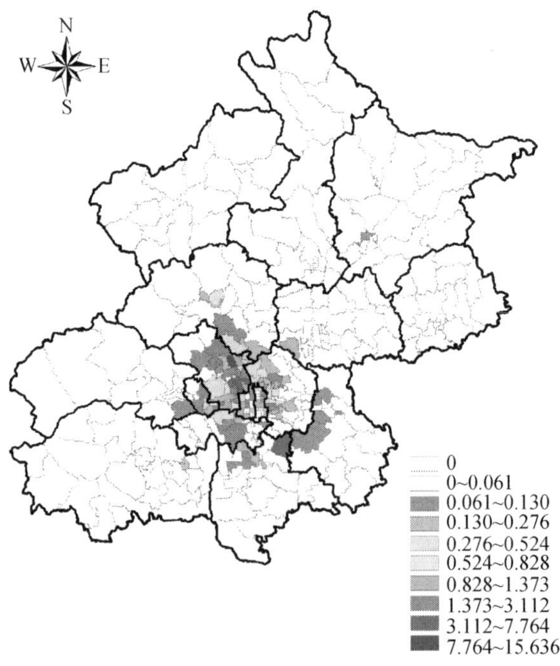

（b）2013年新一代信息技术产业就业人口比重（%）

图 6-31　2008 年、2013 年北京市新一代信息技术产业空间分布（详见 234 页彩图）

资料来源：北京市第三次全国经济普查数据

园街道、海淀街道、东升地区、北下关街道、清河街道、紫竹院街道、中关村街道、学院路街道、西三旗街道、北太平庄街道等 14 个街道乡镇。

从变动趋势看，2008 年、2013 年北京市新一代信息技术产业具有绝对优势的街道乡镇均为 34 个，具有比较优势的街道乡镇分别为 24 个、21 个，其中的绝大多数街道乡镇没有发生变动，产业空间布局并没有发生显著变化，空间变动主要表现为由东城区、西城区、海淀区核心向外扩散。

从产业角度来看，除了上地街道、中关村街道、花园路街道、海淀街道、西北旺地区具有一定规模的信息技术制造业外，信息技术服务（电信、广播电视和卫星传输服务，互联网和相关服务，软件和信息技术服务）是海淀区新一代信息技术产业的主要领域。特别是软件开发，它是海淀区 14 个新一代信息技术产业具有比较优势的街道乡镇的优势领域，在各自区域内均占有较大比重（表 6-8）。相对而言，互联网和相关服务，软件和信息技术服务等产业仍有很大的发展空间。

表 6-8　海淀区软件开发产业就业人口占比状况

海淀区	新一代信息技术产业就业人口/人	软件开发产业就业人口/人	软件开发产业占比/%	海淀区	新一代信息技术产业就业人口/人	软件开发产业就业人口/人	软件开发产业占比/%
东升地区	3 474	2 128	61.26	学院路街道	18 375	13 350	72.65
西三旗街道	4 853	4 148	85.47	中关村街道	53 673	45 243	84.29
清华园街道	13 982	10 247	73.29	燕园街道	3 146	1 418	45.07
北太平庄街道	9 492	8 145	85.81	海淀街道	61 452	53 773	87.50
北下关街道	37 671	26 925	71.47	紫竹院街道	22 257	20 418	91.74
花园路街道	41 638	20 548	49.35	西北旺地区	16 108	14 303	88.79
清河街道	8 170	7 658	93.73	上地街道	132 357	87 786	66.33

资料来源：北京市第三次全国经济普查数据

此外，在新一代信息技术产业具有比较优势的地区中，大兴区的亦庄地区是综合性区域，信息技术制造业和服务业相对均衡发展，产业链较为完善，这与亦庄地区作为北京市经济技术开发区核心区域的政策引导有很大关系。而其他优势街道乡镇的信息技术产业发展相对单一，产业链较短，专业化特征明显。例如，顺义区的空港街道以通信设备制造为主；西城区的椿树街道、东城区的北新桥街道以电信服务为主；朝阳区的酒仙桥街道、石景山区的苹果园街道、昌平区的城南街道以软件开发服务为主，这些优势产业就业人口在所在街道乡镇的新一代信息技术产业就业人口中占有较大比重。

新一代信息技术产业的集聚发展与区位选择是多种因素共同作用的结果。北京市新一代信息技术产业在海淀区的集聚，一是由于海淀区分布着大量高等院校、科研院所，能够为产业发展提供基础研发的支撑作用；二是由于中关村科技园作为国家首个国家级高新技术产业开发区，具有优越的政策条件；三是新一代信息技术产业作为高技术产业，其内在具有集聚发展的要求。

四、生物医药产业布局

北京市生物医药产业空间布局具有两个鲜明特征：一是中心城区集聚态势显著，且以医药及医疗器材的批发零售为主。总体来看，生物医药产业主要集中在中心城区（城六区），朝阳区（22.85%）、海淀区（13.52%）、丰台区（9.96%）三个区占到全市该产业就业人口数量的近 50%（图 6-32）。二是在城市发展新区和生态涵养发展区的分布相对分散，但在怀柔区、通州区、昌平

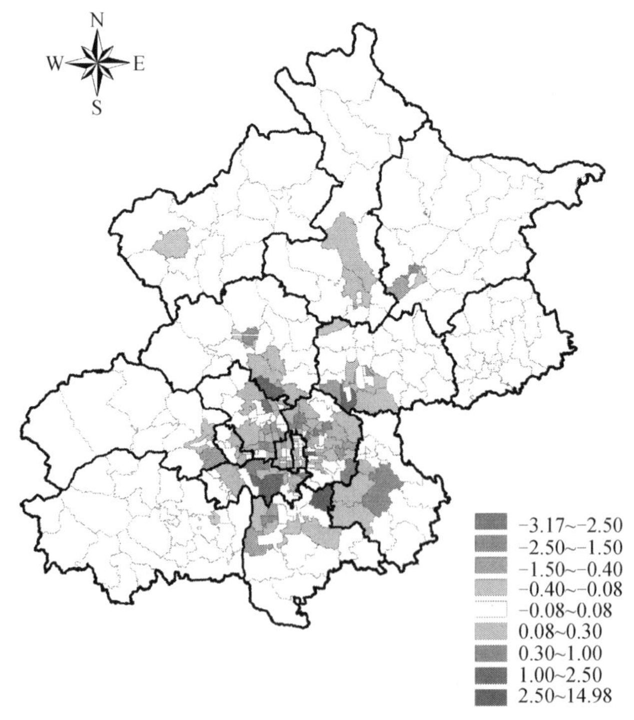

（a）2008~2013年生物医药产业就业份额变化（%）

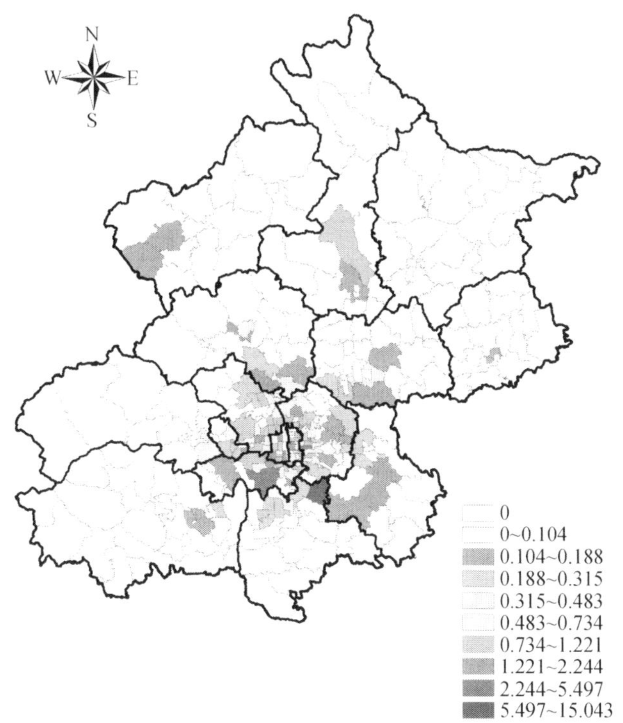

（b）2013年生物医药产业就业人口比重（%）

图 6-32 2008 年、2013 年北京市生物医药产业空间分布（详见 234 页彩图）

资料来源：北京市第三次全国经济普查数据

区都有小范围聚集。其中，怀柔区的雁栖镇、渤海镇以怀柔文化科技高端产业新区为依托，其生物医药产业发展已经连成一片，形成小规模集聚区（表 6-9）。

表 6-9 北京市郊区生物医药产业优势区域及优势产业领域

区域	街道	生物医药产业就业人口/人	生物医药制造业就业人口/人
怀柔区	雁栖镇	1254	生物药品制造 317、卫生材料及医药用品制造 680
昌平区	城南街道	2377	生物药品制造 692、化学药品制造 1076
	回龙观地区	2879	生物药品制造 1079
通州区	张家湾镇	2197	化学药品制造 1856

资料来源：北京市第三次全国经济普查数据

生物医药产业具有比较优势的街道乡镇主要集中在中心城区及其附近，这是因为从生物医药产业链来看，医药及医疗器材批发零售，以及医学研究与试验发展是北京市生物医药产业的主要领域。医药及医疗器材批发零售倾向于信息通达、消费市场规模庞大的区位，医学研究与试验发展与各医学院校和医院（主要分布在中心城区）直接相关，因此呈现出集中在中心城区的空间格局。

从2008～2013年就业人口变动来看，虽然生物医药产业整体集聚程度提升（赫芬达尔系数增加），但区级层面的空间布局从海淀区、东城区、西城区向外围地区转移（表6-10）。在优势产业领域分工方面，依然保持着中心城区以批发与零售、研发与试验为主，郊区以制造业为主的发展态势。

表6-10 北京市各区2008年、2013年生物医药产业就业人口占全市比例及变动

单位：%

区域	2008年	2013年	变动比例
海淀区	20.24	13.52	-6.72
西城区	8.82	4.71	-4.11
东城区	9.93	6.36	-3.57
朝阳区	21.5	22.85	1.35
丰台区	8.1	9.96	1.86
昌平区	6.14	4.75	-1.39
石景山区	1.2	1.53	0.33
合计	75.93	63.68	-12.25

资料来源：北京市第三次全国经济普查数据

生物医药产业的集聚发展，对优化医药研发环境、实现规模经济、塑造区域品牌具有重要意义。北京市基本形成了中心城区以医药研发、批发零售为主，近远郊区以医药制造为主的分工体系，这种分工体系是市场经济与政府推动共同作用的结果。中心城区不仅临近庞大的消费群体，而且拥有大量医院和科研院所，能够吸引医药批发零售、药品研发企业的集聚。而医药制造业在外围地区分布，一方面在于政府严格限制中心城区制造业的发展；另一方面高昂的地租促使利润率相对低的医药制造企业不得不迁移到生产成本相对低的郊区。

五、新能源与新材料产业布局

新能源与新材料产业是“高精尖”产业中唯一一个就业人口主要分布在

外围地区的产业。2013 年，首都功能核心区该产业就业人口比重仅为 0.18%，城六区该产业就业人口比重也仅为 28%，而北京市东南部的大兴、通州两区的比重分别为 29.84%、17.23%，二者之和接近 50%。实际上，大兴、通州两区的多数街道乡镇新能源与新材料产业就业人口区位熵都大于 1.5，表明这两个区是新能源与新材料产业的重点集聚区和专业化区域（图 6-33）。

从变动趋势看，2008～2013 年，新能源与新材料产业呈现出向东南部通州区、大兴区集聚的态势，通州区就业人口比重从 8.67%上升为 17.23%，大兴区就业人口比重从 14.71%上升为 29.84%；在优势产业领域方面，大兴区、通州区的新能源与新材料产业就业人口主要集中在专用化学产品、医疗仪器设备及器械制造、精炼石油产品三个领域，两区在这三个产业领域具有显著的发展优势（表 6-11）。

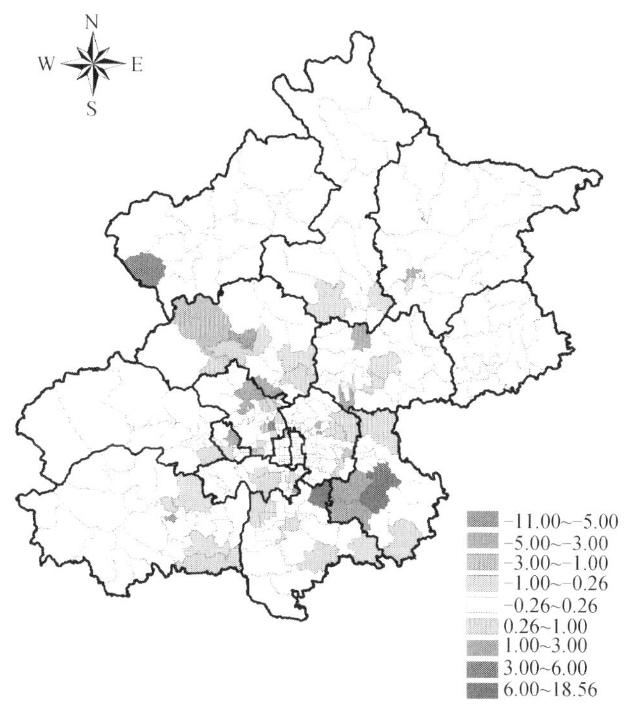

（a）2008~2013年新能源与新材料产业就业份额变化（%）

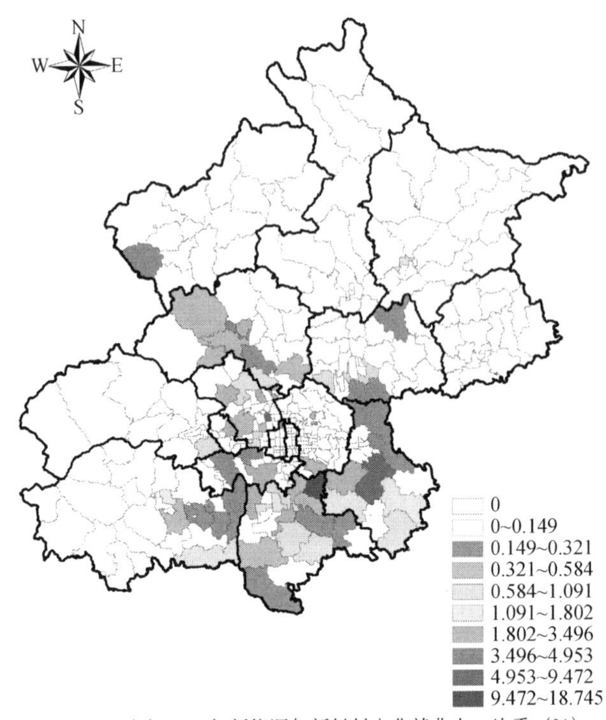

（b）2013年新能源与新材料产业就业人口比重（%）

图 6-33　2008 年、2013 年北京市新能源与新材料产业空间分布（详见 235 页彩图）

资料来源：北京市第三次全国经济普查数据

表 6-11　北京市通州区、大兴区新能源与新材料产业发展状况　单位：人

区域	街道乡镇及就业人数	优势产业领域及就业人数
通州区	张家湾镇 4462	专用化学产品 1125、玻璃制造 2009
	永乐店镇 457	专用化学产品 457
	潞县镇 848	耐火材料制品 545
	台湖镇 1167	专用化学产品 889
	马驹桥镇 844	医疗仪器设备及器械制造 712
大兴区	安定镇 514	专用化学产品 514
	天宫院街道 1137	医疗仪器设备及器械制造 1111
	魏善庄镇 321	专用化学产品 321
	亦庄地区	医疗仪器设备及器械制造 4487、电池制造 3935
	黄村地区 1205	精炼石油产品 1109
	观音寺街道 593	医疗仪器设备及器械制造 593
	长子营镇 82	专用化学产品 70
	榆垡镇 110	专用化学产品 110
	庞各庄镇 241	精炼石油产品 241
	青云店镇 148	精炼石油产品 98
	北臧村镇 63	精炼石油产品 38

续表

区域	街道乡镇及就业人数	优势产业领域及就业人数
大兴区	旧宫地区 275	精炼石油产品 105、玻璃制造 102
	瀛海地区 177	精炼石油产品 91

资料来源：北京市第三次全国经济普查数据

六、节能环保产业布局

北京市节能环保产业主要集中在海淀区和朝阳区，其 2013 年就业人口比重分别为 25.22%、15.18%，两区占比超过 40%。从比较优势角度看，中心城区（城六区）节能环保产业就业人口区位熵大于 1.5 的街道乡镇有 31 个，主要集中在海淀区和朝阳区，包括海淀区的温泉地区、香山街道、苏家坨地区、西北旺地区、青龙桥街道、曙光街道、学院路街道、清华园街道、紫竹院街道、甘家口街道、上庄地区、万柳地区、马连洼街道等 13 个街道乡镇和朝阳区的来广营地区、奥运村街道、常营地区、东坝地区、金盏地区、东风地区、六里屯街道、首都机场街道等 8 个街道乡镇（图 6-34）。

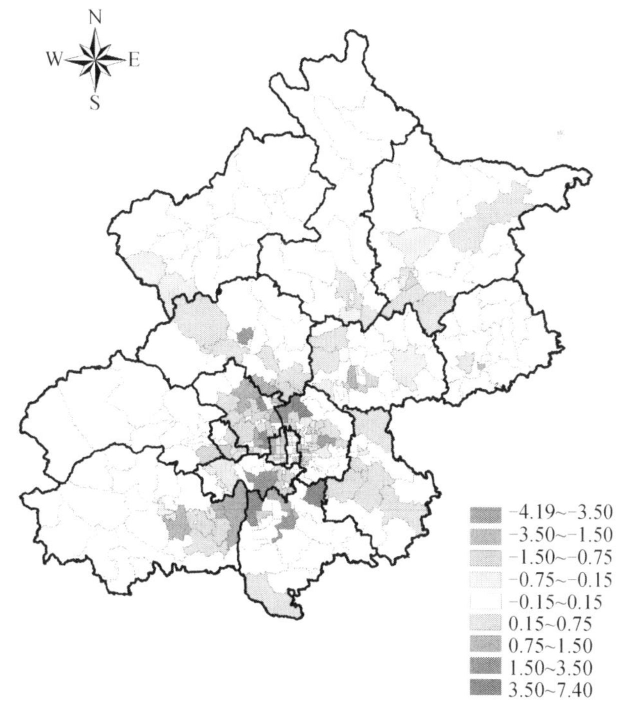

（a）2008~2013年节能环保产业就业份额变化（%）

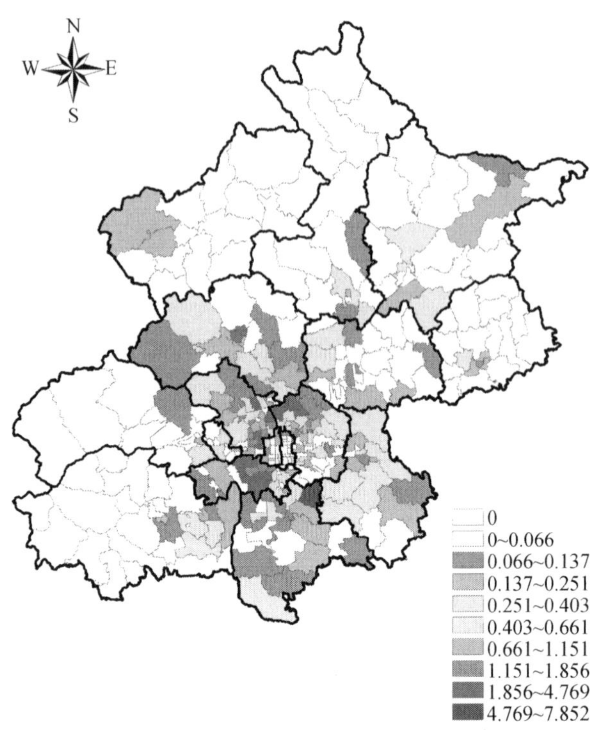

(b) 2013年节能环保产业就业人口比重（%）

图 6-34　2008 年、2013 年北京市节能环保产业空间分布（详见 235 页彩图）

资料来源：北京市第三次全国经济普查数据

从变动趋势看，2008～2013 年，节能环保产业从以东城区、西城区为核心的中心城区向西北方向（海淀区、昌平区）变动（图 6-34、表 6-12），同时，具有比较优势的街道乡镇呈现出向外围区域集聚的态势，从相对分散的空间布局演变为以两个集聚核心区为中心区的小集聚大分散的格局。其中两个集聚核心区，一是海淀区北部、昌平区西南部、门头沟区东北部组成的北部集聚区；二是以门头沟区东南部、房山区东部、丰台区组成的南部集聚区。

表 6-12　2008 年、2013 年节能环保产业就业人口占全市比例及变动　单位：%

区域	2008 年	2013 年	变动比例
海淀区	15.9	25.22	9.32
昌平区	4.17	9.31	5.14
西城区	9.97	3.2	−6.77
东城区	4.94	1.74	−3.2
朝阳区	16.6	15.18	−1.42

续表

区域	2008 年	2013 年	变动比例
丰台区	16.39	9.83	-6.56
石景山区	2.54	1.5	-1.04
合计	70.51	65.98	-4.53

资料来源：北京市第三次全国经济普查数据

节能环保产业的发展与北京市环境状况有着极大的相关性。北京市节能环保产业具有比较优势的街道乡镇数量增加的原因与近年来北京水资源严重短缺、资源对外高度依存、生态环境恶化、雾霾等恶劣天气频发等环境问题，以及居民、政府对环境问题的重视有很大关系。2013 年 10 月，由六省份七部委协作联动的京津冀及周边地区大气污染防治协作机制在北京市正式启动，环境保护部也制定了《京津冀及周边地区落实大气污染防治行动计划实施细则》，以综合治理雾霾。这表明雾霾天气已对北京市及其周边的社会经济各种活动带来诸多影响，在此背景下，节能环保产业成为迅速发展和扩张的产业。

本章小结

本章从区级尺度和街道乡镇尺度，分别解析北京市产业总体空间布局现状与趋势。结果表明，随着北京产业结构转型和服务业比重的持续上升，城市产业空间格局也不断变化。就业人口由城市中心区向郊区扩散，城市就业空间结构出现了向外疏解的变化特征，六大高端产业功能区产业集聚能力增强，为北京市创新产业集群培育奠定了良好的基础。中心城区（城六区）集聚了大部分的产业活动，主营业务收入集聚程度高于就业人口；从就业密度来看，经济空间分布仍然持续向城市外围区扩散，城市中心的集聚程度降低。

从三次产业的空间分布来看，第一产业集中分布于城市发展新区和生态涵养发展区，大兴区取代顺义区成为全市第一产业比重最高的区；第二产业主要分布于城市发展新区和城市功能拓展区，制造业呈现出郊区化发展特征；第三产业则呈现明显的中心集聚特征，随着城市郊区化发展，服务业也呈现出分散化发展趋势，其中生产性服务业高度集中在中心城区，生活性服务业空间分布的均衡程度提高，社会公共服务业则由核心区向外围扩散。

从六大“高精尖”产业的空间分布来看，科技服务业集聚在中心城区，尤其是朝阳区、海淀区和丰台区集聚特征显著，但集聚程度有所下降；金融服务业以金融街和商务中心区两大高端产业集聚区为双核心，集聚分布在中心城区的西城区、东城区、朝阳区和海淀区；新一代信息技术产业在中关村科技园的集聚最为突出，在经济技术开发区和临空经济区也有集聚，由东城区、西城区、海淀区核心向外扩散；生物医药产业空间布局表现为中心城区集聚，在怀柔区、通州区、昌平区等郊区有小范围集聚，依然保持着中心城区以批发与零售、研发与试验为主，郊区以制造业为主的发展态势；新能源与新材料产业主要分布在外围地区，并向东南部通州区、大兴区集聚，两区承载了将近一半的就业人口；节能环保产业主要集中在海淀区和朝阳区，从相对分散的空间布局演变为以两个集聚核心区为中心区的小集聚大分散的格局。

未来，随着产业结构的高级化和产业布局的分散化，北京产业空间格局将逐步突破中心—外围的圈层结构，多中心、网络化的产业格局特征将日益明显。

第七章 创新驱动产业布局优化的架构设计

技术创新、制度创新、组织创新等一系列创新活动在推动经济发展方式变革的同时也对产业空间布局产生深远影响。为此，北京市应当从创新要素集聚打造科学城、创新驱动现代服务业发展、创新成果转化推动制造业发展及基于创新产业链的跨区域产业合作等方面入手，通过科技创新驱动产业空间布局优化。本章将在明确新时期北京功能分区调整方向的基础上，围绕打造多中心、网络化的产业空间结构，构建创新驱动产业空间布局优化的总体架构和重点。

第一节 功能分区调整背景与思路

一、调整背景

北京功能布局的调整需要遵循国际大都市功能格局演化的基本模式，在城市功能升级的同时，强化和优化首都核心功能的空间布局，积极引导非首都功能的转移与疏解，统筹区域间差异发展、集约发展、联动发展、协调发展，最终在市域范围内建立多中心、网络化的功能格局。北京功能分区的调整方向，需要依托《京津冀协同发展规划纲要》及北京市和北京市各区“十三五”规划纲要等现有相关规划对北京功能分区定位及对非首都功能疏解要求的政策指引进行明确。

强化和优化首都核心功能空间布局，要求包括东城区、西城区、朝阳区、海淀区、丰台区和石景山区在内的中心城区坚持调整疏解与优化提升并重，通过提升综合承载能力和现代化治理水平，为首都核心功能进一步提供承载空间；通州区、顺义区、大兴区、房山区和昌平区等具有发展空间的平原地区应通过大力提升基础设施、公共服务和生态环境水平等手段，增强吸引力和承载力，缓解城六区功能过度集聚的压力；包括门头沟区、平谷区、怀柔区、密云区、延庆区及房山区和昌平区的山区部分在内的生态涵养发展区，应在强化生态服务功能的同时，有序承接中心城区疏解的部分教育、医疗、文化等公共服务资源，提高公共服务能力。

积极引导非首都功能的转移与疏解，关键在于中心城区必须严格控制增量，包括严控新增不符合首都功能的产业，严控新增教育、医疗及行政性、事业性服务机构；同时有序疏解存量，坚决调整退出一般性产业，加快退出区域性专业市场，推动教育、医疗等部分公共服务功能向周边各区疏解，稳步疏解部分行政性、事业性服务机构。周边各区应积极承接中心城区优质资源疏解，大力推进通州区作为北京市行政副中心的发展建设，有序承接市属行政机关单位和事业单位疏解；顺义、大兴、房山、昌平、门头沟、怀柔、平谷、密云各区应积极承接中心城区优质公共服务资源和高端产业功能疏解，提升公共资源服务保障和支撑区域发展能力，打造“高精尖”产业和科技创新发展新高地。

统筹区域间差异发展、集约发展、联动发展和协调发展，要求明确并细化各区核心功能定位。在政治上，东城区、西城区主要承担北京市行政中心的功能，通州区承担行政副中心的功能；在文化上，东城区和西城区作为首都历史文化集聚地应当承载文化中心的功能，朝阳区、通州区要建立文化创新区，昌平区要打造文化名城，门头沟区要发展旅游文化；在国际交往上，朝阳区、通州区主要承载国际商务功能，顺义区、大兴区主要承载国际门户功能，怀柔区、平谷区、密云区主要承担会议交往功能；在科技创新上，海淀区承担科技创新中心核心区的功能，大兴区要发展成为北京市南部的科技创新中心，昌平区、怀柔区、房山区主要发展科教功能；在和谐宜居上，各区均加快推进生态文明建设，重点提升各区山区部分的生态涵养功能；在产业上，要求各区分别立足各自特色和产业比较优势，着力构建“高精尖”经济结构。

二、布局原则

第一，有序疏解中心城区的非首都功能。将有序疏解北京非首都功能、优化提升首都核心功能、解决北京“大城市病”问题作为京津冀协同发展的首要任务。一方面，首都功能核心区强化疏解非首都功能的定位与要求。首都功能核心区不应再强调发展总部企业聚集地的功能定位，而应重点疏解一般性产业特别是高消耗产业，区域性物流基地、区域性专业市场等部分第三产业，部分教育、医疗、培训机构等社会公共服务功能，部分行政性、事业性服务机构和企业总部等；人口疏解方面，应当贯彻“到2020年常住人口需下降15个百分点”的目标。另一方面，城市功能拓展区以五环为界差异化发展。基于中心城区疏解非首都功能的总体方向和城市功能拓展区的内部差异，城市功能拓展区应当着力于产业、人口的内部调整优化，五环之内的城市功能拓展区应当重点进行产业、人口的疏解，而五环之外的城市功能拓展区可以适当承接产业、人口的转移。

第二，建立以街道乡镇为基础的功能布局机制。以往北京功能布局以《北京市主体功能区规划》为基础，总体上以区级行政区划为单位将北京市划分为四类功能区，这种较大尺度的划分方式容易出现发展定位“一刀切”及在与《京津冀协同发展规划纲要》、北京市“十三五”规划等新时期规划进行整合时范围划定不匹配等弊端，使得生态涵养发展区部分适宜重点开发的地区发展受到限制，也会使各规划实施难度增加。因此，对于北京功能布局，应当以街道乡镇为单位精细划分北京市各区的功能定位，将原本属于生态涵养发展区的密云、平谷、怀柔等远郊区经济发展最为集中的平原地区划入城市发展新区，发展定位为重点开发，提升土地开发效率。

三、总体思路

《北京城市总体规划（2004年—2020年）》提出“两轴、两带、多中心”的城市空间发展框架，试图通过构建北京市域多中心空间结构，改变中心城区一极集中的空间格局。在产业发展上，主要引导产业向东部和西部两个发展带上集中，并依据区域资源禀赋和功能定位形成各具特色的经济布局。在《北京市国民经济和社会发展第十三个五年规划纲要》中又提出构建“一主、一副、两轴、多点”的产业发展空间格局，依托中关村南部（房山）科技创新城、未来科技城、北京科技商务区（TBD）及良乡、沙河高教园区等重点科教园区，进一步集聚优质科研、创新和高教资源，建设科教新城，打造新兴产业前沿技术和智能制造创新集聚区，带动高技术制造业和战略性新兴产业发展；依托北京经济技术开发区、首都机场临空经济区、北京新机场临空经济区、中关村顺义园，发展战略性新兴产业、高端制造业和临空经济，进一步提升技术创新和优势产业发展水平。

因此，从北京市产业整体布局优化来看，应进一步引导产业向外围地区及沿京承、京平高速形成的两条新的发展带上集聚，促进产业布局的多中心集聚，最终形成“多中心、网络化”的北京市产业空间格局。加快通州、怀柔、密云等产业集聚区的建设，在东部发展带内形成东北和东南方向两条产业发展轴，增强亦庄向东部和南部地区的辐射带动作用，并进一步向廊坊和天津地区延伸，同时增强顺义向东北部地区的辐射带动作用，并沿京承、京平高速继续向东北方向拓展；进一步加快低碳生态型和环境友好型产业向西部发展带集聚；大力发展北部研发服务和高技术产业带，统筹海淀和昌平两地资源，推进研发服务、信息服务等高端产业集聚，加速促进高新技术成果孵化转化；积极发展南部高技术制造业和战略性新兴产业发展带，有效整合亦庄、大兴为主体的城市南部产业空间资源，拓展北京经济技术开发区范围，带动房山高端制造业基地联动发展，打造电子信息、生物医药、装备制造、新能源、新材料等高技术制造业和战略性新兴产业集群。

此外，要大力发展郊区新城，使其成为中心城区外围相对独立的有一定集聚规模和能力的经济次中心，发挥有效抑制中心大团蔓延的“反磁力”功能。目前顺义临空经济区、亦庄新城都已形成一定集聚规模，但由于距离中心城区较近，应避免和中心大团连片发展。未来，应重点建设昌平、怀柔、密云、房山、大兴等远郊新城，形成优势互补、各具特色的经济结构和布局。同时，加快服务业向郊区新城集聚，使郊区新城切实发挥次中心功能，具有相对完备的产业体系。与此同时，还要注重加强政策引导，强化经济布局管理。目前北京产业空间布局仍处于不断调整变化的过程中，一方面制造业不断郊区化，呈现分散组团的布局特征；另一方面服务业仍高度集中在城市中心区，并逐步形成多中心集聚。在这一过程中，科学引导制造业和服务业的布局调整，是优化产业空间布局的关键。

第二节　功能分区方案与各区功能定位

一、功能区划分

作为京津冀协同发展的核心，已经步入后工业化社会的北京，在功能布局调整过程中需要遵循国际大都市功能格局演化的基本模式，在综合考虑城市功能升级与各地区发展水平差异的同时，积极引导非首都功能的转移与疏解，强化和优化首都核心功能的空间布局，在市域范围内打造多中心、网络化的功能格局，强化全国政治中心、文化中心、国际交往中心、科技创新中心的战略定位，并实现国际一流和谐宜居之都的战略目标。

在布局原则的约束和总体思路的指导下，将北京市地域空间确定为五类功能区域：首都功能核心区、城市优化发展区、城市副中心区、城市拓展承载区和生态涵养发展区。其中，各功能区范围（图 7-1）如下。

首都功能核心区：东城区、西城区。

城市优化发展区：海淀区、朝阳区、丰台区、石景山区。

城市副中心区：通州区。

城市拓展承载区：顺义区、大兴区及房山、昌平、平谷、密云、怀柔平原地区。

生态涵养发展区：门头沟区、延庆区及房山、昌平、平谷、密云、怀柔山区地区。

（一）首都功能核心区

功能定位：中央机关所在地，文化积淀厚、要素资源集聚、产业层次高，承载北京建设政治中心、文化中心的核心功能，是树立政务环境、商务环境、宜居环境建设和管理的典范，是疏解非首都功能的重点区域。

发展重点：第一，优先重点疏解四类非首都功能。首都功能核心区不应再强调发展总部企业聚集地的功能定位，而应重点疏解一般性产业特别是高

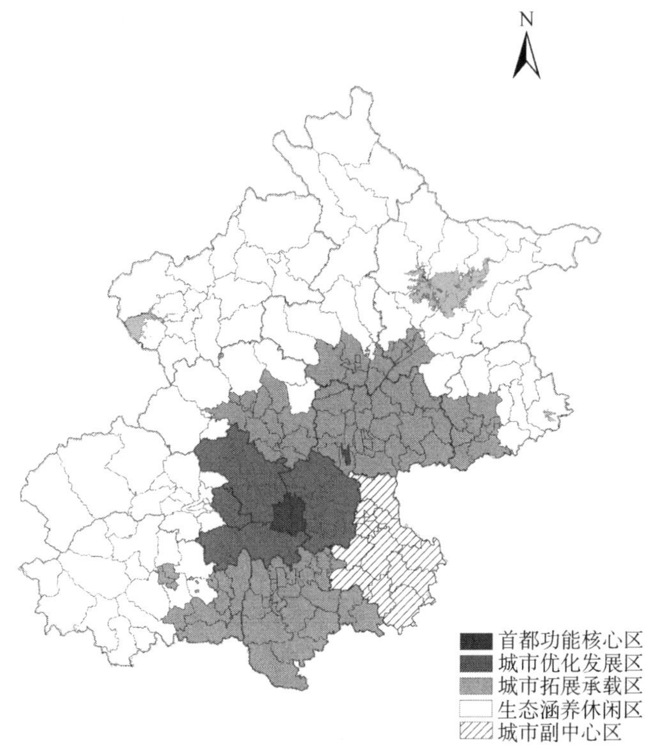

图 7-1　北京市功能布局分区

消耗产业，区域性物流基地、区域性专业市场等部分第三产业，部分教育、医疗、培训机构等社会公共服务功能，部分行政性、事业性服务机构和企业总部等四类非首都功能。第二，强化控制和疏解常住人口。常住人口在 2014 年的基础上每年降低 2～3 个百分点，争取到 2020 年常住人口下降约 15 个百分点。

（二）城市优化发展区

功能定位：经济总量大、创新能力强、企业总部集聚，承载北京建设科技创新中心、国际交往中心的重要功能，是疏解非首都功能的重点区域。

发展重点：第一，分区差异化疏解非首都功能。基于中心城区疏解非首都功能的总体方向和城市功能拓展区的内部差异，城市优化发展区以五环为界差异化、精细化发展，着力于产业、人口的内部调整优化，五环之内的城市优化发展区应当重点进行产业、人口的疏解，而五环之外的城市优化发展区可以适当承接产业、人口的转移。第二，强化科技创新功能。以中关村科技园区为主要载体，以高端服务业和战略性新兴产业为双引擎，打造高新技术创新研发与服务中心。第三，发展国际商务。承载北京建设国际交往中心的核心功能，打造商务服务集中、功能齐全的商务中心区，完善国际商务服务和贸易功能。

（三）城市副中心区

功能定位：北京城市副中心和行政机关所在地，是国际一流和谐宜居之都示范区、新型城镇化示范区、京津冀协同发展示范区。

发展重点：第一，加强城市副中心行政办公区的建设。土地开发有序合理，人口规模有效控制，国际一流的高效政务环境建设初见成效，为城市战略定位提供支撑。第二，积极承接中心城区的功能转移，特别是教育、医疗、文化等公共服务方面的机构，实现高端发展，新城社区教育、医疗、养老配套指标高于中心城区，公共空间品质进一步提升。第三，加强宜居开发与有效管控。坚持以人为本进行综合开发，在宜居社区、公共空间、绿色出行、管廊建设等方面提升城市生活品质，职住平衡水平进一步优化，通过对城市副中心开发强度、人口发展、产业结构、交通通勤、生态安全等方面的有效管控及与周边地区的跨界管控，实现高品质宜居建设。

（四）城市拓展承载区

功能定位：拥有首都机场和首都第二机场，承接北京建设国际交往中心的核心功能，是中心城区产业、人口、公共服务等职能疏解的重要承载区，是科技创新的重要区域，是京津冀协同发展的前沿区域。

发展重点：第一，重点承接中心城区功能疏解。明确该区域为新增首都功能的主要承载区，重点承接中心城区人口、优质的公共资源等。第二，突出发展“高精尖”产业。重点发展战略性新兴产业和高端制造业，不断提升产业产出效率和附加值。第三，加强京津冀协同发展。以首都第二机场建设等项目为抓手，强化该区域的大兴、房山等京津冀交界的前沿地区在京津冀协同发展中的引领作用。

（五）生态涵养发展区

功能定位：生态系统较为完整、环境质量相对较好、水资源比较丰富，是北京可持续发展的生态保障区域，承担生态保障、水源涵养、旅游休闲、绿色产品供给等功能。

发展重点：第一，加强生态保障。加大生态保障投入，完善生态保护的横向转移支付机制，提升森林覆盖率。第二，加强水源涵养。重点保护密云水库、怀柔水库等水源地和河流上游，强化水源涵养能力，确保北京居民用水安全。第三，加强绿色产品供给。以生态、农业资源为依托，不断提升农业的产出效率，加强绿色产品的供给能力。第四，明确公共服务发展路径。加强公共服务建设，明确提高公共服务能力的具体路径和关键领域，有序承接和吸引中心城区教育、医疗、文化等优质公共服务资源，加强在公共服务领域的人才、资金等投入。

二、各区功能定位

东城区、西城区：承载北京建设政治中心、文化中心的核心功能，全力做好“四个服务”，展示历史文化名城的传统风貌，树立政务环境、商务环境、宜居环境建设和管理的典范，建设成为中央行政服务区和首都文化核心区，是疏解非首都功能的重点区域。

朝阳区：承载北京建设国际交往中心的核心功能，打造商务服务集中、功能齐全的商务中心区，完善国际商务服务和贸易功能，建设成为国际商务中心区和文化创新实验区。

海淀区：承载北京建设科技创新中心的核心功能，以中关村科技园区为主要载体，以高端服务业和战略性新兴产业为双引擎，打造高新技术创新研发与服务中心，推进内涵式集约发展，建设成为全国科技创新中心核心区，构建科技和文化双轮驱动模式，打造科技文化融合发展示范区。

丰台区：积极完善城市功能和推进功能疏解与转型升级，以丽泽金融商务区的发展为契机，建设成为科技和金融融合创新区。

石景山区：以新首钢高端产业综合服务区的建设为契机促进转型升级，建设成为绿色转型示范区。

通州区：北京的城市副中心和行政机关所在地，是建设政治中心的重要承载区；是现代文化产业集聚区，是建设文化中心的重要支撑区；是优质公共服务资源承接区，是建设国际一流和谐宜居之都的典型示范区；是京津冀协同发展示范区和先行区。

大兴区：依托北京新机场临空经济区的建设推进跨省域合作共建改革试点，加快新机场的建设开发进度，建设成为国际交往门户区和京津冀协同发展示范区；提高亦庄的产出效率，打造北京市南部科技创新中心区。

顺义区：依托首都国际机场、临空经济核心区和天竺综合保税区，全力打造“国际航空中心核心区”，是建设国际交往中心的核心区。

昌平区：平原地区以沙河大学城、未来科技城、北京科技商务区等集聚区为支撑，充分发挥教育、总部集聚、研发等科技服务的优势，是建设科技创新中心的核心区之一；山区以明十三陵等为依托，着力突出生态保育、文化旅游等功能。

房山区：平原地区承接中心城区功能疏解，依托先进制造业基础继续推动产业转型升级，促进首都实体经济发展，打造中关村南部创新城；山区深入推进矿山生态修复和造林绿化，优化山水林田园生态空间布局，建设国家公园，筑牢首都西南生态屏障。

怀柔区：平原地区充分发挥中国科学院大学、大科学装置、北京电影学院、北京国际电影节、APEC 峰会等高端资源的凝聚力和影响力，秉持国际化、高端化、服务化、融合化的原则，建设成为怀柔科学城和国际交往新区。山区以怀柔水库为核心，突出水源涵养功能；以慕田峪长城等为核心，突出旅游休闲功能；以生态休闲农业、林下经济为主导，为首都居民提供绿色产品。

平谷区：平原地区积极承接中心城区疏解的产业、人口、优质公共服务等资源，加强与市内顺义、朝阳及市外三河、蓟州、兴隆等的互动协同发展，打造京津冀区域协同发展示范区和先行区；山区以平谷大桃、蛋种鸡等农副产品为依托着力突出绿色产品的供应功能，以金海湖和世界休闲大会为依托着力突出旅游休闲功能。

门头沟区：以京津冀风沙源工程二期、国家级公益林管护工程等为支撑，突出生态保育功能；以百花山、妙峰山、永定河、潭柘寺等山水文化资源为依托，着力突出旅游休闲功能。

密云区：平原地区重点发展高端装备制造、新一代信息技术产业等战略性新兴产业，大力支持汽车、生物医药、节能环保等产业发展，全力打造首都绿色发展示范区；山区以密云水库保护为核心强化突出水源涵养功能，以古北水镇、司马台长城等为核心着力突出旅游休闲功能。

延庆区：以筹办举办 2019 年北京世界园艺博览会和 2022 年冬奥会为契机推进生态文明与公共服务建设，突出生态保育、旅游休闲功能。

北京市各区功能定位如表 7-1 所示。

表 7-1 北京市各区功能定位

功能分区	功能分区定位	各区	各区定位
首都功能核心区	1. 主要承载北京建设政治中心、文化中心的核心功能 2. 树立政务环境、商务环境、宜居环境建设和管理的典范 3. 疏解非首都功能的重点区域	东城区	首都文化中心区、国际一流的和谐宜居之区
		西城区	文化著名城区、绿色宜居城区
城市优化发展区	1. 主要承载北京建设科技创新中心、国际交往中心、文化中心的重要功能 2. 疏解非首都功能的重点区域	海淀区	全国科技创新中心核心区、科技文化融合发展示范区
		朝阳区	国际商务中心区、文化创新实验区
		丰台区	科技和金融融合创新区
		石景山区	绿色转型发展示范区
城市副中心区	1. 北京城市副中心 2. 国际一流和谐宜居之都示范区 3. 新型城镇化示范区 4. 京津冀协同发展示范区	通州区	北京城市副中心、国际一流和谐宜居之都示范区、新型城镇化示范区、京津冀协同发展示范区
城市拓展承载区	1. 承接北京建设国际交往中心的核心功能 2. 中心城区产业、人口、公共服务等职能疏解的重要承载区 3. 科技创新的重要区域 4. 京津冀协同发展的前沿区域	顺义区	国际交往门户、绿色国际港
		大兴区	国际交往门户区、北京市南部科技创新中心区
		房山区平原地区	中关村南部创新城
		昌平区平原地区	国际一流科教新区、文化著名城区
		平谷区平原地区	国际性大型活动举办区、行政副中心后花园
		密云区平原地区	首都绿色发展示范区
		怀柔区平原地区	怀柔科学城、国际交往新区
生态涵养发展区	1. 北京可持续发展的生态保障区域 2. 承担生态保障、水源涵养、旅游休闲、绿色产品供给等功能	门头沟区	旅游文化、京西生态屏障
		延庆区	国际一流的生态文明示范区
		房山区山区	首都西南生态屏障
		昌平区山区	生态保育、文化旅游功能
		平谷区山区	绿色产品供应、旅游休闲功能
		密云区山区	首都重要饮用水源地
		怀柔区山区	水源涵养、旅游休闲

第三节 创新驱动产业布局优化的架构与重点

在经济新常态、京津冀协同发展、落实“四个中心”功能定位和建设国际一流和谐宜居之都的新背景下，在产业结构高级化、价值链增值环节升级化、经济职能外向化、人口空间均衡化的趋势下，北京市应当以科技创新带动“高精尖”产业空间落地，打造、完善跨京津冀科技创新园区链条，将有序疏解北京非首都功能、强化首都核心功能、优化提升产业空间布局作为三大核心任务，在推动非首都功能向外疏解的同时，大力推进内部产业与功能重组，以创新发展带动产业空间合理布局（图 7-2）。

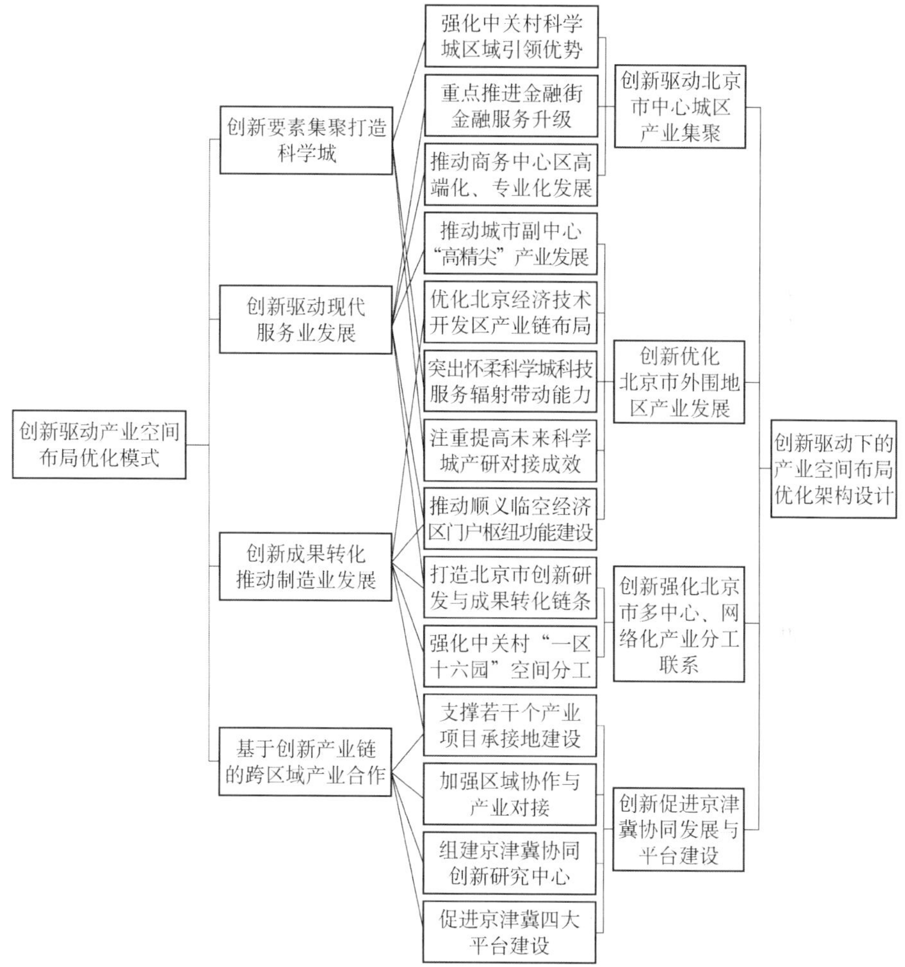

图 7-2 创新驱动下的北京市产业空间布局优化架构设计

一、创新驱动北京市中心城区产业集聚

依托中国科学院等有关院所、高等学校等的科技、人才资源和中央企业、

外资企业总部的空间集聚优势，不断吸纳全球高端创新要素，在空间上有效承接北京市高端生产性服务业和知识密集型产业，形成一批具有世界影响力的创新示范区与集聚区。

（一）强化中关村科学城区域引领优势

全力建设中关村科学城，打造具有全球影响力的科技创新中心。充分发挥中关村在政策试点、机制创新探索方面的先行先试作用，在人才培育、金融支持、技术创新和成果转化等方面积极研究新的先行先试政策，加快推进试点示范。着力提升创新驱动发展能力，超前部署应用基础研究，集中力量实施脑科学、量子通信、纳米科学等重大科学研究计划，力争取得一批具有国际影响力的原始创新成果。培育壮大创新型企业，加强创新成果转化应用，积极探索业态、模式创新，重点发展前沿信息、生物健康、智能制造、新材料、生态环境与新能源、现代交通、生产性服务业等主导产业。

（二）重点推进金融街金融服务升级

提升金融街金融服务产业能级，完善全国性要素交易市场，服务好国家金融改革和多层次资本市场建设。顺应人民币市场化、国际化发展趋势，强化国内人民币资金配置、国际支付清算能力。培育国际型和专业服务型金融机构，服务好丝路基金等国际组织和金融机构，提升国际化、专业化服务水平。促进金融街发展与历史文化名城保护、城市功能提升的有机结合，调整疏解不符合区域功能定位的机构，做好周边存量资源置换和转型再利用工作，完善商务、生活、文化等配套服务，增强区域高端金融要素资源承载力。

（三）推动商务中心区高端化、专业化发展

充分利用商务中心区金融、保险、地产、网络、媒体等国内外知名企业的总部集聚优势，吸引全球生产性服务业和知识密集型产业的高端环节入驻，充分把握时空压缩技术创新提升商务中心区外向型服务职能，打造具有全球控制能力的高端化服务业集聚区。强化商务中心区集聚经济的知识溢出，积极吸引和培育具有本土特色与首都特色的中小型服务企业，打造特色化、专业化的中小型服务企业集群。

二、创新优化北京市外围地区产业发展

（一）推动城市副中心“高精尖”产业发展

引进高等院校、科研院所等知识密集型机构，提升城市副中心创新研发能力。积极利用先进的数字化技术、移动互联网、VR（虚拟现实）、3D 打印、电影技术、视听影音成像等创新技术，打造文化创意产业新业态、新模式、新渠道，促进文化旅游区和宋庄文化创意产业集聚区的创新化发展。大力发展科技服务业，以金桥科技产业基地为依托，吸引技术资源，形成科技转化交易市场，打造科技创新发展平台，完善科技服务业产业体系。以打造和谐宜居示范区为目标，推进健康服务业发展，创建国家级转化医学科研基地和开放式实验室，以医学、药学、医疗器械、康复技术等研究孵化平台为支撑，成立国际一流的医疗技术研发中心，提升健康服务业的研发支撑和科技水平。

（二）优化北京经济技术开发区产业链布局

坚持优化调整、高端发展，建设好高技术制造业和战略性新兴产业集聚区。聚焦先导技术和原创技术，带动现有产业转型升级，重点发展新一代信息技术、汽车及新能源汽车、生物医药、智能装备等主导产业，加快推动重大项目建设。探索与中关村联动发展的工作机制，推动科技成果转化利用，提高土地、资金、技术、人才、基础设施等全要素生产率。引导和推动一般制造业龙头企业新增产能、非科技创新型企业向京外转移疏解，做好腾退空间的转型再利用。加强京津冀产业对接协作，不断完善共建共赢的合作模式，积极参与全球产业分工和价值链重组，实现跨区域全产业链布局。

（三）突出怀柔科学城科技服务辐射带动能力

以建设大科学装置为核心，重点拓展与中国科学院的合作，共同建设高能同步辐射光源、综合极端条件实验、地球系统数值模拟等大科学装置。依托重大科技基础设施集群和中国科学院怀柔科教产业园，搭建大型科技服务平台，建设综合性国家科学中心，建设世界一流的科技人才集聚区，建设综合型和专业型国家实验室。汇聚优势科研机构，不断涌现原始创新成果，打造我国科技综合实力的新地标。

（四）注重提高未来科学城产研对接成效

集聚一批高水平企业研发中心，集成在京科技资源，引进国际创新创业人才，强化重点领域核心技术原始创新能力，打造大型企业集团技术创新集聚区。围绕能源、材料、电子、信息、民用飞机设计等领域，生产国际先进的科技成果，打造成为一流科研人才的集聚地、引领科技创新的研发平台和全新运行机制的人才特区，建成代表我国相关产业应用研究技术前沿水平、引领产业转型升级的创新高地。

（五）推动顺义临空经济区门户枢纽功能建设

加快战略性新兴产业和高技术产业向临空经济区集聚，促进高新技术成果孵化、转化、交易，提升临空经济区研发能力和科技创新水平。以建设国家临空经济示范区为目标，完善立体交通系统，采用物联网、云计算、大数据等先进技术推动交通运输、仓储物流业的智能化发展，形成以航空运输为基础、航空关联产业为支撑的产业集群和高端产业体系，推动产业创新升级，着力提升顺义临空经济区门户枢纽功能。

三、创新强化北京市多中心、网络化产业分工联系

（一）打造北京市创新研发与成果转化链条

遵循国家化大都市产业转型升级与科技创新发展的一般规律，充分发挥中心城区高等院校、科研院所高度集聚的智力资源优势，着力提升北京市中心城区原创性、源头性创新能力，采用市场化、专业化的激励手段促进国际一流的创新成果的产生；积极发展金融服务业、科技服务业、信息服务业等高级生产性服务业，为中心城区科技创新提供服务支撑。充分利用外围地区的交通物流优势、土地资源优势，在外围地区打造一批具有创新能力的次中心，强化其成果转化、交易、生产等职能，服务北京市外围地区本地市场发展，打造北京市科技创新发展的多中心、网络化发展格局。

（二）强化中关村“一区十六园”空间分工

优化中关村创新功能布局，加强一区多园统筹协调发展，探索完善跨区域园区共建、共管、共享的机制和模式。充分利用国家、北京市、中关村示

范区的各类优惠政策，促进中关村“一区十六园”的相互联系与错位发展，在主导产业遴选、功能选择、创新链条打造等方面实现互补发展。西城园、东城园、朝阳园、丰台园、石景山园、海淀园等中心城区园区重点发展金融服务业、商务服务业、信息服务业、科技服务业等高端生产性服务业，顺义园、昌平园、怀柔园等外围地区园区在提升技术创新、研发能力的同时积极布局高端制造业，实现“一区十六园”的优势互补与空间分工。

四、创新促进京津冀协同发展与平台建设

（一）支撑若干个产业项目承接地建设

支持保定·中关村创新中心建设，通过资本、管理、人才、服务输出等协作方式，打造独具特色的协同创新平台。发挥市场作用，鼓励中关村企业根据自身发展实际，结合当地资源禀赋，通过投资共建、参股、并购、授权委托、品牌输出等多种方式，在石家庄（正定）中关村集成电路产业基地、中关村海淀园秦皇岛分园等多个合作共享平台和项目承接地发展。

（二）加强区域协作与产业对接

优化北京产业功能布局还需要在更大的京津冀区域空间尺度上统筹考量。随着北京城市功能升级和扩散，近年来北京周边地区已在不同程度上承接了首都的功能疏解和转移，如河北燕郊承接了部分居住功能、唐山承接了部分制造业功能等。在北京新一轮城市产业布局优化过程中，应加速推进资源消耗大、附加值低、不符合首都功能定位且又带来大量外来人口集聚的产业功能向周边地区转移，从而引导人口和产业在京津冀区域内的合理布局，发挥京、津、冀三地的比较优势，推进京津冀协同发展。

京津冀产业协作主要体现在：服务业上要强化北京金融管理、天津金融创新运营、河北金融后台服务等功能；制造业上依托北京科技资源优势和津冀先进制造业基础，完善产业链条，河北黄骅建设华北重要的合成材料和装备制造业基地，天津临港经济区建设高端装备制造产业基地；战略性新兴产业上依托首都高等学校及科研机构与天津、河北的合作，促进产业孵化转化；农业上建设环京津蔬菜基地、奶源生产和肉类供应基地，共建“菜篮子”产品生产基地、绿色食品生产加工物流基地。

（三）组建京津冀协同创新研究中心

首都经济圈区域协同创新需要构建联合攻关、自主创新的创新合作平台；需要建立以企业为主体、市场为导向、产学研相结合的技术创新体系和技术转移服务体系。因此，根据需要摸索适合首都经济圈地区总体及各地区间的产学研合作模式、城际联盟组织、创新主体互动模式及多中心协同共生模式等。

加快组建首都圈区域协同创新研究中心。围绕首都圈地区的创新、均衡、包容、可持续发展中的重大战略问题，开展跨区域的创新驱动发展战略研究，使之成为首都圈区域创新发展的综合性研究平台和国际一流的智库。依托首都高校及科研机构，并联合天津、河北、山西、内蒙古、山东、辽宁等周边各省份政府及高校研究机构，力争将其纳入国家高等学校创新能力提升计划（2011 计划）。协同创新研究中心实行联合主任负责制，以发挥各地的主动性和积极性，形成网络化治理结构。

（四）促进京津冀四大平台建设

加快天津滨海-中关村科技园建设。研究制订园区共建方案，明确园区范围、管理体制、建设发展模式，推动中关村示范区和滨海新区综合配套改革等政策整合集成，共同在园区体制机制创新、人才吸引集聚、金融服务、投资贸易便利化等方面开展先行先试和改革创新，围绕电子信息、先进制造、节能环保、新能源等领域，建设高水平的研发转化和制造基地。

推动北京中关村曹妃甸高新技术成果转化基地建设。支持中关村各类创新资源向曹妃甸开放共享和辐射集聚；支持中关村科技金融等机构在曹妃甸建设分支机构，完善曹妃甸科技服务体系；支持中关村企业积极参与曹妃甸万吨级海水淡化产业基地、唐山循环经济园等重大项目建设，推动中关村新技术和新产品在曹妃甸重大工程、传统产业转型升级及民生项目领域的应用示范；支持下一代互联网、海水淡化、激光显示、新材料、智能制造、新能源、通用航空等产业链上下游企业在曹妃甸布局，构建新兴产业集群。

支持北京新机场临空经济区建设。发挥市场机制，支持大数据、人工智能、物联网、节能环保、新能源、智能制造、新型显示等中关村企业积极参与新机场建设，提升基础设施建设、航空运输、民航综合服务、物流配送服务等的水平和能力；支持中关村现代服务业特别是航空服务、现代物流、跨境电子商务、综合保税、航空金融等领域企业的集聚发展，加快形成新的经济增长点。

支持河北张承生态功能区建设。以北京、张家口联合承办 2022 年冬奥会为契机，深化北京市、河北省在体育赛事、文化旅游、基础设施建设等方面的全面合作，推动两地在张承生态功能区合作培育发展大数据产业，推动健康、旅游、数据存储、节能环保、现代农业等生态友好型产业到张承生态功能区发展。重点支持张北云计算基地、承德大数据产业基地等园区建设，支持中关村延庆园与张家口围绕冬奥会建设零碳排放试验区及能源互联网产业示范区，推动节能环保、能源互联网、体育旅游、会展商务等产业集聚发展。

本章小结

为推动京津冀协同发展、优化北京市产业空间布局，北京市应当有序疏解中心城区的非首都功能，建立以街道乡镇为基础的功能布局机制，实现全域范围内的空间重组，提升国土开发效率。基于产业布局原则和总体思路，可以将北京市划分为五类功能区域：首都功能核心区、城市优化发展区、城市副中心区、城市拓展承载区和生态涵养发展区。在此基础上对北京市各区进行明确定位，将有助于指导各区未来的发展。

在北京市产业空间布局优化调整的过程中，创新应该发挥重要的推动作用，通过创新要素集聚打造科学城、创新驱动现代服务业发展、创新成果转化推动制造业发展、基于创新产业链的跨区域产业合作等四种模式，推动北京市多中心、网络化产业空间结构的形成，促进京津冀产业协同发展。

展望未来，3D 打印、移动互联网、云计算、大数据、生物工程、新能源、新材料等新技术不断发展，新的生产方式、产业形态、商业模式和经济增长点不断形成，体验经济、创意经济、共享经济等新理念不断涌现，伴随着广大群众的多样化、个性化消费需求不断强化，这些创新与变化将对北京经济活动和产业空间布局优化提出新的要求。为此，北京市应当充分把握新一轮科技革命浪潮带来的机遇与挑战，不断提高科技创新能力，不断提升经济高端化水平，实现科技创新与空间优化的互动发展。

第八章 创新驱动北京产业转型升级与布局优化的战略对策

北京已进入后工业化发达经济阶段，创新已经成为城市发展的核心驱动力，因此，如何发挥创新资源优势，发掘北京创新发展潜力，将成为促进北京加快转变经济发展方式、提升产业结构水平、优化产业空间布局、提升国际影响力和全球竞争力的重要手段。新形势下，北京应强化创新主体的科技创新能力，推动科技成果产业化；贯通三大科技创新环节，进一步融合创新链与产业链；加速形成全球科技创新资源汇集地，增强高新技术产业全球影响力；构建基于创新链的产业分工体系，促进形成多中心、网络化产业格局；与津冀形成跨区域创新产业链，促进京津冀产业协同发展，以创新发展带动产业转型升级与空间合理布局。

第一节 创新驱动北京产业转型升级与布局优化的主要特征

1. 创新成为经济高端化发展的主要驱动力

北京市 R&D 经费支出逐年上升。如图 8-1 所示，2016 年北京 R&D 经费支出达到 1479.8 亿元，比 2011 年增长 58%，占 GDP 的比重约 6%，位居全国首位，高于发达国家平均水平。每万人发明专利拥有量达到 76.8 件，是全国平均水平的 9.6 倍。2016 年北京 PCT 国际专利申请量 6589 件，是 2011 年的 3.5 倍。2016 年北京高技术产业增加值、科技服务业增加值较上一年分别增长 37.7%和 12.8%。科技进步对北京经济增长的贡献率已超过 50%[①]，标志着创新已经成为北京市经济发展的主要驱动力，其经济增长的整体品质将持续优化。

从北京市 2015 年的 R&D 经费支出结构来看，政府资金和企业资金是北京市 R&D 经费的主要来源，且出现不同程度的增长；从行业门类来看，R&D 经费的 59.7%支出在科技服务业领域，其次依次是制造业（17.1%），教育（11.8%），信息传输、软件和信息技术服务业（8.5%）；从活动类型来看，R&D 经费的 63.2%支出在试验发展，其次是应用研究（30.0%）、基础研究（13.8%）。总体来看，企业的 R&D 资金大多与产品直接相关，而政府资金和其他资金则主要投入在科技研究的基础领域。这一趋势必然对北京经济向高端化发展起到重要的推动作用。

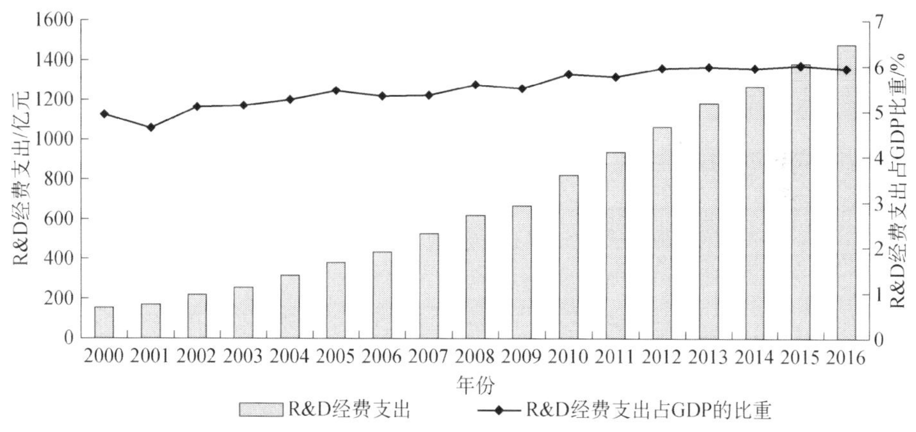

图 8-1　2000～2016 年 R&D 经费支出变化

资料来源：2000～2015 年数据来自《北京统计年鉴》，2016 年数据来自《北京市 2016 年国民经济和社会发展统计公报》

伴随着北京市对创新活动的支出与投入越来越多，创新驱动引领的产业结构不断转型升级，经济高端化趋势日趋增强。2016 年北京新经济实现增加

① 汪先永，刘冬，胡雪峰. 北京经济发展阶段与未来选择. 经济理论与经济管理，2006，(1)：63-65.

值 8132.4 亿元[①]，比上年增长 10.1%，占全市 GDP 的比重为 32.7%，比上年提高 0.6 个百分点；高技术产业增加值占新经济的比重为 69.4%；战略性新兴产业实现增加值 3824.3 亿元，比上年增长 10.7%，占新经济的比重为 47%。“大众创业、万众创新”成果显著，2016 年，北京新设企业 22.2 万家，比上年增长 9.4%，其中新设科技型企业 8 万家，比上年增长 23.2%，占全市新设企业的 36.0%；中关村国家自主创新示范区实现技术收入 7115.3 亿元，比上年增长 7.4%。创新驱动经济增长方式基本形成，北京经济高端化和服务化发展的趋势也日渐明显。

2. 创新对农业的带动作用日益增强

随着我国经济进入新常态、北京市经济社会发展进入新阶段，北京市农业发展的内外部环境发生了巨大的变化。科技创新对农业的带动作用日益增强，农产品生产以绿色食品、有机食品、无公害食品为主，经济价值逐年上升。截止到 2016 年底，北京市拥有市级以上农业龙头企业累计达到 180 家，其中国家级 39 家；登记注册农民合作社达到 7168 家，成员 18.4 万名[②]；拥有 107 个标准化生产基地。

各区依托龙头企业、生产基地和专业合作社等机构，积极推进科教兴农政策。通过加强农业科技知识宣传、新技术推广、农产品推介知识培训等手段，助推“一村一品”名优特色产品建设，龙头企业和生产基地的产品质量不断提高，种类不断增加，生产经营规模不断扩大，效益逐年提高。针对山区农民，培养适合沟域农地条件的新业态，打造休闲体验养生养老目的地沟域。农业产业化组织带动能力不断增强。农业产业化组织利用自身的资金、技术、信息、服务等内部资源，利用协议购销、合同保护价收购、股份合作等多种形式，将农民的生产经营与国内外各级市场进行创新合作，加快了农业市场化运作。2015 年，农业产业化组织带动 184.76 万户农户，比 2014 年增加了 2.5 倍[③]。

---

① 北京市 2016 年国民经济和社会发展统计公报. http：//www.bjstats.gov.cn/tjsj/tjgb/ndgb/201702/t20170227_369467.html［2017-02-25］.

② 市委农工委、市农委 2016 年工作总结. http：//www.bjnw.gov.cn/zfxxgk/ghjh/201704/t20170414_383310.html［2017-08-09］.

③ 刘晴，林然，田亦平，等. 北京市农业产业化现状及发展对策. 农业展望, 2016,（6）：31-36.

3. 创新驱动制造业转型升级

在国际国内新形势不断变化的背景下，制造业转型升级与结构调整是现阶段北京产业调整的重点目标。2015 年以来，北京市全面贯彻落实《京津冀协同发展规划纲要》，立足“四个中心”城市战略定位，以制造业转型升级为突破口，推动产业创新发展。知识与技术密集的高技术制造业成为北京第二产业发展的主体，其增加值一直处于增长趋势。北京高技术制造业尽管经历了 2009 年的低谷，产业增加值增长有所波动，但增长速度正逐渐回升，2015 年其产业增加值达到 5180.8 亿元，增速为 9.3%，占第二产业比重达到 21.3%，与上年相比提高了 2.4 个百分点。

从 R&D 活动来看，2015 年北京市高技术制造业企业 R&D 人员数、研发经费支出、专利申请数、新产品产值和新产品销售收入占规模以上工业企业的比重分别为 40.8%、49.3%、39.1%、45.6%和 44.8%，比 2011 年有了很大的提高，R&D 对高技术制造业发展的提升作用较大。

4. 科技服务业对地区经济贡献逐年增加

科技服务业包含研究与试验、设计与咨询、产品与服务、技术与推广等领域，是科技创新的服务环节。北京市坚持做大做强科技服务业，以技术创新和应用服务创新为重点带动基础研究、前沿技术研究、技术开发、标准制定等环节发展，推动科技服务业快速发展。如图 8-2 所示，北京市科技服务业增加值由 2000 年的 123 亿元增加到 2016 年的 2077.9 亿元，增长趋势明显；占 GDP 的比重则由 2000 年的 3.9%上升到 2016 年的 8.3%，对地区经济增长的贡献率逐渐上升，远高于上海等国内其他城市。

5.“研发在中心，制造在郊区”的空间分工特征显著

价值链是指一种商品或服务在创造过程中所经历的从原材料到最终产品的各个阶段或者是一些群体共同完成的一系列工艺过程①。价值链活动对要素条件的要求存在差异，即不同价值链环节对劳动力、技术、投资、生产规模等的要求是不同的，如产业的研制阶段对技术与投资的要求很高，生产阶段则需要大规模的投资和生产以降低生产成本。而区域间要素禀赋与竞争能力存在差异，这样价值链活动在区域间就存在着分工。在北京市域范围内，价

① 李国平，卢明华. 北京高科技产业价值链区域分工研究. 地理研究，2002，(2)：228-238.

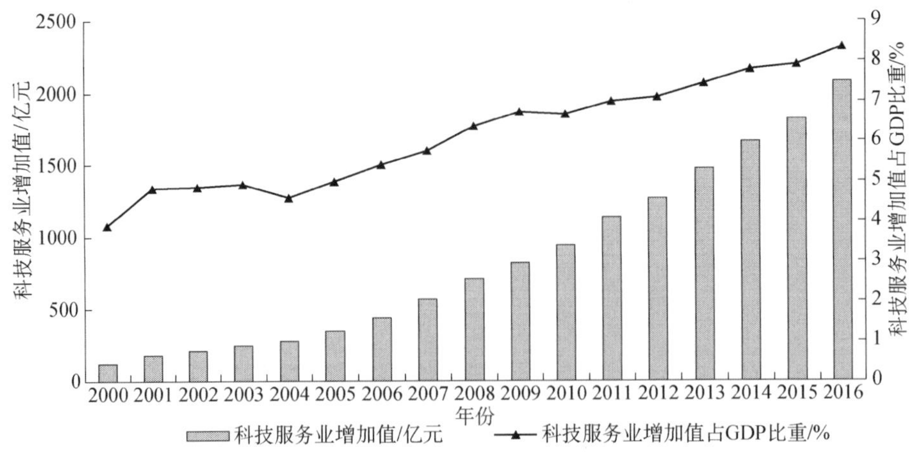

图 8-2 2000～2016 年北京科技服务业产业增加值及其占 GDP 的比重

资料来源：2000～2015 年数据来自《北京统计年鉴》，2016 年数据来自《北京市 2016 年国民经济和社会发展统计公报》

值链的空间分工呈现出“研发在中心，制造在郊区”的结构。

从研发环节来看，科技服务业高度集聚在北京中心城区，尤其是朝阳区、海淀区和丰台区集聚特征显著，占全市比重分别为 29.62%、29.17%、15.37%，三区占比接近全市 3/4，而生态涵养发展区科技服务业占全市比重不足 1%。科技服务业区位熵大于 1.5 的街道乡镇，即其发展具有比较优势的街道乡镇也集中分布在中心城区，重点集聚在朝阳区、海淀区和丰台区。

从制造环节看，制造业就业人口份额分布显示北京市制造业郊区化特征显著，城市发展新区拥有最高比例的制造业就业人口，比例达 64.05%，大兴区、通州区、顺义区、昌平区制造业就业人口比重均在 10%以上。城市功能拓展区制造业就业人口占比为 22.73%，首都功能核心区制造业就业人口比重最小，为 1.13%。北京市制造业正在经历从城市中心区向郊区转移的分散化过程。

第二节 创新驱动北京产业转型升级与布局优化的突出问题

1. 科研成果产业化水平偏低

北京集聚了大量的科研院所与高等院校，集中了大量的科技人才、资本、技术、产权等创新要素，科研成果丰硕，专利授权等也在全国占有相当大的份额。从 2015 年规模以上工业企业 R&D 活动的各项指标来看（图 8-3），内资企业 R&D 人员数、专利申请数占比都高于 70%，R&D 经费支出、新产品产值和新产品销售收入占比则均超过 50%，内资企业的创新投入和创新能力是支撑北京产业高端化的核心动力，但是在新产品转化能力方面仍然存在一定差距，需要进一步提升。

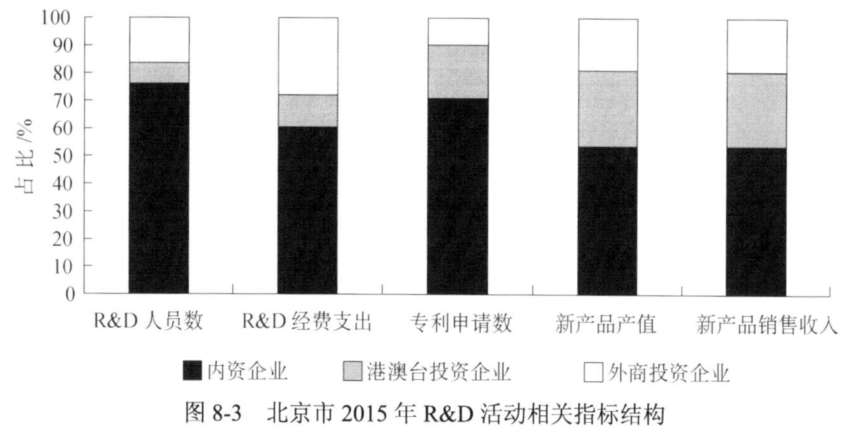

图 8-3　北京市 2015 年 R&D 活动相关指标结构

资料来源：《北京统计年鉴 2016》

科技成果主要流向区域以外，如 2014 年，流向京津冀区域内的技术合同为 6.47 万项，而流向长江三角洲地区的为 6.87 万项，表明京津冀本地的技术消化能力有限，北京对周边地区技术转移及支撑产业发展能力不强。

在产学研互动方面，北京高等院校与企业合作情况仍不够紧密。高等院校的科技经费主要来源于企业和政府的资金，2015 年北京高等院校 R&D 经费中企业资金比重为 27.56%，低于全国 30.19%的平均水平和上海 31.46%的平均水平。究其原因，首先是京津冀区域内部技术承接能力不强；二是科技创新投入的大部分资源投入到基础研究与应用研究环节，未能很好地支持试验发展使科研成果转化为实际产品；三是北京目前的产学研合作不够紧密。

2. 产业规模和结构仍有较大的提升空间

尽管北京的经济总量规模、人均 GDP 水平、产业结构、劳动生产率水平等在全国均处于较为领先的水平，但是与发达国家和城市相比仍有较大差距。北京的 GDP 总量仅为纽约的 35%、东京的 30%、伦敦的 40%左右，产业规模仍有较大提升空间。2015 年，北京的第三产业比重为 79.7%，与纽约、伦敦占比超过 85%相比，产业结构还有进一步优化的空间。

3. 创新资源过度集中于中心城区

从空间布局来看，北京市的创新资源分布呈现明显的“中心—外围”结构，过度集聚于中心城区范围内。2012～2014 年中心城区以 16.6%的面积贡献了全市 93.7%的专利产出。从专利密度的角度来看，创新活动的“中心—外围”结构更明显，中心城区的专利密度为 322 项/平方千米，而外围地区的专利密度只有 4 项/平方千米，专利技术的空间分布同样呈现出极度不均衡态势。科技服务业同样主要集中在中心城区，海淀、朝阳两区科技服务业发展尤为突出，2015 年两区分别占到全市科技服务业的 34.82%、20.10%，两区占比超过全市一半。

技术交易主要集中在城市功能拓展区，2015 年技术合同成交项目数和成交总额占全市的比例分别达到了 80.9%和 76.5%。以技术合同成交额为例，2015 年海淀区和朝阳区技术合同成交额占全市比例分别为 41.6%、18.8%，两区占全市比重约 3/5，而外围 10 个区仅占全市的 6.7%，其中门头沟区、怀柔区、平谷区、密云区、延庆区技术合同成交额占全市的比例均不足 1‰（图 8-4）。且从变动态势来看，外围 10 个区占全市的比例在 2010～2015 年下降了 0.9 个百分点，技术交易的空间分布极不平衡。

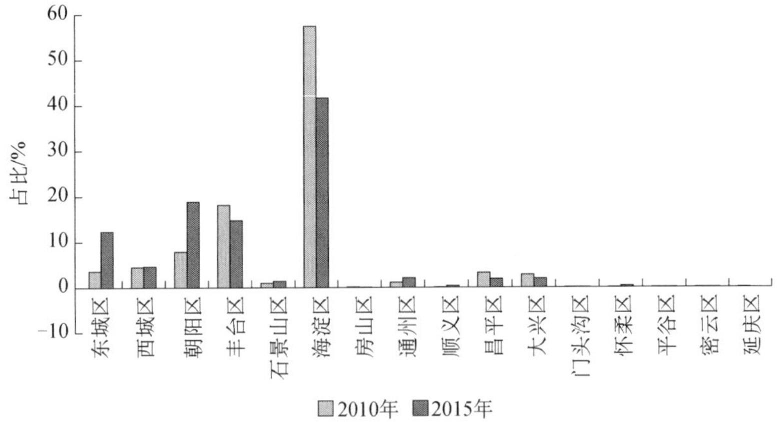

图 8-4　2010 年、2015 年北京市各区技术合同成交额占全市比例

资料来源：《北京区域统计年鉴》

第三节　创新驱动北京产业转型升级与布局优化的对策建议

在产业结构高级化、价值链增值环节升级化、经济职能外向化的趋势下，北京市应当以科技创新为动力，强化创新主体的科技创新能力，推动科技成果产业化；贯通三大科技创新环节，进一步融合创新链与产业链；加速形成全球科技创新资源汇集地，增强高新技术产业的全球影响力；构建基于创新链的产业分工体系，促进形成多中心、网络化的产业格局；与津冀形成跨区域创新产业链，促进京津冀产业协同发展。

1. 强化创新主体的科技创新能力，推动科技成果产业化

进一步强化高等院校、科研院所等机构和企业两类创新主体的科技创新能力。强化源头创新，大力提高科学发现能力，鼓励科研机构积极参与基础研究工作，提升基础研究能力；强化创新合作，大力提升科技发明水平，发挥产学研合作体系的技术研发能力。

提升高等院校、科研院所的基础研究能力。鼓励支持国家级院所建立研发机构、中试基地创新平台，加快中央科技资源的有效转移、孵化、开放、共享、利用。激发高等院校、科研院所的基础科研能力优势，鼓励学科间交叉融合发展，持续提升基础科学研究能力。加大与国内重点区域、城市圈、城市带的科技合作，进一步强化资源集聚和有效利用，更大范围推动科技成果的转移和产业化，辐射带动全国科技创新发展。

培育和壮大企业技术创新主体。以龙头企业为核心，尤其是大型在京央企，带动中小科技型企业，联合打造一批产业技术创新战略联盟，推动企业与高校和科研机构广泛开展产学研合作。鼓励大企业创新商业模式服务于科技创新活动，通过政策引导集成推广，引导企业形成产业联盟，扩大对科技创新成果的需求。支持中关村示范区在北京周边乃至全国共建一批集教育、科研、技术转移转化与孵化等功能于一体的科技成果转化、产业化基地和示范区。加强支持企业建立中试基地，强化科技创新成果转化能力。围绕新能源、新能源汽车、物联网、云计算等重点领域，支持以企业为主体建设一批

跨区域重大科技创新应用示范工程。鼓励示范区企业参与国家、国际标准建设，提升示范区企业竞争力。完善科技型中小企业发展环境，大力支持和发展科技型中小企业，增强企业创新活力。

2. 贯通三大科技创新环节，进一步融合创新链与产业链

无论从产业总体结构还是发展水平来看，北京产业仍需要进一步向高端化迈进，深化提升高技术产业与现代服务业在经济发展中的地位与作用。着力以技术创新作为引领产业转型升级、高端发展的主要动力，用科技提升改造传统产业，提高自主创新能力，重点产业的核心技术领域全面实现创新突破，立足于全球产业价值链的高端环节，部分产业技术引领全球科技创新的前沿。目前北京仍面临高技术不高、产业技术含量不足的问题。未来应贯通发现、发明及发展三大科技创新环节，明确三个主要环节的重点发展方向。充分发挥科技创新主体作用，重点发展原创性新兴产业。不要盲目追求创新链与产业链的规模扩张，而应面向产品创造，在创新链的关键点与制高点的重要领域环节力争实现重大突破，构建跨界融合的新兴产业。同时，积极发展互联网+经济模式，充分促进科技成果产业化和新技术新产品的推广应用。

在科技创新链的最前端，科技创新资源的合理整合是科技创新活动的基础，优势科技创新资源的集聚和有效利用能够保证基础研究能力的提升及研究体系的形成，政府引导社会力量积极参与基础研究工作，大力提升高等院校、科研院所等研究机构的基础研究能力，强调中关村国家自主创新示范区的带动作用，有效提升基础研究能力。

科技成果转化是创新主体推进技术转移和成果产业化的过程，是促进科技与经济紧密结合、实现创新驱动发展的重要途径。首都科技创新成果丰富，但由于缺乏有效的协调机制、创新链和产业链未形成良好对接和层次匹配，技术转移扩散缓慢，应进一步发挥产学结合的优势大力发展技术研发能力。

进一步整合基础研究及产业技术研究资源，提升技术咨询及科技服务能力，依托信息技术、虚拟现实技术的发展，加快虚拟制造对制造业的产业提升进程，对钢铁、能源、化工等传统产业生产技术、工艺流程、能源利用等方面的技术攻关和应用示范提供综合解决方案，支撑引领周边地区的产业改造升级。

3. 加速形成全球科技创新资源汇集地，增强高新技术产业的全球影响力

全球科技革命正在孕育突破，新一轮产业变革蓄势待发，与我国加快转变经济发展方式形成历史性交汇，为了牢牢把握这一难得的发展契机，需要以科技创新建设来进一步发挥创新资源优势、释放创新潜力、引领创新驱动发展。同时，随着世界多极化、经济全球化的深入发展，全球科技合作与发展更趋活跃，科技资源配置、研究开发活动管理、科技成果转移共享、科技活动规则与制度的全球化与一体化趋势日益明显，为首都北京进一步吸引利用全球创新资源提升自身竞争力提供了历史性机遇，也为参与全球竞争提供了便利性条件。

加快首都北京高新技术研发“走出去”的步伐，积极开拓海外市场，提高中国影响力。推动企业、高校和科研院所与国外科研机构加强研发合作与成果转化，参与国际科技重大合作项目，建立海外研发中心，承接国际技术转移，促进自主技术海外推广，提升整合利用全球资源的能力，增强高新技术产业的全球影响力。加大出口信贷支持力度，简化海关进出口手续，营造有利于国内高新技术产品拓展海外市场的体制机制。研究制定服务贸易发展规划，提高技术贸易、服务外包的发展规模和水平。

积极推进科技资源全球高端合作。探索与国际科技前沿领域建立深度联系，建立世界高端实验室和创新基地，大幅度提升国际竞争力。集聚国际服务中介机构，搭建国际化服务平台，建设具有国际影响力的高水平的创新论坛。以北京国际科技产业博览会等作为加强国际合作的重要平台，通过塑造有影响力的国际交流品牌、加大政策支持力度，吸引具有全球竞争力的国际高端产业到北京进行投资经营，加强利用国际科技资源在中国的生产转化与创新。积极引进国际顶尖科技人才和创新团队、跨国研发中心、国际知名研究机构和产业组织，加强与世界著名高科技聚集区的合作与联系。

4. 构建基于创新链的产业分工体系，促进形成多中心、网络化产业格局

人口和经济功能的过度集中导致北京的“大城市病”。北京作为首都，具有特殊的政治地位和经济资源支配能力，人口和经济功能向北京市集聚，导致其人口数量和城市经济总量均出现了快速增长，1950 年常住人口不足 430

万人，1986 年超过 1000 万人，2011 年超过 2000 万人，2016 年达到 2172.9 万人；GDP 保持高速增长，在 2016 年达到 2.49 万亿元，人均 GDP 为 11.46 万元，位居全国前列。与此同时，人口和经济功能高度集中在中心城区，城六区不足全市 8.4%的面积拥有了 59.1%的常住人口，其中东城区和西城区 0.56%的面积承载了超过 10%的常住人口；就反映经济活动的就业人口而言，超过 70%的就业人口、80%的服务业就业人口集中在中心城区。人口和经济功能的集聚产生显著的规模经济效益，但也带来房价过高、交通拥堵、环境恶化、管理难度增大等"大城市病"问题，直接影响到首都功能更好地发挥。与此同时，北京的人口分布"过密"和"过疏"现象同时存在。2015 年，东、西城区的平均人口密度超过了 23 845 人/平方千米，西城区达到 25 688 人/平方千米，与北京市生态涵养发展区的人口密度相差百倍以上（北京市生态涵养发展区的平均人口密度仅为 218 人/平方千米）。

多中心、网络化空间结构有助于治理"大城市病"。为解决"过密"所导致的"大城市病"问题，除了疏解"过密"区域的非首都功能，还应努力打造"多中心、网络化"的空间格局。"多中心、网络化"的城市空间结构是超大城市治理交通拥堵、环境污染等"大城市病"的首要选择，这一经验已为日本东京、韩国首尔等国际大都市的发展经验所证实，北京、上海、广州等超大城市在新一轮城市总体规划中也纷纷提出了建设"副中心"或"多中心"的发展目标。引导产业、人口、土地开发同步向郊区集聚，形成"多中心、网络化"的空间发展格局，应成为北京城市空间结构优化调整的目标。

基于创新链的产业分工体系有助于多中心、网络化产业格局的形成。根据北京市各区生产要素禀赋的差异，将创新链各个环节配置在拥有其所需生产要素的区域内，形成合理的产业分工体系。构建基于创新链的产业分工体系将强化北京中心城区的研发创新能力，带动郊区的产业转型升级，加速北京市各区之间的产业联系，形成连接北京中心城区与郊区卫星城、开发区的网络状产业空间结构。

在构建基于创新链的产业分工体系过程中，应充分发挥中心城区高等院校、科研院所高度集聚的智力资源优势，着力提升北京市中心城区原创性、源头性创新能力，采用市场化、专业化的激励手段促进国际一流创新成果的产生；积极发展金融服务业、科技服务业、信息服务业等高级生产性服务业，为中心城区科技创新提供服务支撑。充分利用外围地区的交通物流优势、土地资源优势，在外围地区打造一批具有创新能力的次中心，强化其成果转化、交易、生产等职能，服务北京市及周边区域的市场发展，打造北京市科技创新发展的多中心、网络化发展格局。

加强中关村“一区十六园”统筹协调发展，探索完善跨区域园区共建、共管、共享的机制和模式。充分利用国家、北京市、中关村示范区的各类优惠政策，促进中关村“一区十六园”的相互联系与错位发展，在主导产业遴选、功能选择、创新链条打造等方面实现互补发展。着力增强中关村国家自主创新示范区的辐射带动能力，充分发挥知识产权优势在科技创新中的纽带作用，强化产业基金和产业资本的控制作用，组织协同创新、产业孵化、技术转移交易和知识产权运营等平台与各分园开展对接，努力建设平台型、链条型、并购型产业组织，打造“研发—中试—产业化”创新链，加速推进与中关村各产业园区的协同创新。

5. 与津冀形成跨区域创新产业链，促进京津冀产业协同发展

优化北京产业布局需要在更大的京津冀区域空间尺度上统筹考量。北京的“高精尖”产业发展不能只局限于北京，应跳出北京，在整个京津冀区域进行创新产业集群的发展与统筹。以北京为科技创新中心，以点带线，打造涵盖发现、发明和发展的完整的创新链条，完善创新链各个环节建设和商业模式创新，积极推动科技创新成果应用在各个方面和各个环节。同时，通过技术扩散改造提升周边区域的传统产业，最终把京津冀地区建成以北京为创新核心，“研发在北京，转化在周边”的具有国际竞争力的创新集群，促进京津冀产业协同发展。

充分发挥北京的科技创新资源优势，利用周边地区产业转化能力和腹地优势，有序引导、有效规范北京市的资本、技术、管理、人才、标准、品牌输出，与津冀合作共建一批产业对接协作平台、产业创新合作平台、“政府-企业”合作平台、产业联盟，引导产业资源和创新服务资源向合作平台集聚，全面融入京津冀协同发展新格局，拓展北京产业发展空间。

发挥中关村国家自主创新示范区的辐射带动作用，按照产业衔接、优势互补、良性互动、共赢发展的原则，支持跨省市共建一批科技园区，实现科技创新成果的孵化转化和规模化生产，建设战略性新兴产业和高新技术产业集聚区。完善科技园区行政管理体制，形成一体化区域合作创新平台和运行管理模式，推广先行先试政策，加强联合科技研发，加快承接和孵化转化创新成果。开展园区优惠政策推广，探索将职工教育经费税前扣除、技术转让

所得税减免、风险投资所得税优惠等推广至更多的科技园区和科教单位。进一步发挥中关村示范区科技创新溢出效应。

发挥政府引导与市场机制作用，以主导产业为牵引和依托，加强与津冀各园区的协作，发挥比较优势，实施差异化发展。实现由零散企业的“自发对接”到产业链的“平台对接”，再到创新创业生态环境的“协同发展”。鼓励中关村中介服务机构、开发建设机构参与合作园区建设。把握冬奥会契机，在京张城际沿线、张承生态功能区等地布局，依托京津冀“4+N”产业平台，加强产业协同，推动非首都功能有序疏解。发挥北京创新引领辐射作用，助推京津冀共建一批协同创新中心、共性技术合作研发服务平台、成果转化基地等创新载体，推动形成京津冀协同创新共同体，进一步向全国各高新产业园区辐射发展。

参考文献

北京大学首都发展研究院. 2015. 首都发展报告 2015. 北京：科学出版社.

北京生物医药产业发展报告编辑委员会. 2014. 启航 2014：北京生物医药产业发展报告. 北京：科学出版社.

北京市发展和改革委员会，北京市科学技术委员会，北京市经济和信息化委员会. 2013. 北京市节能环保产业发展规划（2013—2015 年）. http://xianhuo.hexun.com/2013-08-16/157157424.html［2017-06-20］.

北京市科学技术委员会. 1999. 北京市高新技术产业发展“九五”计划及 2010 年规划. 北京：科学出版社.

北京市科学技术委员会发展计划处. 2002. 2003 年北京地区科技投入重点领域参考资料汇编. 内部资料.

北京市统计局，国家统计局北京调查总队. 2017. 北京市 2016 年国民经济和社会发展统计公报. http://zhengwu. beijing.gov.cn/gzdt/bmdt/t1469683.htm?from=timeline［2017-02-25］.

陈永清. 2011. 科技投入与产业经济增长——基于灰色综合关联的实证研究. 技术经济与管理研究，（5）：15-19.

邓秀丽. 2012. 北京市金融服务业空间格局及其演变研究. 首都师范大学硕士学位论文.

邓智团. 2014. 创新驱动背景下城市空间的响应与布局研究——以上海为例. 区域经济评论，（1）：142-146.

杜立群，杨明，沈教彦. 2013. 韩国行政中心迁移的经验和启示. 北京规划建设，（3）：148-151.

冯健. 2005. 西方城市内部空间结构研究及其启示. 城市规划，29（8）：41-50.
高秀艳. 2004. 国际产业转移与我国产业升级问题探析. 国际经贸，（5）：17-18.
郭冬梅，王英，赵静. 2012. 我国医药产业集聚的现状及特点分析. 中国药房，（9）：781-783.
国务院. 2012. “十二五”节能环保产业发展规划（国发〔2012〕19 号）. http://www.zhb.gov.cn/gzfw_13107/ghjh/zxgh/201605/t20160522_342255.shtml［2012-07-04］.
韩鲁南，关峻，包江山，等. 2013. 北京市科技服务业现状分析及发展趋势研究. 科技管理研究，（8）：87-92.
姜庆华，米传民. 2006. 我国科技投入与经济增长关系的灰色关联度分析. 技术经济与管理研究，（4）：24-26.
蒋昭侠. 2005. 产业结构问题研究. 北京：中国经济出版社.
焦继文，李东菊. 2005. 论产业结构合理化的评判标准. 经济经纬，（4）：88-91.
孔妍，孙利华. 2015. 北京生物医药产业的跨越式发展：问题与对策. 中国组织工程研究，（3）：483-487.
李国杰. 2015. 新一代信息技术发展新趋势. http://it.people.com.cn/n/2015/0802/c1009-27397176.html［2015- 08-02］.
李国平. 2013. 北京经济转型的特点与对策. 前线，（1）：62-64.
李国平，孙铁山. 2013. 网络化大都市：城市空间发展新模式. 城市发展研究，20（5）：83-89.
李国平，张杰斐. 2015. 首都经济转型特征、动力机制及对策. 中国流通经济，（8）：40-46.
李国平，等. 2014. 京津冀区域发展报告 2014. 北京：科学出版社.
李国平，等. 2016a. 产业转移与中国区域空间结构优化. 北京：科学出版社.
李国平，等. 2016b. 京津冀区域发展报告 2016. 北京：科学出版社.
李国平，王立，孙铁山，等. 2012. 面向世界城市的北京发展趋势研究. 北京：科学出版社.
李晶，黄斌. 2011. 科技服务业新分类及发展形势分析. 企业科技与发展，（23）：8-11.
李琳. 2013. 科技投入、科技创新与区域经济作用机理及实证研究. 吉林大学博士学位论文.
李世庆. 2013. 大都市城市功能体系的空间组织方式研究. 2013 年中国城市规划年会论文集.
李小建，等. 2006. 经济地理学（第二版）. 北京：高等教育出版社.
刘开云. 2014. 科技服务业研究述评与展望. 科技对策与进步，（12）：149-153.
刘霄泉，孙铁山，李国平. 2011. 北京市就业密度分布的空间特征. 地理研究，（7）：1262-1270.
孟庆敏，梅强. 2011. 科技服务业与制造企业互动创新的机理研究及对策研究. 中国科技论坛，（5）：38-42.
祁明，赵雪兰. 2012. 中国科技服务业新型发展模式研究. 科技管理研究，（22）：118-125.
沈丽珍，黎智辉，陈香. 2009. 产业链视角下工业区产业空间布局方法研究——以盘锦船舶工业区为例. 经济地理，（7）：1139-1142，1147.
孙玉娟，高秀春，王金增. 2007. 基于产业转移效应下的产业竞争力分析. 唐山师范学院学报，（4）：101-103.
田海宽. 2009. 基于京津走廊经济发展的廊坊市产业结构调整和空间布局优化研究. 武汉

理工大学博士学位论文.
汪芳，王晓洁，崔友琼. 2016. 韩国首都功能疏解研究——从三个空间层次分析韩国世宗特别自治市规划. 现代城市研究，(2)：65.
王朝华. 2012. 北京新能源发展现状与对策分析. 经济论坛，(9)：12-14.
魏后凯. 2003. 产业转移的发展趋势及其对竞争力的影响. 福建论坛（社会经济版），(4)：11-15.
杨德进. 2012. 大都市新产业空间发展及其城市空间结构响应. 天津大学博士学位论文.
杨晓丽. 2014. 北京市新材料产业发展现状及展望. 新材料产业，(1)：4-7.
姚胜安，未江涛. 2010. 城市中心区产业结构调整优化研究综述. 江西行政学院学报，(3)：39-41.
殷林森，胡文伟，李湛. 2007. 我国科技投入与产业经济增长的关联性研究. 中国软科学，(11)：57-63.
张清正. 2013. 中国金融业集聚及影响因素研究. 吉林大学博士学位论文.
郑金武. 2016. 北京构筑具有国际影响力生物产业体系. http://news.sciencenet/htmlnews/201619/356089.shtm［2016-09-13］.
中关村科技园区管理委员会. 2002. 中关村科技园区产业发展规划——新材料产业报告. 内部资料.
祝俊明. 1995. 我国大城市人口和产业增长的非中心化研究. 人口与经济，(1)：25-31.
Coe D T，Helpman E. 1995. International R&D spillovers. European economic Review，(39)：859-887.
Dasgupta S，Singh A. 2005. Will services be the new engine of Indian economic growth? Development & Change，36（6)：1035-1057.
Lichtenberg F R. 1992. R&D investment and international productivity differences. Economic Growth in the World Economy：89-110.
Romer P M. 1986. Increase returns and long-run growth. Journal of Political Economy，94（5)：1002-1037.
Schumpeter J. 1912. The Theory of Economic Development. Cambridge：Harvard University Press.
Solow R M. 1957. Technical change and the aggregate production function. Review of Economics and Statistics，(3)：312-320.
Stanback T M. 1991. The New Suburbanization：Challenge to the Central City. Boulder：Westview Press.
van Pottelsberghe B，Guellec D. 2001. R&D and productivity growth：A panel data analysis of 16 OECD countries. OECD Economic Studies，(33)：104-125.

附录

首都发展大事记（2015～2016 年）

2015 年 1 月

2015 年 1 月，北京市顺义区提出发展新思路，计划将 11 个产业园区整合成三大经济板块，整体设计、形成合力，为产业发展、区域腾飞积成“厚势”。三大经济板块分别为：围绕机场形成临空服务板块，以汽车制造为龙头的高端制造板块，以及东部和北部绿色生态板块。

2015 年 2 月

2015 年 2 月 10 日，习近平在中央财经领导小组第九次会议上指出，疏解北京非首都功能，推进京津冀协同发展，是一个巨大的系统工程，需要明确目标、思路和方法。

2015 年 2 月 13 日起，北京国际医药临床研发平台（CRO 平台）向京津冀三地生物医药企业开放，促进京津冀生物医药产业协同创新。该平台由北京市科学技术委员会整合首都丰富的临床研究资源而发起，对于加快新药临床试验进程，提高新药临床试验效率有重要意义。

2015年2月28日，北京市科学技术委员会农村科技发展处转发《科技部关于开展“十三五”国家重点研发计划优先启动重点研发任务建议征集工作的通知》，以深入实施创新驱动发展战略，全面落实《国家中长期科学和技术发展规划纲要（2006—2020年）》。

2015年3月

2015年3月5日，第十二届全国人民代表大会第三次会议召开，李克强在2015年《政府工作报告》中提出，“推进京津冀协同发展，在交通一体化、生态环保、产业升级转移等方面率先取得实质性突破”。

2015年3月19日，北京市财政局、北京市教育委员会、北京市人力资源和社会保障局、北京市科学技术委员会和中关村科技园区管理委员会共同出台《北京市属高等学校科技成果使用、处置和收入管理暂行办法》，以进一步推进市属高等学校科技成果转化体制机制创新，加大高等学校科技成果转移转化力度。

2015年3月24日，北京市出台《关于深化体制机制改革加快实施创新驱动发展战略的若干意见》，旨在破除一切制约创新的思想障碍和制度藩篱，强化科技同经济对接、创新成果同产业对接、创新项目同现实生产力对接、研发人员创新劳动同其利益收入对接，增强科技进步对经济发展的贡献度。

2015年4月

2015年4月3日，北京现代第四工厂奠基仪式在河北沧州举行。沧州工厂是北京现代首次在京外地区投建的工厂，总投资120亿元，预计2016年年底投产。

2015年4月9日，京津冀三地政府、铁路总公司在北京签署协议，成立京津冀城际铁路投资有限公司。

2015 年 4 月 30 日，中央政治局会议审议通过《京津冀协同发展规划纲要》，提出推动京津冀协同发展是一个重大国家战略，核心是有序疏解北京非首都功能，调整经济结构和空间结构，走出一条内涵、集约、发展的新路子，探索出一种人口经济密集地区优化开发的模式，促进区域协调发展，形成新增长极。

2015 年 5 月

2015 年 5 月 6 日，北京市人民政府下发《关于加快首都科技服务业发展的实施意见》，明确提出五大任务，着力推动大众创业、万众创新，加快构建“高精尖”经济结构，努力提升科技服务业对首都科技创新和产业发展的支撑能力。

2015 年 5 月 22 日，《首都发展报告 2015》正式发布，北京市委办公厅市委研究室、市委宣传部、北京市社会科学规划办公室、北京市社会科学界联合会、北京市发展和改革委员会，以及科学出版社、清华大学、首都经济贸易大学等单位的领导和专家学者出席了发布会。该书由北京大学首都发展研究院编著，是首部全面反映首都发展现状、规律与趋势的综合性研究成果。

2015 年 6 月

2015 年 6 月 5 日，北京市发布《北京市关于推动科技金融创新支持科学研究机构科技成果转化和产业化的实施办法》，鼓励和引导金融资本和社会资本加强对科研事业单位、高等学校的科研机构，以及各类企业和社会组织中的科研机构在科技成果转化和产业化过程中的融资支持，优化北京市科技金融服务环境。

2015 年 6 月 29 日，丰台区科学技术委员会与北京市科技金融促进会、多家高校等单位签订了“资源对接”协议，构建创新创业资源池，完善创新创业生态体系。根据协议，双方将共同为区域内科技型中小企业搭建投融资服务平台，市科技金融促进会将把现有科技金融专家库（资源）与丰台区科学技术委员会共享，融入丰台区科技创新创业资源池中，服务于“创投汇”的建设工作。

2015 年 7 月

2015 年 7 月 1 日，国务院发布《国务院关于积极推进“互联网+”行动的指导意见》，推进互联网的创新成果与首都经济社会各领域深度融合，推动技术进步、效率提升和组织变革，提升实体经济创新力和生产力。

2015 年 7 月 11 日，北京市委十一届七次全会表决通过了《中共北京市委北京市人民政府关于贯彻〈京津冀协同发展规划纲要〉的意见》，明确提出贯彻京津冀一体化国家战略，疏解北京非首都功能，未来将聚焦通州，加快“北京市行政副中心”建设，2017 年取得明显成效。

2015 年 7 月 31 日，经过国际奥林匹克委员会第 128 次全体会议投票决定，北京携手张家口获得了 2022 年第二十四届冬季奥林匹克运动会的举办权。

2015 年 8 月

2015 年 8 月 1 日，三大电信运营商对北京、天津、河北的手机用户在京津冀区域内拨打京津冀电话（固话和手机），取消长途和漫游通话费，对京津冀手机用户在京津冀区域内接听电话取消漫游通话费。

2015 年 8 月 17 日，“承德・中关村大数据产业合作暨项目签约仪式”举办，中关村科技园区管理委员会与承德市人民政府签署了《协同创新发展战略合作协议》。

2015 年 9 月

2015 年 9 月 25 日，北京市与河北省共同发布《北京（曹妃甸）现代产业发展试验区产业发展规划》，提出 15 年内将曹妃甸打造成首都战略功能区和协同发展示范区，共同探索以企业为主体的园区投资运营管理模式，引导北京科技创新产业化项目、产业转移项目及海内外高端制造项目聚集试验区。

2015 年 10 月

2015 年 10 月 13 日，国务院批复同意撤销延庆县、密云县，设立北京市延庆区、密云区。

2015 年 10 月 22 日，北京市政府下发《关于大力推进大众创业万众创新的实施意见》，从而适应和引领经济发展新常态，以创新带动创业，有效激发全社会创新潜能和创业活力。

2015 年 11 月

2015 年 11 月 19～21 日，工业和信息化部和京津冀三地政府在石家庄市共同举办了“2015 京津冀产业转移系列对接活动”，对接活动共促成约 150 个项目，总投资达 4500 多亿元。

2015 年 12 月

2015 年 12 月 30 日，国家发展和改革委员会、环境保护部联合编制的《京津冀协同发展生态环境保护规划》正式发布，首次给京津冀地区空气质量划定红线。

2016 年 1 月

2016 年 1 月 14 日，北京市委、市政府发布《关于全面提升生态文明水平推进国际一流和谐宜居之都建设的实施意见》，提出全面实施创新驱动战略，建设生态文化首善之区。

2016 年 2 月

2016 年 2 月 19 日，北京市委、市政府召开 2016 年北京市科技工作会议，提出“十三五”时期全市科技工作的总体思路是：按照“四个全面”战略布局，牢固树立和贯彻落实“五大发展理念”，适应经济发展新常态，全面落实创新驱动和京津冀协同发展战略，立足全国科技创新中心功能定位，面向国际科技前沿，面向国家战略需求，面向经济社会发展主战场，以全面创新改革为主线，切实担当好科技创新引领者、高端经济增长极、创新创业首选地、文化创新先行区和生态建设示范城“五个责任”。

2016 年 2 月 19 日，北京市委、市政府在北京会议中心举行 2015 年度北京市科学技术奖励大会，提出要坚决落实首都城市战略定位，发挥首都科教资源优势，着力打造国家自主创新的重要源头和原始创新的主要策源地。

2016 年 3 月

2016 年 3 月 2 日，国务院发布《实施〈中华人民共和国促进科技成果转化法〉若干规定》，以打通科技与经济结合的通道，促进大众创业、万众创新，鼓励研究开发机构、高等院校、企业等创新主体及科技人员转移转化科技成果，加快实施创新驱动发展战略，推进经济提质增效升级。

2016 年 4 月

2016 年 4 月 7 日，科学技术部与北京市政府召开工作会商会议，签署新一轮会商合作议定书。自 2011 年科学技术部与北京市建立会商制度并签署首轮议定书以来，双方密切协作，推动北京地区研发经费投入比例、综合科技进步水平、获得国家科学技术奖等重要指标始终处于全国最高水平，涌现了一批国际领先的科技成果。

2016 年 4 月 12 日，京津冀钢铁科技协同创新与绿色发展座谈会暨京津冀钢铁行业节能减排产业技术创新联盟与河北省迁安市对接科技成果签约仪式在北京科技大学举行。会上，北京鼎鑫钢联科技协同创新研究院和京津冀钢铁联盟（迁安）协同创新研究院揭牌成立。

2016 年 5 月

2016 年 5 月 23 日，北京市经济和信息化委员会印发《北京市鼓励发展的高精尖产品目录（2016 年版）》和《北京市工业企业技术改造指导目录（2016 年版）》，聚焦产业新兴领域、高端环节和创新业态，涵盖“高精尖”产品和服务，是制定实施财税、金融、科技、人才、土地、规划等产业政策的重要依据。

2016 年 5 月 27 日，为进一步打造开放、创新、跨界、融合的公共服务平台，首都创新大联盟 2016 年度工作推进会在北京市科学技术委员会召开。会议发布了《北京地区产业联盟调研报告》和《产业联盟组建与发展指南》，启动了北京市新技术新产品（服务）首发平台首都创新大联盟分平台。

2016 年 6 月

2016 年 6 月 16 日，为落实国务院 70 号文件精神及首都科技条件平台军民融合领域中心“十三五”建设工作，北京市科学技术委员会与中国保利集团公司联合举办了军民融合领域中心新一轮共建协议签约仪式与工作部署会。

2016 年 6 月 23 日，北京市科普工作联席会议办公室发布《北京市“十三五”时期科学技术普及发展规划》，提出“政府引导、社会参与、创新引领、共享发展”的工作方针，旨在为首都经济社会发展和科技创新提供重要支撑。

2016年7月

2016年7月13日，北京市政府发布《北京市人民政府关于进一步优化提升生产性服务业加快构建高精尖经济结构的指导意见》，强调要调整产业布局，巩固提升优势主导产业，支撑构建“高精尖”经济结构。

2016年7月23日，北京市人民政府办公厅发布《北京市人民政府办公厅关于加强首都科技条件平台建设进一步促进重大科研基础设施和大型科研仪器向社会开放的实施意见》，旨在不断提高科技资源利用效率，努力将科技资源优势转化为创新发展优势。

2016年7月26日，北京市科学技术委员会对《北京市国际科技合作基地管理办法（试行）》进行了修订，规范北京市国际科技合作基地的建设工作，以全球视野谋划和推动科技创新，提升北京国际科技合作条件和能力建设，更有效地发挥国际科技合作在科技创新中的促进和推动作用。

2016年8月

2016年8月25日，北京市经济和信息化委员会制定并颁布《北京市产业创新中心实施方案》，切实发挥产业创新中心对首都制造业转型升级的引领和支撑作用，提升北京市产业创新能力，加快全国科技创新中心建设。

2016年9月

2016年9月5日，北京市统计局和北京市科学技术委员会共同发布“北京创新驱动发展监测评价指标体系”及监测评价结果。该指标体系研究以国家创新驱动发展战略理念为政策理论依据，更加强调以科技创新为核心的全面创新驱动评价导向。

2016 年 9 月 11 日，为全面落实全国科技创新大会精神和《国家创新驱动发展战略纲要》《京津冀协同发展规划纲要》部署要求，国务院印发《国务院关于印发北京加强全国科技创新中心建设总体方案的通知》，坚持和强化北京全国科技创新中心地位，在创新驱动发展战略实施和京津冀协同发展中发挥引领示范和支撑作用。

2016 年 10 月

2016 年 10 月 12 日，北京市政府与国务院国有资产监督管理委员会召开中央企业与北京市创新发展合作推进会，签署了《国务院国有资产监督管理委员会、北京市人民政府共同推进创新发展战略合作协议》。

2016 年 10 月 20 日，国务院印发《北京加强全国科技创新中心建设总体方案》，明确了北京加强全国科技创新中心建设的总体思路、发展目标、重点任务和保障措施，提出要塑造更多依靠创新驱动、更多发挥先发优势的引领型发展，持续创造新的经济增长点。

2016 年 11 月

2016 年 11 月 2 日，北京市人民政府办公厅发布《北京市人民政府办公厅关于印发〈北京市促进科技成果转移转化行动方案〉的通知》，加快推动科技成果转化为现实生产力，努力构建“高精尖”经济结构，为首都经济持续健康发展提供有力支撑。

2016 年 11 月 15 日，北京市发展和改革委员会下发《北京市“十三五”时期高技术产业发展规划》，明确提出产业提升五大工程，旨在优化高科技产业空间布局，为北京落实首都城市战略定位、加强全国科技创新中心建设提供关键支撑。

2016 年 11 月 25 日，北京市人民政府办公厅印发《北京市深化市级财政科技计划（专项、基金等）管理改革实施方案》，切实加强财政科技计划（专项、基金等）管理，不断提升财政科技资金使用效益。

2016年12月

2016年12月5日，北京制造业创新发展领导小组为贯彻落实《〈中国制造2025〉北京行动纲要》相关要求，编制《北京绿色制造实施方案》，以加快制造业转型升级，提升绿色发展水平。

彩　图

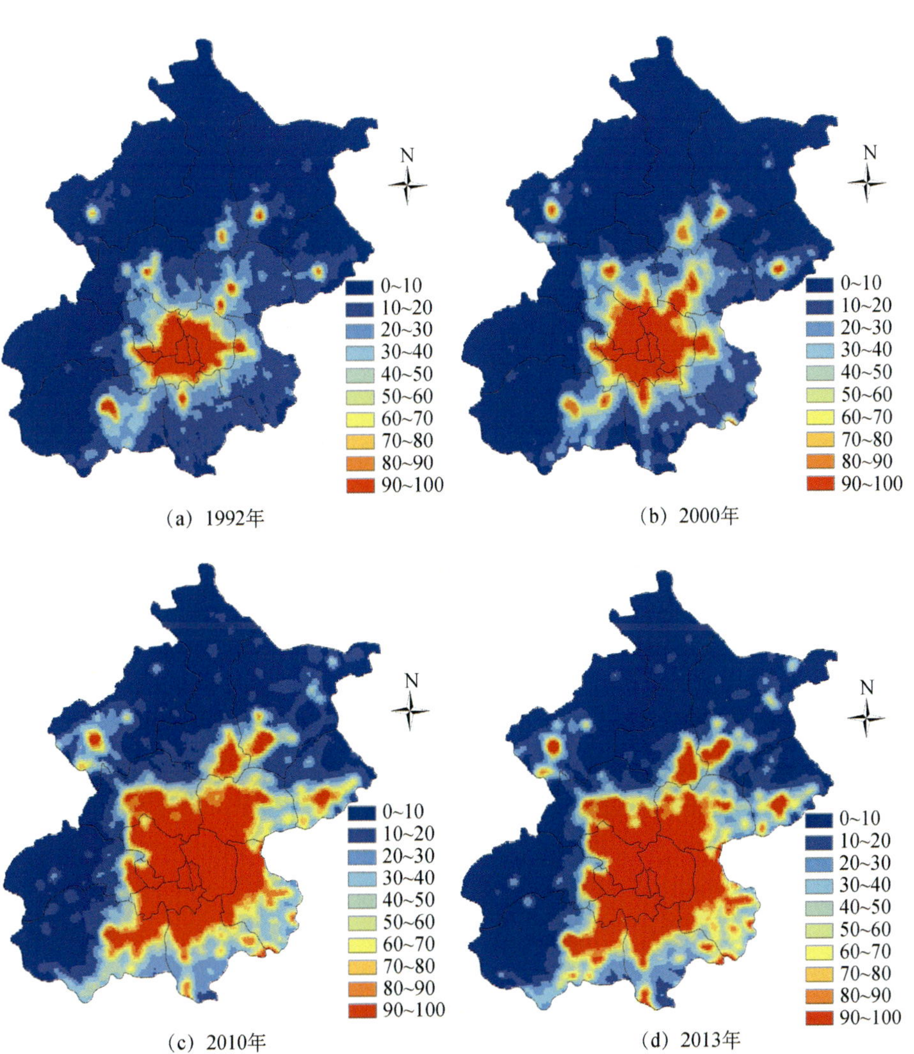

图 5-9　1992 年、2000 年、2010 年、2013 年北京市开发强度演化

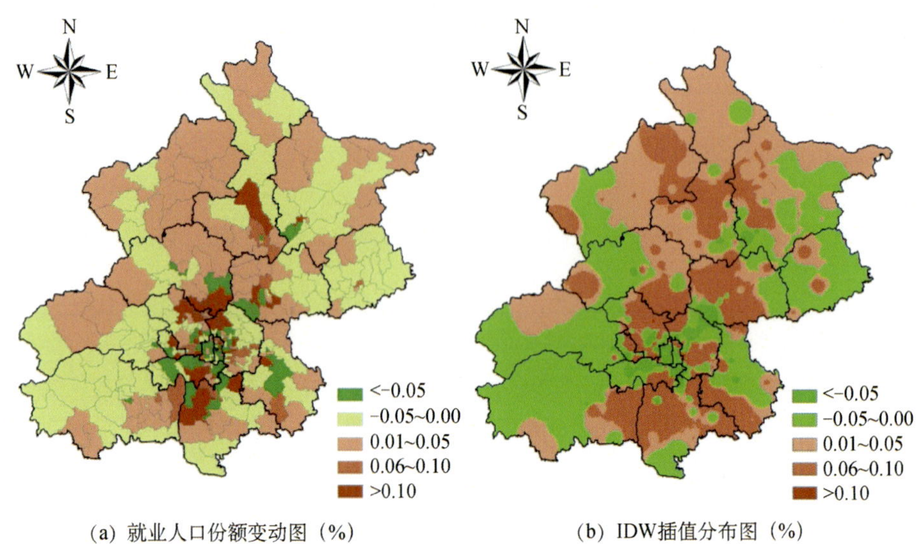

(a) 就业人口份额变动图（%）　　(b) IDW插值分布图（%）

图 6-7　北京市街道乡镇就业人口占全市份额变动的空间分布

资料来源：北京市第三次全国经济普查数据

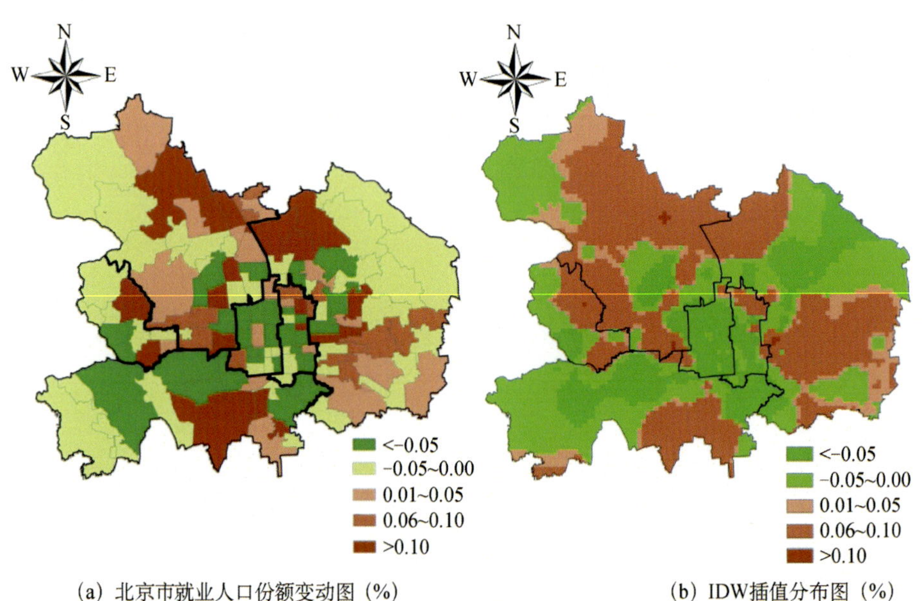

(a) 北京市就业人口份额变动图（%）　　(b) IDW插值分布图（%）

图 6-8　北京市中心城区各街道乡镇就业人口占全市份额变动的空间分布

资料来源：北京市第三次全国经济普查数据

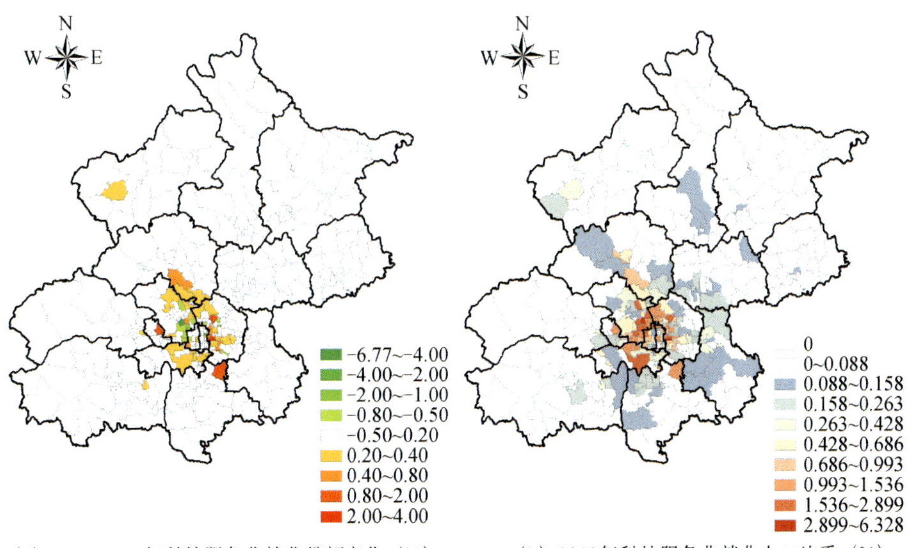

（a）2008~2013年科技服务业就业份额变化（%）　（b）2013年科技服务业就业人口比重（%）

图 6-29　科技服务业空间分布及变动情况

资料来源：北京市第三次全国经济普查数据

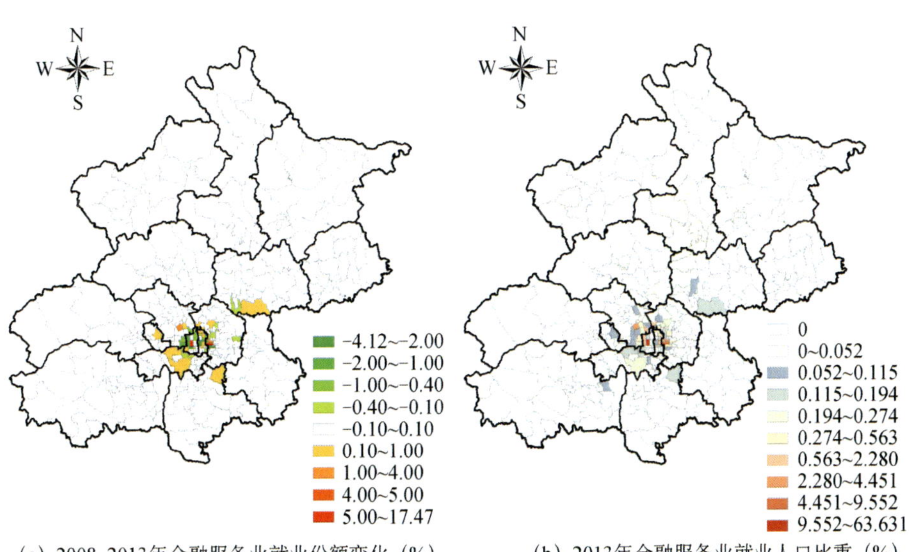

（a）2008~2013年金融服务业就业份额变化（%）　（b）2013年金融服务业就业人口比重（%）

图 6-30　2008 年、2013 年北京市金融服务业空间分布

资料来源：北京市第三次全国经济普查数据

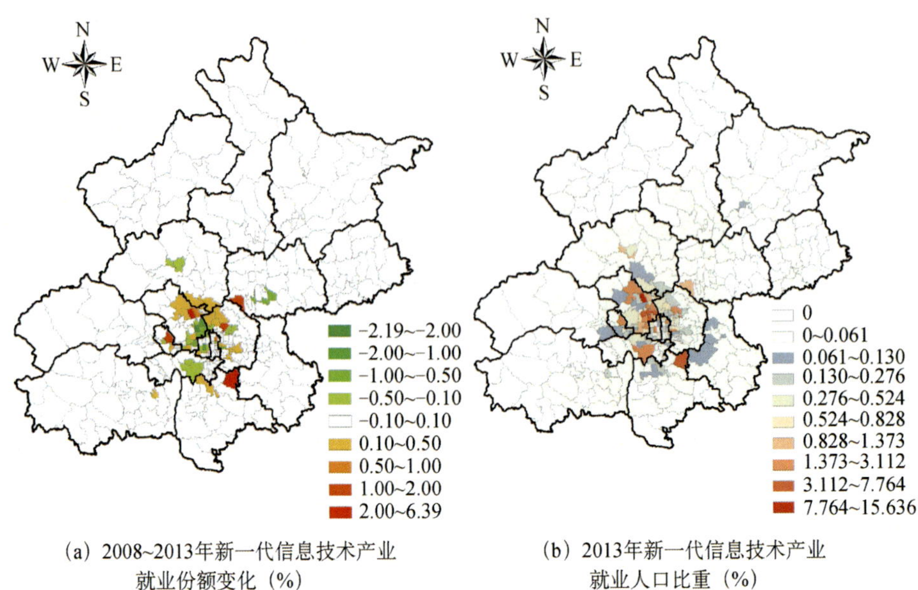

（a）2008~2013年新一代信息技术产业就业份额变化（%）

（b）2013年新一代信息技术产业就业人口比重（%）

图 6-31 2008 年、2013 年北京市新一代信息技术产业空间分布

资料来源：北京市第三次全国经济普查数据

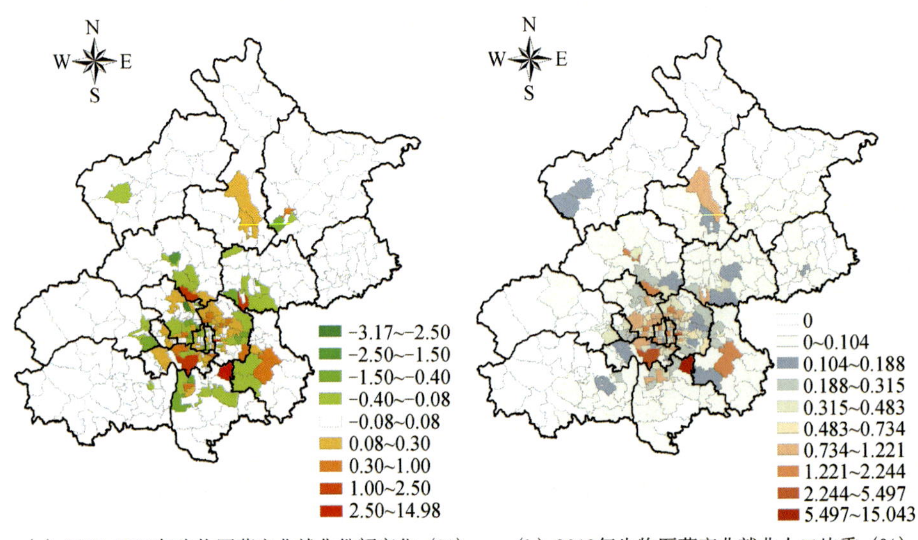

（a）2008~2013年生物医药产业就业份额变化（%）

（b）2013年生物医药产业就业人口比重（%）

图 6-32 2008 年、2013 年北京市生物医药产业空间分布

资料来源：北京市第三次全国经济普查数据

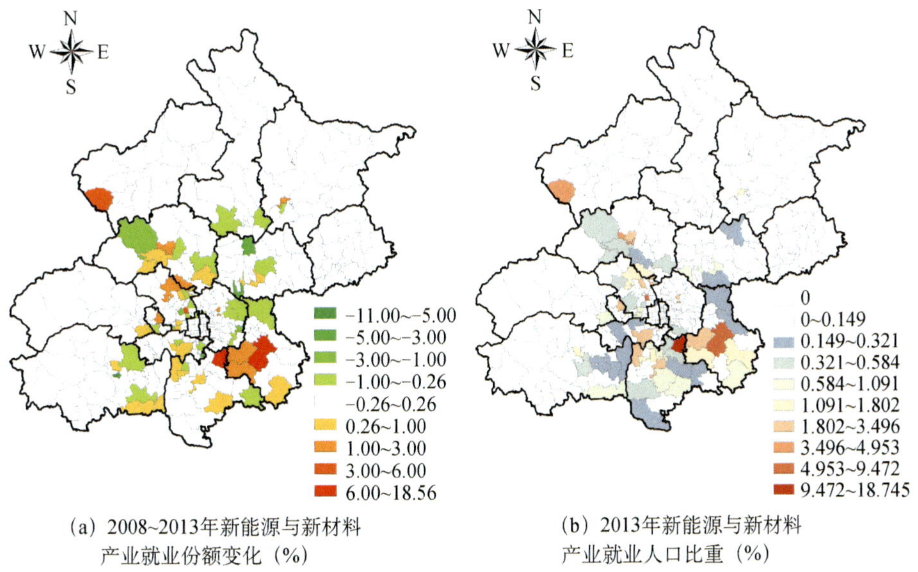

（a）2008~2013年新能源与新材料产业就业份额变化（%）

（b）2013年新能源与新材料产业就业人口比重（%）

图 6-33　2008 年、2013 年北京市新能源与新材料产业空间分布

资料来源：北京市第三次全国经济普查数据

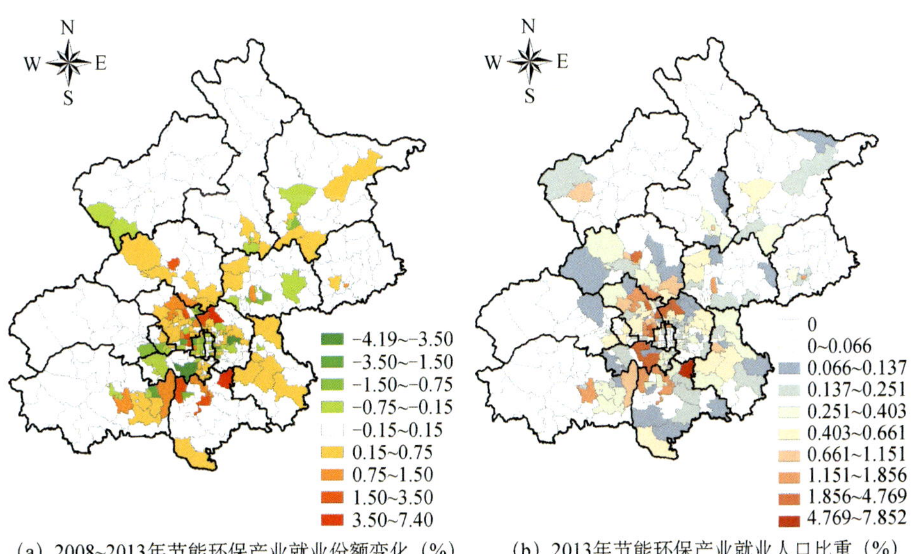

（a）2008~2013年节能环保产业就业份额变化（%）

（b）2013年节能环保产业就业人口比重（%）

图 6-34　2008 年、2013 年北京市节能环保产业空间分布

资料来源：北京市第三次全国经济普查数据